**全国高职高专人才培养规划教材**

国际贸易与结算
——原理和实务

彭容华 主编

经济科学出版社

图书在版编目（CIP）数据

国际贸易与结算：原理和实务 / 彭容华主编. —北京：经济科学出版社，2011.8
全国高职高专人才培养规划教材
ISBN 978－7－5141－0877－4

Ⅰ.①国…　Ⅱ.①彭…　Ⅲ.①国际贸易－国际结算－高等职业教育－教材　Ⅳ.①F830.73

中国版本图书馆 CIP 数据核字（2011）第 143671 号

责任编辑：王东萍
责任校对：徐领柱
版式设计：代小卫
技术编辑：李　鹏

国际贸易与结算
——原理和实务
彭容华　主编
经济科学出版社出版、发行　新华书店经销
社址：北京市海淀区阜成路甲 28 号　邮编：100142
教材分社：88191344　发行部电话：88191540
网址：www.esp.com.cn
电子邮件：espbj3@esp.com.cn
北京密兴印刷有限公司印装
787×1092　16 开　16.5 印张　400000 字
2011 年 8 月第 1 版　2011 年 8 月第 1 次印刷
ISBN 978－7－5141－0877－4　定价：30.00 元
（图书出现印装问题，本社负责调换）
（版权所有　翻印必究）

全国高职高专人才培养规划教材
编写指导委员会

主　　　任　吕兆海　王　江
常务副主任　何颂锋
副　主　任　(以姓氏笔画为序)

　　　　　　　于雁翎　王　峻　刘　阳
　　　　　　　刘瑞华　孙金平　李立新
　　　　　　　吴东泰　张　凯　张　涛
　　　　　　　张友瑞　张志红　陈　伟
　　　　　　　周建珊　胡秦葆　胡智敏
　　　　　　　郭　平　郭梓仁　黄佑军
　　　　　　　曾令香　潘伟洪

序

  在我国企业会计准则体系逐步健全、会计国际趋同、资本市场的发展对会计信息不断提出新的要求、会计诚信受到普遍关注的背景下，会计专业教育无论从教学理念，还是教学内容与手段都在发生变化。为此，经济科学出版社和广州市道锋图书发行有限公司组织广东农工商职业技术学院、广东理工职业技术学院等四十多家高职院校的一线教师、专家、学者联合编写了这套"全国高职高专人才培养规划教材（会计系列）"。该系列教材以高职高专会计专业学生为使用对象，涵盖了高职高专会计专业的核心课程，其中一些教材也适用于高职高专财务管理、审计以及工商管理等专业教学。

  本系列教材编写结合高职高专教育的特点和要求，以国家最新财经法规和会计准则、审计准则等规范为依据。力求突出以下特点：

  1. 体现工学结合理念。按照高职高专教育突出能力培养的要求，将应用案例（项目）作为教材的引领主线。通过实际业务案例设计，引导学生进入专业知识应用的真实环境，通过实际操作，亲身体会所学知识的运用，掌握实用操作技能。

  2. 强调知识与能力并重。在体现工学结合，突出高职高专教育特色的前提下，本系列教材强调知识与能力并重。在教材内容选取和业务案例设计上，强调课程内容的科学和知识体系的严谨与完整。在体现能力培养的同时，阐述的理论知识力求讲清讲透，注重培养学生运用所学知识分析问题和解决问题的能力。

  3. 通俗易懂，利于教学，方便学生自学。在内容安排和体例设计上，本着易于高职学生接受、理解的原则，尽可能地贴近业务实际及高职高专学生特点，按照学习和理解知识的规律来安排教材的结构、层次和内容。理论知识的教学，尽可能融入实际案例（项目）的实际操作中，重点放在概念、方法和结论的实际应用上。尽量做到准确提炼、深入浅出，突出实用性、可操作性，使学生易学、易懂、易掌握。

编写出版一套内容新颖、结构科学、符合高职高专教育人才培养规律要求的会计、审计系列教材，既是高职高专教育发展的客观要求，也是会计教育工作者的重要使命。我认为该系列教材的优势，一是新颖性和前瞻性——本系列教材既密切联系中国会计、审计准则，又反映会计理论与实务在世界范围的现状和发展趋势，既立足当前，又着眼于未来；二是科学性——本系列教材力求材料充实，方法多样，理论透彻，在展现各种会计方法和手段时，注意引导学生从实际应用中加深认识和有效把握；三是先进性——本系列教材配有教学软件，既能供教师授课演示之用，又能满足学生练习之需，从而使学生能够熟练地运用电脑辅助系统处理实际业务。

吕兆海

前 言

高职高专教育要培养的是面向生产、建设、管理、服务第一线的高级技术应用型人才。与只会动手的技术工人不同，高职高专的培养目标不仅要有较强的实际操作能力，还应具有一定的思考能力、研究能力和创新能力，可以向更高层的岗位发展。为此，在教材编写上，应贯彻"理论够用、应用为主"的教学原则。根据这一指导思想，我们编写了作为高职高专财经类系列教材之一的《国际贸易与结算——原理与实务》。

本书力求体现以下特点：

（1）全书内容以实务为主，但兼顾了理论和政策，便于学生完整地掌握国际贸易系统知识，尤其适用于财经类非国际贸易专业学生学习这门课。

（2）结构简明、完整，每章以导入习题或导入案例开始、以经典案例分析穿插其中、以学生课堂活动结束，体现了基本的教学组织过程。

（3）每章作业设置适量；尤其实训练习中的案例分析作业，案例选择精当，切合各章教学内容，便于学生有针对性地巩固复习。

（4）书尾附录了5份教辅资料，包括《公约》、《2000通则》、《UCP600》、"合同及单证样本"以及"结汇单据的内容和缮制要求"，便于师生在日常教学过程中查阅相关惯例和单证。

（5）以网站数据库的形式，为教师配备有以下资料供下载：一是教学课件；二是每章导入习题（或导入案例）、课堂活动和作业的参考答案，尤其对每章作业中的案例分析题，全部依据国际惯例进行了详尽的解答（见出版社网址：www.esp.com.cn）；三是每章题库及题库参考答案，并内置有自动生成试卷及试卷参考答案的软件系统。

全书共分12章，其中，第一章、第二章、第三章由南华工商学院的董芳老师执笔；第四章、第五章、第六章、第七章由肇庆工商职业技术学院的向莎莎老师执笔，彭容华老师作了较大修改；第八章、第九章、第十章、第十一章、第十二章由广东农工商职业技术学院的彭容华老师执笔。彭容华担任主编，制定了本教材的编写大纲，并对全书进行了修改、总纂和统稿。教材的编写过程中参阅了大量的相关教材及资料，在此，谨向这些教材和资料的原作者们表示深切的感谢！

限于编者的学识和水平，书中难免存在不少疏漏和不足，敬请读者批评指正。

编　者
2011年8月

目 录

第一篇 国际贸易原理

第一章 导论 / 3

第一节 国际贸易概述 …………………………………………………（ 3 ）
第二节 国际贸易的产生和发展 ……………………………………（ 9 ）

第二章 国际贸易理论 / 19

第一节 西方传统自由贸易理论 ……………………………………（ 19 ）
第二节 保护贸易理论 ………………………………………………（ 23 ）
第三节 西方国际贸易新理论 ………………………………………（ 26 ）

第三章 国际贸易政策与体制 / 31

第一节 国际贸易政策 ………………………………………………（ 31 ）
第二节 国际贸易体制 ………………………………………………（ 48 ）

第二篇 进出口合同条款

第四章 货物的品名、品质、数量及包装 / 59

第一节 货物的品名 …………………………………………………（ 59 ）
第二节 货物的品质 …………………………………………………（ 61 ）
第三节 货物的数量 …………………………………………………（ 65 ）
第四节 货物的包装 …………………………………………………（ 68 ）

第五章 进出口货物的价格 / 76

第一节 贸易术语 ……………………………………………………（ 76 ）

1

第二节　六种主要贸易术语 …………………………………………（79）
　　第三节　进出口价格概述 ……………………………………………（83）
　　第四节　进出口货物价格的核算 ……………………………………（86）
　　第五节　佣金和折扣 …………………………………………………（93）
　　第六节　合同中的价格条款 …………………………………………（95）

第六章　国际货物运输　/　98

　　第一节　海洋运输方式 ………………………………………………（98）
　　第二节　其他运输方式 ………………………………………………（100）
　　第三节　海运提单 ……………………………………………………（104）
　　第四节　合同中的装运条款 …………………………………………（107）

第七章　国际货物运输保险　/　111

　　第一节　海洋运输货物保险承保的范围 ……………………………（111）
　　第二节　海洋运输货物保险条款 ……………………………………（113）
　　第三节　其他运输方式下的货运保险 ………………………………（117）
　　第四节　货物运输保险实务 …………………………………………（118）

第八章　货款的结算　/　122

　　第一节　结算工具 ……………………………………………………（122）
　　第二节　结算方式 ……………………………………………………（125）
　　第三节　信用证 ………………………………………………………（132）
　　第四节　支付条款及各种结算方式的综合运用 ……………………（138）

第九章　检验、索赔、不可抗力和仲裁　/　142

　　第一节　货物的检验 …………………………………………………（142）
　　第二节　货物的索赔 …………………………………………………（145）
　　第三节　不可抗力 ……………………………………………………（149）
　　第四节　仲裁 …………………………………………………………（152）

第三篇　进出口合同的签订与履行

第十章　交易磋商与合同签订　/　159

　　第一节　交易前的准备工作 …………………………………………（159）
　　第二节　交易磋商 ……………………………………………………（161）
　　第三节　合同的签订 …………………………………………………（165）

第十一章　进出口合同的履行　/ 169

　第一节　出口合同的履行 …………………………………………………（169）
　第二节　进口合同的履行 …………………………………………………（176）

第四篇　国际贸易方式

第十二章　国际贸易方式　/ 187

　第一节　经销与代理 ………………………………………………………（187）
　第二节　寄售与展卖 ………………………………………………………（188）
　第三节　拍卖与招投标 ……………………………………………………（189）
　第四节　加工贸易 …………………………………………………………（191）
　第五节　对销贸易 …………………………………………………………（192）
　第六节　商品期货交易 ……………………………………………………（193）

附录

　附录一　《联合国国际货物销售合同公约》（节选） ………………………（197）
　附录二　《2000年国际贸易术语解释通则》（节选） ………………………（208）
　附录三　《跟单信用证统一惯例（UCP600）》（2007年修订本） …………（221）
　附录四　单证样本 …………………………………………………………（233）
　附录五　结汇单据的内容和缮制要求（部分） ……………………………（246）

参考文献及相关网站　/ 251

　Ⅰ 参考文献 …………………………………………………………………（251）
　Ⅱ 相关网站 …………………………………………………………………（251）

第一篇 国际贸易原理

国际贸易理论是国际贸易政策的制定依据，国际贸易理论和政策，又构成国际贸易实务的操作指南。本篇对国际贸易的概念及其产生和发展的历史、西方自由贸易理论及保护贸易理论、国际贸易政策和体制作了全面阐述。通过对本篇知识的学习，使学生对国际贸易理论和政策有较为全面、系统的认识，以便在未来的实际工作中加以运用。

第一章

导 论

第一节 国际贸易概述

【导入案例1.1】

在古代,我国人民不仅创造了灿烂的文化,开拓了辽阔的疆域,而且对外贸易也很发达。古代的对外贸易促进了古代中国与世界的经济交流,对人类生产发展和文明进步做出了重大贡献。西汉时,由于西域交通的沟通,中国同西亚和欧洲的通商关系开始发展,中国的丝和丝织品,经"丝绸之路"运到西亚;唐代对外贸易兴盛,唐都长安是亚洲经济文化中心,对外贸易经陆路和海路与亚洲、欧洲各国保持往来,唐政府还在广州设市舶使管理对外贸易。这一时期贸易的重点是亚洲,交往对象主要是朝鲜、日本、天竺、波斯、大食等。明朝初期,郑和下西洋,到达非洲东海岸和红海沿岸,促进了明朝海上贸易的发展;明朝中后期至清朝实行闭关政策,古代对外贸易开始进入萧条时期。

思考:什么是对外贸易和国际贸易?对外贸易有什么作用?我国古代的对外贸易对我们有何启示?

一、国际贸易的概念、地位和作用

(一) 国际贸易的概念

国际贸易(International Trade),又称世界贸易,是指不同国家(或地区)间进行的商品、技术和服务的交换活动。国际贸易是国际经济关系的基本形式,是世界经济发展的重要因素。以一个国家(或地区)为主体对其他一些国家(或地区)进行商品、技术和服务的交换活动则称为这个国家的对外贸易(Foreign Trade)。由于这种交换活动是由商品、技术和服务的进口和出口两部分构成,所以对外贸易又称为进出口贸易或者输出入贸易。

(二) 国际贸易的地位和作用

国际贸易是世界各国对外经济关系的核心,是国际经济传递的重要渠道,也是各国进行政治斗争和维护经济权益的重要手段。国际贸易对参与贸易的国家乃至世界经济的发展具有重要作用，具体表现在以下几方面。

1. 发挥国际市场功能，调节各国市场供求关系

调节各国市场的供求关系，即"互通有无"始终是国际贸易的重要功能。世界各国由于受生产要素分布状况和科学技术发展水平等因素的影响，生产能力和市场供求状况存在着一定程度的差异，因此有些国家的一部分产品供不应求，而另外一些国家的这些产品供过于求。通过国际贸易不仅可以增加各国国内短缺产品的市场供给量，满足消费者的需求，而且还为各国国内市场的过剩产品提供了新的出路，在一定程度上缓解了市场供求的矛盾。

2. 促进生产要素国际流动，提高要素利用效率

在当今世界上，劳动力、资本、土地、技术等生产要素在各个国家的分布是不平衡的，有的国家劳动力富余而资本短缺，有的国家资本丰裕而土地不足，有的国家土地广阔而耕作技术落后。如果没有国际贸易，这些国家的生产规模和社会生产力发展都会受到其短缺的生产要素的制约，而另一部分生产要素将闲置或浪费，生产潜力得不到发挥。通过国际贸易，这些国家就可以采取商品贸易、劳务输出、资本转移、技术转让等方式，用国内富余的生产要素与其他国家交换国内短缺的生产要素，从而使短缺生产要素的制约得以缓解或消除，富余生产要素得以充分利用，扩大生产规模，加速经济发展。

3. 发挥比较优势，提高生产效率

利用比较利益和比较优势进行国际分工和国际贸易，可以扩大优势商品生产，缩小劣势商品生产，并出口优势产品从国外换回在本国生产居于劣势的商品，从而可在社会生产力不变的前提下提高生产要素的效能，提高生产效率，获得更大的经济效益。

4. 提高生产技术水平，优化国内产业结构

在当今世界，各国普遍通过国际贸易引进先进的科学技术和设备，以提高国内的生产力水平，加快经济发展；同时使国内的产业结构逐步合理和完善，促使整个国民经济协调发展。

5. 增加财政收入，提高国民福利水平

国际贸易的发展可为一国政府开辟财政收入的来源。政府可以从对过往关境的货物征收关税、对进出口货物征收国内税、为过境货物提供各种服务等方面获得大量财政收入。国际贸易还可以提高国民的经济福利。它可以通过进口国内短缺而又迫切需要的商品，或者进口比国内商品价格更低廉、质量更优秀、式样更新颖、特色更突出的商品，来使国内消费者获得更多的经济福利。此外，国际贸易的扩大，特别是劳动密集型产品出口的增长，将为国内提供更多的就业机会，间接增进国民福利。

6. 加强各国经济联系，促进世界经济增长

目前，世界各国广泛开展国际贸易活动，这不仅把生产力发展水平较高的工业发达国家互相联系起来，而且也把生产力发展水平较低的广大发展中国家卷入国际经济生活之中，从而有力地促使世界总体的生产力发展，促进世界经济增长。

二、国际贸易的研究对象与主要内容

国际贸易是一门研究国际间商品和劳务交换的经济规律、纯粹理论、基本政策和实务操作的理论与应用为一体的经济学科，其基本内容包括国际贸易理论、政策和实务三大部分。

理论部分主要考察学科自身以及贸易活动的内在规律性，政策部分着重讨论贸易限制的理由和经济影响，实务部分专门讨论国际商品交易的基本程序和操作方法。其中，纯粹理论和贸易政策是国际经济学的分支，属于国际经济学的微观范畴；实务操作是理论、政策、法律和商务知识的具体运用，有很强的实践性。

传统的或狭义的国际贸易仅指有形商品的进出口，国际贸易实务也只涉及商品进出口业务的全部内容。自20世纪60年代以来，国际贸易的方式和内容发生了重大的变化：以许可贸易为主要形式的技术转让和交通运输、金融保险、旅游通信、技术咨询、劳务合作等无形贸易所占的比重越来越大，各种现代化的交通设施、通信技术、电子信息处理终端以及贸易方式的创新频频出现，极大地充实了国际贸易实务的内容。然而，追根溯源，货物贸易仍然是国际贸易中最基本、最主要的部分，而且有关技术转让及各种服务贸易的业务也是从货物买卖的基本做法中脱胎出来的，有的甚至是直接沿用了货物买卖的做法。所以，有关国际货物买卖的基本理论和业务流程，仍然是国际贸易实务的基本内容。本书主要从原理与实务两个方面入手，来阐述国际贸易的基本知识与业务做法。原理方面主要介绍国际贸易的基本理论与政策，实务方面主要介绍国际货物买卖合同的具体条款、合同商订以及履行程序等。

三、国际贸易的基本概念

（一）出口和进口

出口（Export）指将本国生产的商品或服务卖给别的国家，即将本国生产的商品或劳务输往其他国家的行为。进口（Import）是指本国从其他国家购入商品和服务即从外国输入商品或劳务的行为。商品的进出口称为货物贸易（Merchandise Trade）；服务的输出入就是服务贸易（Service Trade）。

（二）对外贸易额与国际贸易额

对外贸易额（Value of Foreign Trade）是指以货币表示的对外贸易总额。一定时期内一国从国外进口的商品的全部价值，称为进口贸易总额或进口总额；一定时期内一国向国外出口的商品的全部价值，称为出口贸易总额或出口总额。两者相加为进出口贸易总额或进出口总额，是反映一个国家对外贸易规模的重要指标。

国际贸易额（Value of International Trade）是指把世界上所有国家的进口总额或出口总额换算为同一种货币后加在一起的贸易值，即世界进口总额或世界出口总额。国际贸易值不等于各国对外贸易值的总和，一般是把各国出口值相加作为国际贸易值。由于各国通常都按"离岸价格"（FOB）计算出口额，按"到岸价格"（CIF）计算进口额，因此世界出口总额略小于世界进口总额。

【小思考】 为什么国际贸易值不采用各国对外贸易值的总和？

【小知识】 离岸价格（FOB）即启运港船上交货价，只计成本，不包括运费和保险费；到岸价格（CIF）即成本、保险费加运费。

（三）对外贸易量与国际贸易量

对外贸易量（Quantum of Foreign Trade）是指按一定时期的不变价格为标准来计算的各

个时期的贸易值。即用以固定年份为基期计算的当期进口或出口价格指数去除当期的进口额或出口额的方法，剔除了价格变动因素，得到相当于按不变价格计算的进口额或出口额，二者之和即为对外贸易量。因为以货币所表示的对外贸易值经常受到价格变动的影响，因而不能准确地反映一国对外贸易的实际规模，更不能使不同时期的对外贸易值直接比较。为了反映进出口贸易的实际规模，通常以贸易指数表示。以一定时期为基期的贸易量指数同各个时期的贸易量指数相比较，就可以得出比较准确反映贸易实际规模变动的贸易量指数。

同样道理，以不变价格计算的国际贸易值即为国际贸易量（Quantum of International Trade）。

（四）贸易差额

贸易差额（Balance of Trade）是指一国在一定时期内（如一年或一个月）出口总值与进口总值之间的差额。进出口贸易收支是一国国际收支中经常项目的重要组成部分，是影响一个国家国际收支的重要因素。当出口总值与进口总值相等时，称为贸易平衡（Balanced Trade）。当出口总值大于进口总值时，出现贸易盈余，称贸易顺差或出超（Trade Surplus）。贸易顺差通常以正数表示。当进口总值大于出口总值时，出现贸易赤字，称贸易逆差或入超（Trade Deficit）。贸易逆差通常以负数表示。

【小思考】 一国若发生常年贸易顺差好吗？常年贸易逆差呢？为什么？

（五）净出口和净进口

就整个对外贸易或某一行业而言，当出口总值大于进口总值时，出现的贸易顺差即是净出口（Net Export）。当进口总值大于出口总值时，出现的贸易赤字即是净进口（Net Import）。就具体商品而言，一国在一定时期内（如1年），对某一商品往往既有出口又有进口，如果该商品的出口数量大于进口数量，其差额即为净出口；反之，如果该商品的进口数量大于出口数量，即为净进口。

（六）复出口和复进口

复出口（Re-export）是指外国商品进口以后未经加工制造又出口，也称再出口。复出口在很大程度上同经营转口贸易有关。复进口（Re-import）是指本国商品输往国外后，未经加工又输入国内，也称再进口。复进口多因偶然原因（如出口退货）所造成，但也可能是由于价格等其他并非偶然的原因造成。

（七）国际贸易条件

国际贸易条件（Terms of International Trade）是指出口商品价格与进口商品价格的对比关系，又称进口比价或交换比价。它表示出口一单位商品能够换回多少单位进口商品。很显然，换回的进口商品越多，越为有利。贸易条件在不同时期的变化通常是用贸易条件指数来表示，贸易条件指数是出口价格指数和进口价格指数的比值，计算公式是：

$$贸易条件指数 = \frac{出口价格指数}{进口价格指数} \times 100$$

这里，假定基期的贸易条件指数为100。当报告期的贸易条件指数大于100，说明贸易条件较基期改善；当报告期的贸易条件指数小于100，说明贸易条件较基期恶化。

（八）国际贸易的商品结构

对外贸易商品结构（Composition of Foreign Trade；Foreign Trade by Commodities）是指一定时期内一国进出口贸易中各种商品的构成，即某大类或某种商品进出口贸易与整个进出口贸易额之比，以份额表示。一个国家的对外贸易商品结构主要是由该国的经济发展水平、产业结构状况、自然资源状况和贸易政策决定的。发达国家对外贸易商品结构是以进口初级产品为主，出口工业制成品为主；而发展中国家的对外贸易商品结构则是以出口初级产品为主，进口工业成品为主。

国际贸易商品结构（Composition of International Trade；International Trade by Commodities）是指一定时期内各大类商品或某种商品在整个国际贸易中的构成，即各大类商品或某种商品贸易额与整个世界出口贸易额之比，用比重表示。国际贸易商品结构可以反映出整个世界的经济发展水平、产业结构状况和科技发展水平。

（九）国际贸易的地理方向

对外贸易地理方向又称对外贸易地区分布或国别结构（Direction of Foreign Trade；Foreign Trade by Regions），是指一定时期内各个国家或区域集团在一国对外贸易中所占有的地位，通常以它们在该国进出口总额或进口总额、出口总额中的比重来表示。对外贸易地理方向指明一国出口商品的去向和进口商品的来源，反映一国与其他国家或区域集团之间经济贸易联系的程度。一国的对外贸易地理方向通常受经济互补性、国际分工的形式与贸易政策的影响。

国际贸易地理方向亦称国际贸易地区分布（Direction of International Trade；International Trade by Regions），用以表明世界各洲、各国或各个区域集团在国际贸易中所占的地位。

由于对外贸易是一国与其他国家之间发生的商品交换，因此，把对外贸易按商品分类和按国家分类结合起来分析研究，即把商品结构和地理方向的研究结合起来，可以反映一国出口中不同类别商品的去向和进口中不同类别商品的来源，具有重要意义。

【小思考】 我国的主要贸易伙伴国有哪些？

（十）对外贸易依存度

对外贸易依存度（Degree of Dependence upon Foreign Trade）又称为对外贸易系数，是指一国的进出口总额占该国国民生产总值或国内生产总值的比重。其中，进口总额占国民生产总值（GNP）或国内生产总值（GDP）的比重称为进口依存度，出口总额占GNP或GDP的比重称为出口依存度。对外贸易依存度反映一国对国际市场的依赖程度，是衡量一国对外开放程度的重要指标。影响一国对外贸易依存度的因素有：国内市场的发展程度、加工贸易的层次、汇率的变化等。

【小思考】 对外贸易依存度越高越好还是越低越好？为什么？

四、国际贸易的分类

国际贸易的内容非常广泛,性质也十分复杂,为了能从不同的角度对国际贸易进行考察,可以对其按照不同的标准进行分类。

(一) 有形贸易与无形贸易

按照商品的形式,可将国际贸易分为有形贸易和无形贸易。有形贸易是指实物商品的进出口贸易。因为实物商品是有形的、可以看得见的,故称有形贸易。《联合国国际贸易商品标准分类》把国际贸易商品共分为十大类,即食品及主要供食用的活动物,饮料及烟类,燃料以外的非食用粗原料,矿物燃料、润滑油及有关原料,动植物油脂及油脂,化学品及有关产品,主要按原料分类的制成品,机械及运输设备,杂项制品,没有分类的其他商品。无形贸易是指非实物形态的服务和技术的进出口贸易。

传统的国际贸易形式主要是有形贸易,它由商品进口和商品出口构成。随着各国经济的发展、科学技术的进步和交换方式与内容的改进,无形贸易有了很大的发展。

【小思考】 哪些贸易属于无形贸易?请列举。

(二) 出口贸易、进口贸易与过境贸易

按货物移动的方向,可将国际贸易分为出口贸易、进口贸易和过境贸易。出口贸易是指将本国商品、技术和服务向外国输出的贸易。进口贸易是指将外国商品、技术和服务输入本国的贸易。过境贸易,又称"通过贸易",是指他国(地区)的出口商品途经本国(地区)再运往另一国(地区)的贸易。外国商品纯系转运关系经过本国,不在本国海关仓库存放就直接运往另一国的,称直接过境贸易;外国商品运到本国国境后,存放在海关仓库,但未经加工又运往另一国的,称间接过境贸易。过境贸易数额不列入本国进出口统计数据内。

(三) 直接贸易、间接贸易与转口贸易

按是否有第三国参加,可将国际贸易分为直接贸易、间接贸易和转口贸易。直接贸易是指商品生产国与商品消费国直接进行商品买卖的贸易。其中生产国是直接出口,消费国是直接进口。间接贸易是指商品生产国通过第三国同商品消费国进行商品买卖的贸易。其中生产国是间接出口,消费国是间接进口。转口贸易又称中转贸易或中介贸易,是指在间接贸易的情况下,第三国所进行的贸易。第三国通过买进卖出,从中获取转口利润。从事转口贸易的大多是运输便利、贸易限制较少的国家或地区,如伦敦、鹿特丹、新加坡、中国香港等港口,由于地理位置优越,便于货物集散,所以转口贸易很发达。

(四) 海运贸易、陆运贸易、空运贸易、多式联运贸易与邮购贸易

按货物运送方式的不同,可将国际贸易分为海运贸易、陆运贸易、空运贸易、多式联运贸易与邮购贸易。

【课堂活动1.1】

中国积极实施"走出去"战略

改革开放以来，中国实行了以"引进来"为主的战略，使我国经济逐步与世界接轨，我国有效利用大量国际资金、先进技术和管理经验，从而加快我国经济的发展，增强了我国企业的竞争能力。随着我国经济的不断发展，我国正积极参与国际经济竞争，并努力掌握主动权，不失时机地实施"走出去"战略，把"引进来"和"走出去"紧密结合起来，努力促使我国经济参与国际经济合作与竞争。

讨论：中国为什么要实施"走出去"战略？请结合我国所处的发展阶段和国际经济形势以及国际贸易对一国的影响和作用进行分析。

第二节 国际贸易的产生和发展

【导入案例1.2】

经过改革开放30年来经济的持续高速增长，我国产业在国际分工中的地位有了明显的提高。据相关的调查，中国摩托车占世界产量的43%，电脑键盘占39%，家用空调占32%，洗衣机占26%（2003年），中国已成为名副其实的"世界工厂"。这从一个侧面表明中国产业在国际上的影响力在迅速上升。另外，近年来我国外贸出口逐年迅速增加，是历史上我国对外贸易发展最为迅速的时期。据此可以看出我国在国际分工中的地位已经有了巨大的提升。但我国在新一轮国际分工格局中仍处于较低层次，因此获取的分工利益很低。从我国产业发展历程看，即使是最具竞争力的工业产业，其大部分工业行业及产品，与发达国家占据具有垄断地位的战略环节、获得价值链上最多增加值等状况相比，还有相当的距离。例如，从大纺织角度来看，在服装类制品中我国的竞争优势十分显著，而在纺织纤维类，即作为大纺织的上游环节、并且具有较高附加值的面料环节中，我国并不占优势。如再考虑到第一、第三产业不够发达，更能说明在新一轮国际分工格局中我国处于较低层次。

思考：什么是国际分工？哪些因素会影响一国在国际分工中所处的地位？我国国际分工的地位对我国国际贸易有什么影响？

一、国际贸易产生和发展的基础——国际分工

（一）国际分工的含义

分工又称劳动分工，是指基于协作的社会劳动的划分，即，使若干劳动者从事各种不同而又相互有联系的工作。它是人们在进行生产、改造自然的过程中形成的，是人类社会生产的基本形式。劳动分工是各种社会形态所共有的现象。劳动分工最早可以追溯到人类原始社会家庭或氏族内部的自然分工。后来，由于生产力的发展，出现了三次意义重大的社会大分工：畜牧业和农业的分工，手工业从农业中分离出来，商人阶层的出现。随着生产力的发展，分工愈来愈细，生产逐渐专业化，新的生产部门不断出现，不仅出现了诸如工业、农

业、交通运输业这些部门之间的分工，而且出现了部门内部的专业化生产分工，例如工业生产部门又分为冶炼、机器制造、纺织服装、食品加工等行业。

国际分工（International Division of Labor）是指世界各国（或地区）之间的劳动分工。它是社会生产力发展到一定阶段，国民经济内部分工超越国家界限的产物。国际分工是国际贸易和世界市场形成和发展的基础，没有国际分工就没有国际贸易和世界市场。当然，国际贸易的发展及世界市场的形成和扩大对国际分工的发展也起着有力的推动作用。

（二）国际分工的类型

国际分工的类型有各种划分方法，如有工业国与农业国之分，也有以生产劳动密集型产品为主的国家与以生产资本、技术密集型产品为主的国家之分。目前较为流行的，是把国际分工分为"垂直型"、"水平型"和"混合型"三种类型。

1. "垂直型"国际分工

"垂直型"国际分工是指经济发展水平相差悬殊的国家之间的分工。这种分工主要表现为国际间农矿业和制造业的分工。工业先进国家与工业落后国家的贸易关系主要就是以这种分工关系为基础的。工业发达国家从发展中国家进口原料，并向这些国家出口工业制成品。

2. "水平型"国际分工

"水平型"国际分工是指经济发展水平大体相同的国家之间的分工，如发达国家相互间或发展中国家相互间的分工一般都属于此种类型。这些国家的经济发展水平相近、产业结构相似，但部门之间、部门内部的不同产品之间发展有先后、技术有差距、发展水平不平衡，这些国家之间通过世界市场而建立的劳动分工即为横向的"水平型"分工。例如，同为发达国家，美国在电力工业方面具有优势，日本的纺织工业比较发达，英国由于发明了转炉炼钢技术而在钢铁工业方面具有领先地位等。

3. "混合型"国际分工

"混合型"国际分工是指由"垂直型"和"水平型"两者结合的分工形式。从一个国家来看，它在国际分工体系中既有"垂直型"的分工，又有"水平型"的分工。许多发达国家的国际分工都属于这种类型，它们同其他发达国家进行的生产专业化协作属于"水平型"分工，而对发展中国家的经济贸易往来则属于"垂直型"分工。

【小思考】 分别列举几种国际分工类型的典型代表。

（三）影响国际分工形成和发展的因素

影响国际分工发展的因素是多方面的，既有社会经济方面的条件，包括各国的科学技术水平、生产力的发展水平、国内市场的大小，也有国际政治方面的条件，各国政策、国际政治经济秩序的情况，还有各国自然条件的差异，包括气候、土地、资源、国土面积、人口、地理条件等。

1. 生产力发展水平

生产力的高低决定商品生产的成本。商品生产成本的高低决定了该商品在世界市场上的竞争力。取得竞争优势的出口国，可以在较长时期内形成生产该商品的固定分工格局。没有取得竞争优势的国家，或者竞争优势略差一些的国家，完全可通过提高该商品生产中的生产力、降低成本，逐步建立自己在该商品生产与出口中的优势，改变国际分工的格局。相反，已经在某种商品的生产与出口中取得竞争优势的出口国，如果生产力提高较慢，被其他国家赶上来，会逐步失去优势，成本会逐渐地高于其他国家，最终失去出口机会，这也会改变已有的国际分工格局。

2. 自然条件

任何社会的经济活动都是建立在一定的自然条件之上的。应当指出，一定的自然条件只是提供了进行生产和国际分工的可能性，并不提供这方面的现实性。要把可能性变为现实性还需要其他条件的配合。铁矿、煤炭、石油的生产前提是有这方面的矿藏，但要使这些矿藏开发出来并销售到世界市场上去，没有一定的科学技术和生产力水平是不可能的。海底油田的开发使英国和挪威成为石油出口国，但在勘探和开采海底油田的技术发明以前，这两个国家却是石油进口国。许多农产品的生产需要一定的自然条件，像咖啡、橡胶、可可需要一定的热带气候，而水稻、茶叶也需要一定特殊的气候条件。因此，农产品生产上的国际分工受自然条件的影响大一些。但从整个世界经济发展趋势来看，自然条件在国际分工中的作用在下降。人们不断发明更加节能的生产方式，对产品更强调高科技的含量和高附加值，因此自然条件在现代国际分工中的影响是不断下降的。

3. 人口、生产规模和市场情况

世界人口在各国分布是很不平衡的。有的国家人口众多、密度很大，劳动力显得比较丰富；有的国家人口密度低，因而劳动力显得比较稀缺。各种产品的生产对劳动力的需求情况是不同的。劳动力丰富的国家在生产劳动密集型产品方面具有比较优势，而劳动力稀缺的国家则可能在生产其他生产要素密集的产品方面具有优势，这样就会在这样两类不同的国家中产生分工。而且，人口教育水平的高低也会影响国际分工。因为受教育程度高的劳动力相当于多倍的简单劳动力，而且适合于生产技术密集的高科技产品。于是，教育事业发达、劳动力素质高的国家可以发展高科技产品的生产和出口，而劳动力素质低的国家只能生产一般的劳动密集型产品。

生产规模的经济性也会影响国际分工。现代工业要求大规模生产以便获得规模经济的好处。在许多工业部门，有时候一家工厂或一个企业的经济批量，就会超过一个国家市场的容量。在世界市场的调节下，各国就会根据规模经济的要求去发展一个或几个产业部门的生产，通过市场满足所有国家对这些产品的需求。规模经济还反映在各国合作生产某一产品，使其产量达到经济批量，从而在国际市场上具有竞争力。

4. 跨国公司的发展

第二次世界大战后跨国公司的大发展是推动当代国际分工的重要力量。战后跨国公司主要投资于制造业，而且是具有新技术的制造业。跨国公司的资本输出具体表现为发达资本主义国家之间的互相投资，由此产生的主要是水平型国际分工。这种投资流向反映到国际贸易方面，就是发达国家之间的制成品贸易发展迅速，并成为当前国际贸易的主要部分。跨国公司为了保证对产品市场的控制，通常避免把生产过程的所有环节都放在同一个国家。它们通常在总公司保留最重要的研究与开发及其他关键环节，而把其他生产环节分散到不同国家，并通过公司内部交易等控制活动，把各国的国内生产活动联系在一起，从中获取高额利润。这种情况下，各国间的分工就反映了跨国公司的垂直一体化体系的内部分工。

5. 国家政策和国际政治经济秩序

在一定经济基础之上产生的上层建筑，如国家力量、经济政策、国际组织等又能给经济基础以反作用力，促进和推动经济基础的发展。在国际分工方面也是如此。当年英国等欧洲殖民帝国为了形成有利于自己的国际分工，就运用国家的力量，强迫其殖民地按照宗主国的需要去发展单一农作物。殖民主义者还用武力打开别国大门，强迫被侵略国家接受殖民主义者的贸易条件，把别国纳入到有利于其剥削的国际分工体系中去。战后的民族独立运动风起云涌，一大批殖民地国家获得了独立。它们为了摆脱殖民统治留下来的单一经济结构和对宗主国的经济依赖，纷纷提出发展民族工业的政策措施，于是这些发展中国家的制造业就获得了很大的发展。

国际政治、经济秩序也起着延缓或推进国际分工的作用。如第二次世界大战以前，各资本主义国家为了转嫁经济危机，实行以邻为壑的高关税政策，各国进行竞争性货币贬值，国与国之间的关系十分紧张，结果极大地阻碍了国际分工的发展。战后各国达成了《关税与贸易总协定》，建立了国际货币基金组织和世界银行。这些超国家的国际经济组织协调了各国的贸易政策，通过多次关税和非关税减让谈判，大幅度地降低了各国的关税水平，减少了非关税壁垒，保持了汇率的稳定，推进了贸易自由化。战后国际贸易的增长速度高于世界经济的增长速度。这表明，战后的国际经济秩序促进了国际分工的发展。

二、世界市场

（一）世界市场概念及分类

世界市场（World Market）是指国际贸易活动的场所，是国际分工的重要手段。世界市场是一个广泛的概念，人们根据不同的标准，可以把它划分为不同的类型。如果以参加国的经济发展水平为标准，可以划分为发达国家市场和发展中国家市场。如果以参加国的地理分布为标准，则可以划分为北美市场、欧洲市场、亚洲市场、拉美市场、非洲市场、澳洲市场等。也有人把地理位置划分得更细一些，划分为西欧市场、中东市场、东南亚市场等；或干脆按国别划为美国市场、日本市场、德国市场等。如果以产品的种类为标准，可以划分为世界纺织品市场、世界粮食市场、世界钢铁市场、世界汽车市场、世界飞机市场、世界电子计算机市场等。总的来看，按照地理位置或国别来划分，以及按照产品种类来划分这两种方法比较常见。

（二）统一的世界市场的形成

世界市场萌芽于16、17世纪。地理大发现以前，人们对世界的认识是很不全面的，因此当时只有区域性市场，还没有世界市场。产业革命以后的100年间，世界市场已有了很大的发展，但一直到19世纪中叶，世界市场上还只有英国处于支配地位。西欧、北美诸国属于刚开始工业革命的阶段。这些国家刚刚开始大修铁路，使本国的内地和国际市场更紧密地联系起来。到19世纪末20世纪初，资本主义进入垄断时期，才最终形成了统一的无所不包的世界市场。其标志为以下几个方面。

1. 帝国主义列强已把世界瓜分完毕

欧洲一些国家和美国在19世纪中期开始的新科技革命中迅速地发展了自己的生产力，使它们的生产力水平开始接近最早实现工业化的英国。这些发达资本主义国家为了保证本国产品的销售市场和原料产地，纷纷掠夺殖民地，在世界上划分势力范围。到20世纪初，世界上已没有什么国家和地区可以脱离世界市场进行经济活动了。

2. 多边贸易、多边支付体系的形成

19世纪末，随着国际分工的发展，西欧大陆各国和美国这些发达资本主义国家从不发达的国家和地区进口的农产品和原材料越来越多，而不发达国家和地区从西欧大陆和北美进口的数量则相对较少，因而欧洲大陆的工业国和美国对不发达国家有大量的贸易赤字。与此同时，英国因实行自由贸易政策，从西欧大陆工业国和美国输入的工农业产品持续增长，出现了英国对这些新兴工业化国家的贸易赤字。当时世界上不发达国家和地区进口的工业品，很大部分来自英国，因此又存在着不发达国家和地区对英贸易的赤字。这样就出现了对多边支付的需求。由于英国作为一个老牌资本主义国家在海外有大量的投资收入需要汇回，它的航运业、银行业、保险业每年也会从世界各地赚得大量收入，这就使当时的英国成为世界多边贸易、多边支付体系的中心，伦敦因此而成为国际金融中心。

3. 国际金本位制度的建立与世界货币的形成

世界市场与世界货币是密切相关的，两者相互促进，相辅相成。早期的世界货币是黄金和白银并用，是一种复本位制。1816年英国过渡到单一的金本位制。国际金本位制的好处在于：它使世界市场上各国货币价值的相互比较有了一个尺度，并使各国货币之间的汇率保持稳定；同时，它给世界市场上各国的商品价格提供了一个互相比较的尺度，使人们很容易把商品价格从用一种货币表示转换为用另一种货币表示，有利于把各国的价格结构联系在一起，这个国际金本位货币制度使当时的多边支付体系顺利发挥作用，是世界市场机制的一个重要组成部分。

4. 各国共同受世界市场行情变化的影响

19世纪末20世纪初，世界上已形成了许多大型的商品交易所，不少地方举办的博览会把世界各地的客商及产品汇集到一起。这一切都使世界各地同类产品的价格有趋于一致的倾向，形成了许多产品的世界市场行情。这有利于航运、银行、保险及各种机构的健全，交通设施和运输工具的进一步完善。并且，人们通过长期的实践，已在世界市场上大体形成了一整套有利于各国贸易往来的规则和惯例，这保障了国际贸易的顺利进行。这一切都使世界市场的各个部分紧密结合在一起，各国的进出口贸易，无不受到世界市场行情变化的影响。

(三) 当代世界市场发展的主要特征

1. 世界市场的规模不断扩大

第二次世界大战后，由于一系列殖民地国家独立，它们不再由宗主国来安排进入世界市场，而以独立主权国家的身份进入世界市场，世界市场的参加主体大大增多了。另外，各国卷入世界市场的深度也在增加，表现为各国对外贸易额占其国民生产总值的比重即外贸依存度有提高的趋势。国际贸易的方式也呈现多样化。战后的各国除了传统的商品贸易之外，还在国际间开展多种形式的资金、技术、服务等合作和联合投资，补偿贸易、来料加工贸易、租赁贸易等新的贸易形式得到很大发展。

2. 国际贸易的商品结构发生了重大变化

由于战后国际分工格局的变化，国际贸易商品结构也发生了相应的变化。战前初级产品与工业制成品在世界贸易中所占的比重大约是60%与40%，战后这个比例开始倒过来了。

造成这种情况的根本原因是科技革命带来国际分工的深化。部门内分工的发展使国际贸易中的中间产品大大增加。大量的合成材料代替了原先的初级产品原料。发达资本主义国家的新技术使它们的农产品自给率提高；知识经济在产品价值含量提高的同时使所消耗的物质量减少。

3. 国际服务贸易发展迅速

战后的科技革命和经济高速增长，在加深国际分工的同时，也使各种生产要素在国家间流动加强，于是国际服务贸易迅速发展起来，不但传统的服务贸易项目，如运输、银行、保险等随着国际贸易发展而发展，其他的服务贸易项目，如国际租赁、国际咨询和管理服务、技术贸易、国际旅游等也在战后得到快速发展，服务贸易的增长速度大于同期商品贸易的增长速度。目前，世界服务贸易总额已相当于世界商品贸易额的1/4左右。

4. 区域经济一体化和跨国公司给世界市场以巨大影响

世界各国经济联系日益加强，有一部分国家通过结成地区性经济集团，在一个区域的范围内追求更加紧密的国际经济联系。于是在一个世界市场的范围内，存在许多跨国家的区域性市场。这些地区性经济集团，对内实行程度较高的自由贸易，对外则实行一定程度的歧视或排斥，如欧盟、北美自由贸易区等就是这样的区域经济一体化组织。区域经济一体化并没有使世界市场变小，而是在世界自由贸易程度提高的同时，在某一区域内实行更高程度的自由贸易，因而促进了世界市场的发展。

战后跨国公司的大发展也给世界市场以巨大影响。跨国公司利用其雄厚的资本和科技优势，通过对外直接投资，绕过别国的关税和非关税壁垒，进入别国市场。它们采用多种组织形式和策略，垄断着世界的销售市场和原料产地，从而垄断了世界市场上很大一部分贸易。

5. 不同社会制度的国家在世界市场上的联系在加强

战前，作为唯一社会主义国家的苏联对参与世界市场是持警惕态度的。战后初期，出现了十几个社会主义国家，东西方处于冷战状态，社会主义国家与资本主义国家的经济关系受到严重影响。我国在结束"文革"以后，在邓小平理论指导下实行改革开放，与其他国家、地区建立和发展多层次的经贸关系。中国恢复了在世界银行、国际货币基金组织的合法席位，又加入了世界贸易组织。自从党的十四大确立我国建设社会主义市场经济体制的目标之后，我国在世界市场上的竞争力不断增强，与世界市场的联系也更加紧密。作为最大的发展中国家，我国与广大发展中国家一起，积极要求改变原来不合理的国际经济秩序，建立新的国际经济秩序，以便更有利于世界各国的发展。

（四）国际价值和国际价格

1. 国际价值

国际价值（International Value）是指世界市场范围内的商品市场价值，它是以国内价值或国别价值为基础，由参加国际贸易的各国国内价值或国别价值的平均数形成的，由国际社会必要劳动时间所决定的。由于国际社会必要劳动时间是随着国际劳动生产力的变化而变化的，所以，国际价值是一个动态的概念。

商品的国际价值与国内价值或国别价值在本质上是相同的，都是一般人类劳动的凝结，但它们在量上是有差异的，商品的国内价值或国别价值是由该国生产该商品的社会必要劳动时间决定的，因此，在同一国内，在同等的劳动熟练程度和强度下，用相同的劳动时间所生产的各种商品具有同等的价值。而商品的国际价值是由世界生产该商品的社会必要劳动时间决定的，因此，在世界范围内，不同国家因国民劳动熟练程度和劳动强度不同，在同一劳动时间内会生产出不同的国际价值，强度较大的国民劳动比强度较小的国民劳动在同一时间内会生产出更多的价值。

国际价值量随着国际社会必要劳动时间的变化而变动。影响国际价值量变化的因素主要包括劳动生产率、劳动强度和贸易参加国的贸易量。

【小思考】 劳动生产率和劳动强度分别与国际价值有怎样的关系？

2. 国际价格

国际价格（International Price）是指在一定条件下在世界市场上形成的商品市场价格，它是国际价值及国际使用价值的货币表现，亦即以货币表现的商品的国际价值及国际使用价值。价格的变动归根到底是受价值规律支配的，价值是价格变动的基础。在世界市场上，国际价格变动的基础就是国际价值。

商品的国际价值是国际价格上下波动的中心。因为，商品的价格虽然以价值为基础，但最终是由供求关系决定的。而在世界市场上，商品的供给和需求经常是不平衡的，因而使商品的国际市场价格经常高于或低于国际价值。正是商品供求关系的变化，使商品的国际价格围绕着国际价值上下波动。但是，价格的变动又会反过来影响供求的变化，使它们趋于平衡，从而使国际价格接近于国际价值。

影响国际价格的因素主要包括国际供求关系及其变动、世界市场上的竞争和垄断、资本主义经济周期、各国政府和国际性组织所采取的有关政策措施、商品销售中的广告和促销措施以及自然灾害和战争等非经济因素。

按照国际市场上的价格形成状态，国际价格可分为世界"自由市场"价格和世界"封闭市场"价格。前者是指在国际间商品不受垄断或国家垄断力量干扰的条件下，由独立经营的买者和卖者进行交易形成的价格，通常能较客观地反映商品供求关系的变化；后者是指买卖双方在一定的约束关系下形成的价格，商品供求关系一般对它不会产生实质性的影响。"封闭市场"价格包括跨国公司为逃税等原因而制订的调拨价格，垄断组织采取的垄断价格，区域性经济贸易集团制定的内部价格和国际商品协定下的协定价格。

【小思考】 国际市场价格是由什么决定的？跨国公司如何通过制定调拨价格逃税？区域性经济贸易集团内部为什么要制定价格？

三、当代国际贸易的特点

（一）有形贸易与无形贸易并存

当代国际贸易已经发展为包括三个领域：国际商品贸易、国际技术贸易和国际服务贸易。有形贸易即国际商品贸易，无形贸易包括国际技术贸易和国际服务贸易两个方面。尽管国际商品贸易在当代国际贸易中仍然占据重要地位，但是随着经济的发展和科技的进步，技术在经济社会发展中的地位和作用日益重要，国际技术贸易和国际服务贸易的重要性也因此日益显现。

国际技术贸易的蓬勃发展，有助于加强国际间的经济合作和交流，为传播先进的科学技术、促进国际贸易的发展、提高各国的技术水平和加速各国的经济增长发挥了不容忽视的作用。我国是发展中国家，赶上或超过发达国家必须依靠科学技术，一方面需要自己投入大量资金，提高科技开发和创新能力；另一方面需要进行国际技术贸易，引进和消化先进技术，以较快的步伐缩短与发达国家的差距。

国际服务贸易是近几十年来发展的一种全新的贸易活动，包括金融服务、电信服务、空中运输服务、旅游服务、咨询服务、工程承包等。发达国家服务业的产出、就业以及进出口等方面在国内经济中占有越来越重要的地位。在发达国家，大部分新的就业机会都是由服务业创造的，技术创新产生出新的服务行业，并使许多服务行业得以跨越国境。近年来，世界服务贸易额在世界贸易总额中的比重基本维持在20%左右。

国际贸易的无形化已经成为一种趋势，无形贸易与有形贸易并存发展，并且会比有形贸易发展得更快。

（二）自由贸易与保护贸易并存

贸易自由化是国际贸易规则的基本原则。世界贸易组织的基本目标就是实现贸易自由化。但是，取消贸易保护、实现贸易自由化通常意味着国家之间或国家内部各集团之间的利益调整，因而往往受到重重阻碍。国际经济的任何领域都不像国际贸易领域这样充满矛盾与悖论，当代国际贸易政策和国际贸易集团化都是这种矛盾的体现。

各国在实行最惠国待遇、削减关税、取消数量限制的同时，又以保护幼稚工业、保护就业、保护公平竞争、改善国际收支、增加政府收入、维护国家安全为理由，筑起一道道贸易壁垒。当代世界中有六大部门，即纺织、鞋类、钢铁、汽车、造船和电子工业的贸易，一再受到来自发达国家的重重限制，发达国家的反倾销、反补贴常被作为抵制发展中国家工业制成品出口的保护手段。

贸易自由化是国际贸易发展的主流，但不同国家的贸易自由化程度有所不同，即使同一国家，在不同时期也会采取不同的贸易自由化措施。因而，当前的国际贸易发展始终是自由贸易与保护贸易并存。

（三）全球贸易与区域贸易并存

近年来，全球贸易发展迅猛。各国家和地区的经济活动在全世界范围内按照一定的规则，在贸易壁垒和贸易障碍越来越小的全球市场下协调运行，形成贸易自由化倾向。世界贸易组织是全球贸易自由化的推动者、协调者和集中体现，其宗旨就是建立没有贸易壁垒的世界单一市场。

与此同时，伴随着20世纪90年代以来各种类型的区域经济合作组织的迅速发展，区域贸易取得了重大进展。区域贸易是指地理上毗邻的国家（或地区）通过多边协定或其他形式，在成员国区域内取消商品贸易的限额和贸易壁垒，分阶段减少关税，实行成员国之间的自由贸易；而对非成员国或外部世界则采取统一的贸易政策和关税政策。

进入20世纪90年代后，世界区域集团化趋势发展强劲。继1994年1月1日《北美自由贸易协定》生效之后，由美国、加拿大和墨西哥组成的北美自由贸易区开始运行。自1999年1月1日欧元正式启动以来，欧盟在其内部已取消关税壁垒及对人员和商品的过境检查，实现了零关税，成为世界上最大的无关税集团。亚太经济合作组织（APEC）近几年经贸合作进展迅速。其贸易自由化目标是：成员国中发达经济体到2010年取消各种关税壁垒和非关税壁垒，发展中经济体到2020年取消各种关税壁垒。目前几乎所有具有一定经济实力和经济基础的国家都参加了一个或几个经济合作组织。

区域贸易与全球贸易之间存在一定的隔阂。区域集团化的运作会在无形中助长区域保护主义，带来贸易集团间的摩擦，但是世界贸易组织仍然是指导世界贸易政策的主要机构和主导力量，区域集团始终都要在世界贸易组织的框架内运行。为了更好地协调区域集团与多边贸易体制的关系，恢复多边贸易体制对区域化排他性倾向的约束力，世界贸易组织成立了一些特别工作组和区域贸易集团委员会。乌拉圭回合不仅对关税壁垒进行了限制，还对原产地原则、贸易技术壁垒、政府采购、反倾销、纺织品和服装、知识产权、服务贸易、保障条款以及与贸易有关的投资等问题达成协议，对可能产生的非关税壁垒进行约束，从而使得区域经济一体化组织纳入世界贸易组织的管辖与约束。在世界贸易组织的制约下，区域贸易将与全球贸易并行发展，在区域贸易自由化步伐加快的基础上，全球贸易自由化将加速变为现实。

（四）外部贸易与内部贸易并存

国际贸易从它产生的时代开始，一直是不同国家的不同产业之间、不同企业之间的贸易，或者更准确地说，是一个国家的某个产业部门的产品与另一个国家的另一个产业部门的产品的交换，简称为产业间贸易。例如，工业国工业部门的产品与农业国农业部门的产品进行交换。从企业的角度来看，国际贸易就是某国某一个企业用自己的产品到别国去与另一个企业的产品交换，简称为企业间贸易。国际贸易发展到20世纪90年代，产业间贸易和企业间贸易这两种贸易形式仍然占有重要地位。

然而，在外部贸易风靡全球的同时，内部贸易也悄然兴起，而且增长强劲，对国际贸易产生了重要影响。内部贸易包括产业内贸易和企业内贸易。所谓产业内贸易，是指参与贸易的两个国家之间相互出口同类商品。譬如，美国向日本出口汽车，日本同样向美国出口汽车。许多研究表明，产业内贸易与经济发展水平密切相关产业内贸易的增长与经济发展水平的提高是同步的。20世纪70年代以来，产业内贸易逐渐成为国际贸易的新趋势；80年代和90年代，这种趋势更加明显，以至于促进了产业内贸易理论的产生和发展。

企业内贸易，亦称为公司内贸易，它是指跨国公司内部开展的国际贸易，即跨国公司母公司与国外子公司之间，以及同一系统子公司之间开展的跨国界的贸易活动。公司内贸易之所以是国际贸易，是因为这种贸易活动跨出了国界，是两个相对的经济实体之间的商品、技术或服务的交换。但它又不同于传统的国际贸易，因为贸易双方是处于共同的所有权控制之下的，进行交换的市场是跨国公司的内部市场。

内部贸易与外部贸易并存，共同推进了国际贸易的发展。内部贸易不可能取代或消灭外部贸易，内部贸易与外部贸易并存的格局将长期保留。

[课堂活动1.2]

中国铁矿石价格谈判

近年来，在包括铁矿石在内的大宗商品价格谈判中，中国一直谈得比较艰苦并收获不大。2000年以后，随着中国经济的发展，中国进口铁矿石规模在加大，是全球最大的铁矿石消费国之一,然而,在谈判桌上的话语权却牢牢地掌握在三大国外矿商手中。国际铁矿石价格谈判是一个复杂工程,涉及方方面面的利益,多年来中国之所以始终处于下风,一个重要的原因是,同三大矿商相比,中国钢铁业集中度低。三大矿山企业占据全球80%的铁矿石贸易量,集中度高;而中国对进口铁矿石60%的依赖度,则被成百上千的钢厂和贸易商所"瓜分"。由于国内经济强劲增长,中国已有过多次将国际铁矿石、铜、石油、棉花等商品价格大幅推高的教训。而此次铁矿石涨价的源头之一也应该是来自中国。数据显示,2004年,中国生铁产量同比增加24%,达4 891万吨,生铁增量占全球全年生铁增量的84%;在此带动下,中国的铁矿石进口量从2003年的1.48亿吨上升到2.08亿吨,同比上升40%;而同期日本铁矿石进口量只增加280万吨。值得注意的是,进口到中国的铁矿石有很大一部分被用来制造钢坯、钢锭等粗钢产品,而生产这些钢铁初级产品的用户都是高耗能、高污染、面临淘汰的小企业,而作为初级产品的钢坯如果大量出口,就势必恶化铁矿石的供需矛盾。

讨论:中国铁矿石谈判价格是自由市场价格还是封闭市场价格?谁在推升国际铁矿石价格?作为铁矿石消费大国的中国应如何应对国际铁矿石价格的波动?

作 业

一、识记概念

国际贸易、对外贸易额、对外贸易量、国际贸易条件、对外贸易依存度、国际分工

二、解答问题

1. 简述国际贸易的地位和作用。
2. 影响国际分工形成和发展的因素有哪些?为什么说社会生产力是国际分工形成与发展的决定性因素?

第二章

国际贸易理论

第一节 西方传统自由贸易理论

【导入案例 2.1】

在过去的几十年当中，全球贸易增长了几十倍。2009 年，世界商品贸易总额为 248 950 亿美元，而中国在 2009 年进出口总额为 22 072 亿美元，已经超越德国成为世界第一大商品出口国，约占全世界出口额的 10%。从 2009 年对外贸易总额来看，世界贸易前 20 强依次是美国、中国、德国、日本、法国、荷兰、英国、意大利、比利时、韩国、中国香港特区、加拿大、新加坡、西班牙、俄罗斯、墨西哥、印度、中国台湾地区、瑞士、澳大利亚。

思考：产生国际贸易的原因是什么？为什么各国要纷纷参与国际贸易？一国参与国际贸易的程度与该国的发达程度有关系吗？贸易利益如何在各参与国之间分配？

国际贸易的历史源远流长，但以这种活动为对象进行理论研究的是从 15 世纪的重商主义时期开始的。从 15 世纪到 18 世纪末，重商主义学说在国际贸易和国际收支方面起主导作用，它反映了资本主义原始积累时期商业资本的利益和要求。进入 17 世纪以后，欧洲的资本主义生产关系有了初步发展，但封建政权仍控制着生产的发展，行会组织、关卡林立、外贸经营权垄断等的存在，制约着资本主义经济的长足进展。经济自由成了新兴资产阶级的紧迫愿望。从 18 到 19 世纪，随着资本主义生产方式的建立和发展，重商主义学说已不再适应工业资产阶级发展经济和外贸的需要。18 世纪中期，以魁奈为代表的法国重农学派首先提出了"自由放任"的口号，接着以亚当·斯密、大卫·李嘉图和约翰·穆勒等为代表的资产阶级经济学家开始探讨对外贸易与经济发展的内在联系，试图从理论上说明自由贸易对经济发展的好处，由此产生了自由贸易理论。

一、绝对优势理论

绝对优势理论又称绝对利益理论，由英国古典经济学的奠基人亚当·斯密所创，亚当·斯密在其 1776 年发表的《国民财富的性质和原因的研究》（简称《国富论》）中，对绝对优势理论作了系统的阐述。他认为,如果各国都生产自己有绝对优势(绝对成本低)的产品,并进行自由交换,那么各国都可以获得绝对利益的好处。绝对优势是指以单位产量所花费的劳动成本或生产费用为标准,在某一种商品生产上,一个生产者比另一个生产者或一国比另一国所具有的优势。斯密从生产成本的绝对差别出发,认为一国生产某种商品的成本比别的国家绝对低,即具有绝对利益的优势时,该商品就可以出口;反之就要进口。两国可根据专业化的原则实行分工,在此基础上进行贸易,出口国出口的是那些在本国进行生产比较有效率的商品,进口国进口的是在外国进行生产比较有效率的商品,这样,贸易双方都可获得更多的利益。

亚当·斯密用绝对优势理论阐明了自由贸易和国际分工的好处,并提出了"地域分工"理论。他指出,各国都应根据各自有利的自然条件去进行国际分工,这样,不仅各国所生产出来的商品必然比其他国生产同类商品的成本低、生产效率高和价格便宜,而且会使各国的土地、劳动和资本等资源得到最充分的利用,并增加社会物质财富。

在当时的英国,亚当·斯密的绝对优势理论反映了新兴资产阶级的利益,适应了工业资产阶级发展对外贸易和获取高额利润的要求,并成为发展资本主义、反对封建势力的有力武器。但该理论也存在着一定的局限性,即它的前提条件是一国必须在某种商品的生产上具有绝对优势,劳动成本绝对低于贸易伙伴国。

【小思考】 为什么一些不发达国家在生产任何商品上都不具有绝对优势,但仍然愿意参与国际贸易?

二、比较优势理论

比较优势理论又称比较利益理论,是英国古典经济学家大卫·李嘉图提出的国际贸易理论。大卫·李嘉图从生产成本的相对差别出发,认为两个国家的生产力不同,一国即使生产不出成本绝对低的商品,但只要能生产出成本相对低的商品,就可以同另一国进行贸易,并使贸易双方都得到好处。换言之,一个国家不仅应生产比其他国家具有绝对优势的商品,而且还要生产具有相对优势的商品,虽然这些出口商品的绝对成本高于其他国家,但用它可以换回在本国生产需付出更多劳动的商品,这样可以取得比较利益。通过自由贸易和相互交换,既可以使进出口收支平衡,又可以节约本国劳动力和增加本国某些商品的使用价值。就英国而言,不仅要从外国进口粮食,而且要大量进口,甚至粮食可以完全从国外进口,这是因为英国在纺织品生产上所占的优势比在粮食生产上的优势更大。所以,英国应专门发展纺织品的生产,通过出口纺织机来换取本国所需要的粮食。

李嘉图用一个典型的例子说明比较优势。他假设英国和葡萄牙两国同时生产两种商品——呢绒和葡萄酒。分工前两国各自生产1单位呢绒和1单位葡萄酒所需要的劳动量及分工后两国各自所得的两种产品的产量见表2.1和表2.2。

表2.1　　分工前两国生产1单位呢绒和1单位葡萄酒所需要的劳动量

国　家	呢　绒	葡萄酒
英国	100人/年	120人/年
葡萄牙	90人/年	80人/年

表 2.2　　　　　　　　　　分工后两国所得葡萄酒和呢绒的产量

国　家	呢　绒	葡萄酒
英国	(100+120)/100 = 2.2 单位	
葡萄牙		(90+80)/80 = 2.125 单位

从表 2.1 中可以看出，英国无论生产呢绒还是生产葡萄酒，其成本都高于葡萄牙而处于绝对劣势的地位。根据绝对优势理论，英国与葡萄牙无法进行国际分工和国际贸易。但是，李嘉图认为，即使是在这样的情况下，英、葡两国仍旧存在着贸易基础。从成本比例上看，葡萄牙生产呢绒的成本是英国的 90%，生产葡萄酒的成本是英国的 66%。在两种商品的比较中，葡萄牙生产葡萄酒的成本相对于英国更低，这就是所谓优势中的优势，或可称为比较优势。而英国生产呢绒的成本是葡萄牙的 1.1 倍，生产葡萄酒的成本是葡萄牙的 1.5 倍，在两种商品的比较中，英国生产呢绒的成本相对于葡萄牙更低，这就是所谓劣势中的优势，同样也称为比较优势。按照"两优取其重，两劣取其轻"的分工原则，葡萄牙应分工生产葡萄酒，英国应分工生产呢绒，然后，两国进行贸易。假定 1 单位葡萄酒换 1 单位呢绒，结果是，两国总的劳动量投入未增加，但两种产品的总产量增加了，其中葡萄酒增加了 0.125 个单位，呢绒增加了 0.2 个单位，双方都可获益（见表 2.2）。

上述例子说明，当两个国家的两种商品存在比较优势差异时，如果两个国家均生产自己比较优势较大的商品，通过贸易可以使两国都获得利益。比较优势理论同样适用于多国多产品的生产与贸易。重视比较优势，并以此为基础创立比较优势理论，是李嘉图对国际贸易学说的巨大贡献。比较优势理论在 19 世纪中期成为国际贸易理论的主要支柱。进入 20 世纪以后，经过许多学者的修正和补充，比较优势理论日趋完善。

【小思考】　　一国为什么会产生相对于其他国家的比较优势？比较优势的根源在哪里？

三、要素禀赋理论

要素禀赋理论是 20 世纪 30 年代由著名的瑞典经济学家赫克歇尔和俄林创立的。该理论是用生产要素的丰缺程度来解释国际贸易产生的原因和商品流向的理论。俄林假设，各国的生产条件相同，即生产某种产品所投入的各种生产要素的比例关系相同，但各国生产要素（包括土地、劳动、资本、技术和管理等）的价格比例不同。例如，美国、英国生产小麦和棉布，投入土地和劳动两种生产要素。两国的要素价格、生产两种产品所投入生产要素的比例，以及计算出的两种产品的国内价格如表 2.3 所示。

表 2.3　　　　　　　　　　美国、英国生产小麦和棉布的价格表

		美　国	英　国
要素价格	土地	1 美元	4 美元
	劳动	2 美元	1 美元

续表

		美国	英国
生产函数	小麦	5单位土地 1单位劳动	5单位土地 1单位劳动
	棉布	1单位土地 10单位劳动	1单位土地 10单位劳动
商品价格	小麦	1×5+2×1=7（美元）	4×5+1×1=21（美元）
	棉布	1×1+2×10=21（美元）	4×1+1×10=14（美元）

从表2.3可以看出，在美国，小麦和棉布的价格分别是7美元和21美元；而在英国，这两种商品的价格分别为21美元和14美元。显然，美国在小麦生产上有比较优势，而英国在棉布生产上有比较优势。下面分析两国在小麦或棉布生产上有比较优势的根源。

在各国要素需求一定的情况下，各国的要素赋予情况不同，对要素价格的影响也不同。供给丰富的生产要素，其价格就便宜；相反，供给稀缺的生产要素，其价格就昂贵。因此，一个国家生产和出口大量使用本国供给丰富的生产要素的产品，其价格就低，就有比较优势。反之，生产大量使用本国稀缺的生产要素的产品，其价格就贵，出口就不利。例如，美国的土地丰富，土地价格就便宜，因而，生产和出口大量使用土地的产品，即小麦，其价格就低，就有比较优势。相反，英国土地缺乏，土地价格就昂贵，因而，生产大量使用土地的产品，即小麦，其价格就贵，出口就不利。

通过以上对生产要素供给情况的分析，可以得出要素禀赋理论关于一个国家对外贸易商品结构的结论：一个国家出口的应是以本国丰富要素所生产的商品，进口的应是以本国稀缺要素所生产的商品。这就是说，各国只有充分发挥本国在生产要素方面的优势，才能在国际贸易中取得更多的经济利益。

四、里昂惕夫之谜

要素禀赋理论建立后，人们依据各国的资源禀赋情况，可以推断出一国的对外贸易模式。例如，美国一般都被认为是资本相对丰富的国家，那么它的对外贸易模式自然是出口机器设备和钢铁等资本密集型商品，进口的是劳动密集型商品。美国经济学家里昂惕夫基于这种认识，利用他的投入产出法对美国的对外贸易商品结构进行了具体计算，其目的是对赫克歇尔—俄林原理进行验证，但验证的结果出乎大家的预料，恰恰和理论判断相反。

他把生产要素分为资本和劳动力两种，采用1947年和1951年的统计资料对200种商品进行分析，计算出每百万美元的出口商品和进口商品所使用的资本与劳动量，从而得出美国出口商品和进口商品中所含的资本与劳动的密集程度。根据计算结果，认为美国出口商品具有劳动密集型特征，而进口商品更具有资本密集型特征。这个验证结果正好与赫克歇尔—俄林原理相反。

里昂惕夫发表其验证结论后，西方经济学界大为震惊，因而将这个不解之谜称为"里昂惕夫之谜"，并掀起了一个验证和探讨里昂惕夫之谜的热潮。多数验证表明，里昂惕夫之谜不仅仅是一个偶然，而是普遍存在的。各国经济学家针对里昂惕夫之谜提出了各种各样的解释，在一定程度上促进了战后西方的国际分工和国际贸易理论的发展。

【课堂活动2.1】

中国农业的比较优势问题

中国农业不仅关系到13亿人口的粮食安全,而且在今后相当长的时期内是8亿多农民增收和就业的基本来源。但中国人均耕地面积只有世界平均数的43%,人口增加、耕地减少,耕地资源紧张的矛盾将长期存在。不仅如此,中国还是世界上水资源最短缺的国家之一,人均水资源占有量只有世界平均水平的1/4。如此严酷的资源条件,将始终约束着中国农业的发展,在根本上使中国农业在国际竞争中处于不利地位。

相关统计和研究表明,中国粮、棉、油料等大宗农产品的比较优势从20世纪90年代中期以来开始下降,目前已基本不具备国际竞争力。如从资源成本角度看,1997年中国每生产1公斤小麦亏损0.15元,到2001年,进一步亏损0.39元,资源配置缺乏效率。而与此相反,大米、畜产品、园艺产品等具有比较优势。

研究进一步显示,20世纪90年代以来农产品生产国内资源机会成本的上升,是导致比较优势下降的主要原因。因此,在目前中国农业资源禀赋条件下,土地密集型的小麦、棉花、大豆等产品明显缺乏比较优势,不具备参与国际商业竞争的基本条件。与此相反,由于中国具有丰富劳动力资源,劳动力价格低廉,因此畜产品、园艺产品等劳动密集型农产品具有较强的出口潜力。

讨论:1. 如何运用比较优势理论和要素禀赋理论分析我国农业的比较优势问题?
　　　2. 中国农业国际化发展的对策选择是什么?

第二节　保护贸易理论

【导入案例2.2】

2009年9月12日白宫宣布,美国总统巴拉克·奥巴马决定对从中国进口的轮胎实施限制关税,为期3年。白宫在一份声明中表示,第一年将对从中国进口的轮胎加征35%的关税,第二年加征30%,第三年加征25%。而就在2008年底的全球金融峰会上,各国领导人一致作出抵制贸易保护主义的承诺。但美国选择轮胎产品首先对中国商品发难,激起中国有关各方的强烈反应。2008年,中国的轮胎产量已经达到3.5亿条,其中40%出口,出口中又有30%是出口到美国。美国对中国轮胎加征高额关税,意味着中国轮胎将失去美国市场,有10万人可能因此失业,而美国则有2.5万人要失业,加上轮胎销售、仓储、运输、装卸等环节,受影响的也将近10万人。

思考:为什么美国在会出现两败俱伤的前提下仍然选择对从中国进口轮胎实施限制关税?

保护贸易是指运用国家权力,采取各种措施干预对外贸易,"限入奖出",以保护本国民族经济发展的一种理论或政策主张。历史上最早主张保护贸易政策的理论是重商主义。重商主义也是资产阶级最初的经济学说,产生和发展于欧洲资本主义生产方式准备时期,反映了这个时期商业资本的利益和要求。它主张国家干预对外贸易,实行保护贸易的政策;通过贸易顺差从国外获得货币收入;禁止奢侈品进口和对一般制成品限入奖出;积极发展出口工业,提高产品质量,以及采取保护关税等措施。重商主义倡导的保护贸易政策曾在15世纪至18世纪末的欧洲国家普遍实行，为当时的资本原始积累做出了积极的贡献。其影响深远，除了1815年至1914年间的英国，几乎没有一个国家曾彻底摆脱过重商主义的观点。

当以英国为首的欧洲先进工业国完成工业革命，开始逐步实行自由贸易政策、向世界进行扩张时，美国则刚刚取得独立和统一，德国也结束了其封建割据的局面，开始其工业化进程。此时，他们的资本主义工业都还处在萌芽状态或成长时期，虽然在经济上获得了不同程度的发展，但与当时的英国相比，其工业还比较幼稚，生产力发展还比较落后，深受英国工业品的冲击。因此，这些国家客观上要求实行保护贸易政策。美国的汉密尔顿和德国的李斯特正是适应这一客观需要，提出保护贸易的理论和政策主张。保护贸易理论的提出，代表了美国和德国新兴工业资产阶级的利益和要求，其目的是为了能够在国内迅速建立大工业，并使国内工业通过贸易保护得以避免外国的竞争而顺利发展。

一、汉密尔顿的保护关税说

汉密尔顿是美国独立后第一任财政部长，他向国会提交的《关于制造业的报告》被视为保护贸易理论的经典文献。在这份报告中，他极力主张实行保护关税政策，阐述了保护和发展制造业的必要性和有利条件，提出了以加强国家干预为主要内容的一系列措施，指出保护和发展制造业对维护美国的经济和政治地位独立具有重要意义。他认为保护和发展制造业有许多作用，包括：促进机器的使用和社会分工的发展，可提高整个国家的机械化水平；增加就业，促使移民流入，加速美国国土开发；提供更多开创各种事业的机会，使个人才能得到充分发挥；保证农产品销路和价格稳定，从而刺激农业发展。

汉密尔顿认为，亚当·斯密的自由贸易理论不适用于美国，因为美国经济情况与英国及其他欧洲国家不同，美国工业基础薄弱，技术落后，生产成本高，不可能与先进国家在平等的条件下进行贸易。如果在美国工业尚未建立起来时实行自由贸易政策，其结果将使美国的产业被限制在农业范围内，而使制造业受到极大的损害。所以，他认为国内市场远比国外市场重要，为了防止外来竞争，加速制造业的发展，美国必须对处在萌芽阶段或新建的幼稚工业给予特别保护和奖励，以扶助幼稚工业的成长。

汉密尔顿的保护贸易学说是落后国家进行经济自卫和与先进国家相抗衡的国际贸易学说，这一学说的提出，标志着国际贸易学说的两大体系已经基本形成，同时对美国工业制造业的发展有较深的影响。

二、李斯特的保护幼稚工业论

李斯特是19世纪上半叶德国著名经济学家，他将汉密尔顿的保护幼稚工业理论加以发扬，综合成为一个更为系统和完整的理论体系，被后人推崇为资产阶级保护贸易理论的鼻祖。其主要著作是《政治经济学的国民体系》，该书系统地阐述了他的保护幼稚工业的学说。

（一）生产力论

李斯特认为，英国资产阶级所追求的、经英国古典学派所论证的自由贸易理论只符合英国的利益，而不利于其他国家。李斯特反对李嘉图的观点，即在其他国家能用较低成本生产的商品，就不必再在本国生产，而可以通过对外贸易来获取这种商品。他认为，财富的生产能力比财富本身重要得多，它不但可以使已有的财富获得保障，而且可以生产出已经消失的财富。他主张德国和一些经济落后的国家应实行保护关税政策，以保护国内工业和市场。同时他也承认，在阻止廉价的英国工业品进口以后，会使德国工业品价格提高，并使国民生产率有所降低。但他把这看成是发展德国工业和提高国民生产率的一个必经阶段，经过一段时期后，德国工业将会得到充分发展，生产力也将随之得到提高。因此，德国应允许在国内自由竞争，对外实行保护政策；国家也应扶持幼稚工业，使其在国内外市场站稳脚跟。

（二）历史发展阶段论

李斯特认为，自由贸易理论忽略了各国历史和经济上的特点。他用历史方法分析了社会经济发展的过程，指出从经济方面看，国家都必须经过如下各发展阶段：原始未开化时期、畜牧时期、农业时期、农工业时期、农工商业时期。各国所处的经济发展阶段不同，采取的贸易政策也应不同。由未开化时期转入畜牧或农业初期发展阶段的国家，同先进的城市或国家进行自由贸易是大有好处的；处在农工业阶段的国家，由于本国现有的幼稚工业已有一定的基础，尚未发展到能与外国产品相竞争的地步，故需实施保护关税制度来保护本国的幼稚工业，使它不受外国产品的打击，但这种保护贸易政策是暂时的、有条件的；进入农工商业阶段的国家，由于国内工业产品已具备国际竞争能力，财富和经济也已积累和发展到很高水平，则可逐步实行自由贸易政策。根据西欧各国和美国的历史与经济特点，李斯特认为，葡萄牙与西班牙处在农业时期，德国和美国处在农工业时期，法国处在由农工业时期向农工商业时期转变的阶段，只有英国是处在农工商业时期。所以，李斯特主张德国实行保护幼稚工业政策。

（三）实行保护关税制度

李斯特认为，经济落后的国家只有依靠保护关税制度，才能发展生产力，并进入先进国家行列。保护贸易的目的是为了保护本国幼稚工业的发展，从而促进生产力的进步，并且保护贸易政策的最终目的仍然是进行国际自由贸易。但并不是任何时候都可以实行保护制度，只有当一国在农业、工业、社会和政治上已经充分发展，具备一切精神上和物质上的必要条件和手段时，或只是由于世界上有一个比它更先进的工业国家的竞争，使它在前进道路上受阻碍时，才有理由实行保护关税制度。保护制度并不是要保护一切产品，对于处于农工业时期的国家，农业产品和原料等贸易不需要保护，因为它们受到自然保护，不怕竞争；而与国家工业发展有关的那些产品，应加以保护。

李斯特的保护贸易理论不仅对德国工业资本主义的发展起了很大的促进作用，而且为经济较落后的国家指明了一条比较切合实际的国际贸易发展道路。

思考：总结幼稚工业所具备的特点，并列举典型代表。

【课堂活动2.2】

如何增强中国纺织业的竞争力以提高其在国际分工中的地位

2009年，中国的纺织品出口为1 670亿美元。在纺织品主要产地亚洲范围内，印度2008/2009财年（财经年度）的纺织品出口额为217亿美元；孟加拉2008/2009财年出口

117亿美元；巴基斯坦2008/2009财年出口96亿美元；越南2009年出口额为91亿美元；所有这些南亚的纺织品出口大国加起来的纺织品出口总额只有521亿美元，尚不及中国出口额的零头。自20世纪90年代中期以来，从东亚韩国、中国台湾地区、日本手中接过"世界纺织品生产最大国家"的称号后，中国的NO.1地位一直没有动摇过，并且从中期来看（15年内），中国世界纺织品大国的地位仍不会轻易被撼动。多年来，中国的纺织品出口一直雄踞世界第一的宝座。可以预见，中国纺织工业在未来50年间，在出口创汇、增加消费等方面仍将为中国经济发展起到重要的支撑作用，这种作用是其他产业一时难以取代的。

但也应该看到，中国纺织业要在国际分工中发挥更大的优势，还存在以下一些问题：

（1）重复建设的根源尚未消除，低水平建设依然存在。区域发展不平衡，技术装备及产品相对落后，传统行业生产过剩，新兴行业发展滞后等问题一直是制约纺织工业发展的结构性矛盾，依靠体制创新和科技创新进行行业内部调整尤为重要。

（2）由中国企业家调查系统完成的一项调查表明，中国纺织企业近年的销售量增速明显下滑，其中化纤和棉纺织企业、国有及国有控股企业、大中型企业、中西部地区企业的销售量都有不同程度的萎缩。

（3）2001年以来，美、日经济增速减缓对中国企业尤其是出口型企业已产生了相当大的影响，国际经济环境对纺织业的影响要明显大于其他产业。此外，东部地区企业、非国有企业和小型企业的生产经营状况相对好些。

（4）纺织企业的发展也受到一些因素的困扰，经济全球化使企业面临的竞争日益加剧。贸易保护仍然存在，发达国家还会通过各种手段对发展中国家进行新的限制。

讨论：运用本章相关理论分析中国纺织业在国际分工中的地位，在国际分工中影响中国纺织业发展的主要因素以及如何增强中国纺织业的竞争力以提高其在国际分工中的地位。

第三节　西方国际贸易新理论

【导入案例2.3】

第二次世界大战后，随着科学技术的进步和生产力的不断发展以及国际政治经济形势的相对稳定，国际贸易的规模越来越大，国际贸易的商品结构和地区分布与战前相比发生了很大变化，如发达国家之间的贸易比重相对扩大，产业内贸易迅速发展。

思考：战后发达国家之间的贸易增长以及产业内贸易的迅速发展有可能有哪些原因？

战后国际贸易呈现出的一些新特点，是传统的国际贸易理论难以做出有力解释的。

第一，技术（知识）密集型产品在贸易总量中的比重不断上升。传统贸易理论可以解释以劳动密集型、土地密集（或资源密集）型产品为主体的贸易实践。但在现代国际贸易实践中，以技术密集、知识密集为特征的现代制成品、高科技产品贸易占据主导地位，要求创立新学说解释立足于知识、技术优势的国际贸易。

第二，工业化国家间贸易量扩大。传统贸易理论认为，贸易应集中在发达国家与发展中国家之间，但现代贸易的70%集中在发达国家之间，这些国家资本、技术充裕，且国民收入水平相近。这就要求探讨除要素禀赋以外，影响国际贸易还有什么原因。

第三,产业内贸易主导化。依据传统贸易理论,国际贸易只能在产业间进行。但现在产业内贸易占全球贸易的60%以上,而且70%的产业内贸易由发达国家的跨国公司完成。因此需研究是什么原因使国际贸易能在产业内开展,且在总贸易中所占的比重趋于提高。

经济学家们在里昂惕夫之谜的推动下,针对上述国际贸易的新情况、新特点,又相继提出了一些新的国际贸易学说,这些理论从不同角度揭示了国际贸易产生的一种或数种原因,从而丰富和发展了国际贸易理论的内容。本节就部分新理论作简单介绍。

(一)技术差距理论

技术差距理论是解释技术水平不同的国家间贸易的理论。该理论认为,技术应被视为一种生产要素,技术差距也是导致国际贸易的重要原因。技术在要素禀赋理论中被认为是固定不变的,而实际上技术的创新和使用在各国存在差距。技术差距可能有两种形式:一种是技术进步进而提高了生产效率;另一种是技术革新创造出了崭新的产品。在第一种形式下,技术差距表现为比较优势的差距;而在第二种形式下,技术差距表现为拥有新技术的国家能在一段时间内垄断出口。一种新产品从被外国消费者所接受到外国开始模仿生产的时间越长,技术创新的国家获得的贸易利益越大;反之,技术创新的国家获得的贸易利益越小。由此可见,技术差距也是导致国际贸易中比较优势甚至出口垄断优势的原因。

(二)产业内贸易理论

产业内贸易理论是解释一国对同一类产品既有出口又有进口的贸易理论,或者说解释贸易双方交换的是同一产业所生产的产品的理论。同类产品包括异质产品和同质产品两类。同质产品指的是那些消费时可互相替代的产品,如钢材、建筑用沙以及某些食品。而异质产品指的是不能完全替代的产品,它们的差异可能存在于牌号、款式、性能或售后服务等各方面。

产业内贸易理论认为,国际贸易中出现异质产品的买卖,并不能否定传统的比较利益理论。随着收入的提高,人们对消费品的质量要求也越来越高,出口商品要真正跻身于国际市场,单凭其生产要素禀赋的优势生产出价格低廉的产品已不够,还需依靠产品的某些特色甚至广告的诱惑来满足消费者的欲望。换句话说,价格并不是决定国际贸易的唯一因素,还应有非价格的竞争。比如,美国和日本生产的轿车,一种宽敞,一种省油,而两国都有部分消费者偏好对方轿车的特色,于是,要素禀赋相似或者说比较优势相似的国家间也会进行贸易。但如果把异质产品的特色也看做一种比较优势,比较利益的原理就又能在部门内异质产品的贸易方面运用自如了。

产业内贸易理论对于同质产品国际贸易的解释是:第一,许多同质产品如建筑用沙、水泥等,单位价值很低而运输费用却很高,消费者对这些产品则应尽可能从最近的供应地获得,于是一国极可能由于求近而进口,而邻国又是这些产品的出口国。第二,由于信息、政策以及历史原因等导致一些国家开展大量的转口贸易,这种贸易的进出口商品势必雷同。第三,由于一些产品如水果、蔬菜等具有季节性,各国生产季节的差异也可能导致一国对这些商品时而进口,时而出口。

（三）规模经济理论

规模经济贸易理论是解释要素禀赋类似的国家间进行分工和贸易的理论。传统国际贸易理论都是建立在随着生产规模扩大，生产成本不变基础上的。而事实上，很多工业制造业的生产成本是随着生产规模的扩大而递减的，换句话说，规模经济在一些行业（如机械、电子工业）中非常突出。这是因为随着生产规模的扩大，生产期延长，机器设备闲置减少及利用率提高、劳动者的技术及熟练程度提高，从而导致单位产品的成本降低。

该理论认为，即使两国要素禀赋类似，如果一国能实现规模经济，那么该国将获得比较优势，但这种分工和规模经济不能指望和比较优势条件下的分工一样，通过价格机制来实现，而只能通过国家之间的协议去完成。

（四）产品生命周期理论

产品生命周期理论是解释一国在不同时期由某种产品的出口国（或进口国）变为进口国（或出口国）的贸易理论。该理论是由美国哈佛大学经济学教授雷蒙·费农提出的。该理论首先被应用于市场销售战略制定中，后来被引入国际贸易理论。费农对国际贸易的模式进行了总结，认为一个在研究和开发方面领先、在发明创新上占有优势的国家或厂商，可以在新产品研制后的一段时间内在贸易中占有优势，成为这种产品的出口国。但在新产品进入国际市场的若干时间后，新产品会被仿制。由于模仿国具有廉价的劳动力要素以及其他生产该产品的相对丰富的原料资源，贸易的比较优势便由创新国转到了模仿国，创新国的优势渐渐消失，由出口国变为进口国。

根据美国的情况，费农提出了产品生命周期的四阶段模型。第一阶段是创新阶段，美国拥有雄厚的科技力量，并且重视新产品的研究与开发，即美国在新产品研制上占有优势，因此美国首先投产。第二阶段是成长、成熟阶段，美国的产品不仅供本国消费，而且开始出口，并逐渐在生产和出口方面都达到顶峰。第三阶段是标准化阶段，由于产品已进入国外市场，外国开始模仿生产，产品逐渐标准化。由于外国具有劳动力和资源的优势，美国的生产和出口垄断地位受到威胁，二者均开始下降。第四阶段是衰退阶段，由于外国的生产不断扩大，规模经济又为其提供了更大的利益，产品反而进入了美国市场，美国由出口国变为进口国。

产品生命周期理论改变了传统静态比较优势的观点，把要素禀赋理论推进了一大步。

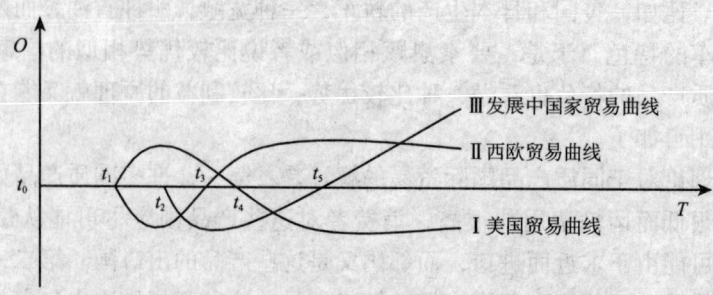

图 2.1　国际产品生命周期

图 2.1 中，纵轴正方向表示出口量，负方向表示进口量；横轴 T 表示时间。t_0 为美国开始生产时间，t_1 为美国开始出口和欧洲开始进口时间，t_2 为发展中国家开始进口时间，t_3 为欧洲国家开始出口时间，t_4 为美国开始进口时间，t_5 为发展中国家开始出口时间。

（五）偏好相似理论

偏好相似理论是解释工业国间进行工业品贸易的理论，是由瑞典经济学家林德提出的。他从需求角度寻找贸易根源，认为如果把国际贸易分为制成品贸易和初级产品贸易两类，那么要素禀赋理论只适用于解释初级产品贸易的问题。而工业制成品的贸易则需从需求方面去研究。一种工业品是否可能出口要由生产国的国内需求来决定。或者说一种产品首先必须在国内有需求，才有可能成为出口产品。因为各国间工业品贸易的发生，往往是先在国内市场建立起生产规模与竞争能力，然后再扩展到国外市场。在一开始，生产者总是面对国内需求来赚取利润，绝不会想到满足一个国内不存在的需求。而且，新产品的发明与生产，也是国内需求推动的结果，如果没有国内的需求，生产者难以构思出适合外国的产品，或者要得到国外的信息需花费更大的代价。在这样的情况下，可以发现，两国的经济发展水平越接近，国民的收入越接近，需求将越相似，贸易量也就越大。相反，世界上国家间人均国民收入的参差不齐反而成了阻挡国际贸易的障碍。例如，一国根据自己国内需求开发生产出的产品，由于别的国家收入较低而对该产品缺乏需求，或者由于别的国家收入过高而对此产品不屑一顾，彼此间的贸易自然无法进行。因此，对工业制成品的贸易，在具有相近发展水平的国家之间更易于开展。

【课堂活动 2.3】

电视机进出口在不同国家之间的转移

电视机首先在美国被研制出来，在国内经过一段时间的生产后，德国率先从美国进口电视机，然后是中国。随着时间的发展，德国的进口量开始减少并逐渐从电视机的进口国转变为出口国。与此同时，美国的出口量开始减少。随后，美国成为电视机的进口国。这时候，德国开始向世界其他国家出口电视机，中国也开始自己生产，进口量逐渐减少，而德国的出口量也开始减少。中国又逐渐成为电视机的出口国。最后，只有中国在出口电视机，美国和德国都成了电视机的进口国。

讨论：试用本章学过的理论来解释这一现象。

作 业

一、识记概念
绝对优势理论、比较优势理论、要素禀赋理论、里昂惕夫之谜

二、解答问题
1. 李斯特保护幼稚工业贸易学说的主要观点是什么？它对发展中国家制定对外贸易政

策有何作用？

2. 技术差距理论、产业内贸易理论、规模经济理论、产品生命周期理论以及偏好相似理论的主要观点是什么？

三、实训练习

假设本国和外国同时生产食品和布匹两种产品，本国生产单位食品和单位布匹的劳动量分别是6和8，外国生产单位食品和布匹的劳动量分别是10和9，试分别依据绝对优势理论和比较优势理论，分析两国是否会发生贸易？贸易效果如何？

第三章

国际贸易政策与体制

第一节 国际贸易政策

【导入案例 3.1】

韩国经济从 20 世纪 60 年代初开始起飞，经过 70 年代、80 年代的迅猛发展，创造了令世人惊叹的"汉江奇迹"，韩国从一个农业国家变为新兴的工业化国家，20 世纪 70~90 年代，以贸易为主导的工业化发展将韩国从一个经济贫困国转变为世界第 12 大经济强国。但随着经济的发展，农业在国民经济中的地位下降了。农业占国内生产总值的比例由 1960 年的 40%降至 2000 年的 4%；2000 年农业经济增长率仅 1.1%，与 8.8%的国民经济总体增长极不协调。农民收入主要依赖农产品生产，2000 年农产品收入占农民总收入的 65%。作为一个贸易量在全球排名靠前的贸易大国，韩国的农产品出口却很少，与其他经济领域形成了鲜明对比。多年来，韩国一直通过设置贸易壁垒、避免市场开放等措施来为以稻米产业为主导的本国农业发展提供保护。然而，受全球自由贸易潮流的驱动，韩国政府权衡利弊，农产品贸易壁垒坚冰已开始逐步被打破。但韩国仍然尽最大努力保护本国农产品生产，抵御进口带来的竞争。尽管这些年中发生了 1997~1998 年的经济危机，政府领导层发生了变化，农业政策也进行了一些调整，而对农业给予大量投入、对部分农产品实行保护的政策始终未变。

思考：什么是对外贸易政策？为什么韩国会选择逐步开放农产品贸易？如果自由贸易是趋势，为什么韩国在打破贸易壁垒的同时仍然进行极大程度的保护？

一、对外贸易政策的类型和演变

（一）对外贸易政策的类型

对外贸易政策是指一国政府在一定时期内为实现一定的政策目标而对本国商品贸易、技术贸易和服务贸易制定并实施的政策，它从总体上规定了该国对外贸易活动的指导方针和原则。对外贸易政策一般包括三方面内容：一是对外贸易总政策；二是进出口商品贸易政策、技术贸易政策和服务贸易政策;三是国别或地区贸易政策。

对外贸易总政策是指根据国民经济发展的需要,结合本国在世界经济贸易中所处的地位、本国经济发展战略、本国产品在世界市场上的竞争能力,以及本国的资源、市场和产业结构等情况所制定的在一个较长时期内发展对外贸易的基本方针和原则。例如,是实行保护贸易政策还是自由贸易政策等。进出口商品贸易政策、技术贸易政策和服务贸易政策是指根据对外贸易总政策、国内产业结构以及国内外商品、技术或服务的市场状况等,分别对进出口商品的生产、销售、采购以及技术或服务的贸易等制定的政策。例如,为了保护民族工业的发展,对某些外国同类商品实行进口限制政策;又如,为了防止某些尖端技术或战略性物资流向敌对国家,对某些高技术产品实行出口限制政策等。国别或地区贸易政策是指根据各国或地区与本国不同的政治、经济和外交关系而制定的区别对待的贸易政策。

对外贸易政策是一个国家经济政策和对外政策的重要组成部分。对外贸易政策作为国家经济政策的一个组成部分,为国家经济总政策服务。在制定对外贸易政策时,既要考虑对外贸易本身的需要,又要考虑国民经济其他组成部分的需要。对外贸易政策的制定与实施还必须与国家其他经济政策密切配合,如产业调整政策、外汇政策、外资政策等都与对外贸易息息相关。对外贸易政策还涉及各国之间的利害关系。各国往往从本国的利益出发,总是力图实行有利于本国的对外贸易政策,因而不可避免地引起各国之间的矛盾和冲突。围绕着对外贸易政策问题,各国间常常发生激烈纷争和摩擦。当这些矛盾不能通过妥协调解时,便往往诉诸武力来重新瓜分世界市场。

对外贸易政策是通过各种手段和措施实施的,既需要运用法律手段,又需要运用行政手段。为实现某些政策目标,国家的立法机构可直接通过有关的贸易法案,或由立法机构授权总统或政府制定、颁布有关的法令或规章条例。国家一般都设立一系列的专门机构,按照对外贸易政策的规定对本国的对外贸易进行管理。例如,在政府机构中设立对外经济贸易部或商务部作为对外贸易的行政管理机构;在对外开放的口岸地点设立海关作为进出口商品的通道,对商品实行监督查验、征收关税、查禁走私;设立进出口银行,提供出口信贷,鼓励扩大出口;设立商品检验局和卫生检疫机构,在进出口商品的质量、卫生和技术标准等方面实施管理。

迄今为止,对外贸易政策有两种基本类型:自由贸易政策和保护贸易政策。一个国家选择实行何种对外贸易政策,主要取决于该国的经济发展水平、其在国际经济中所处的地位以及其经济实力和产品的竞争力。那些经济最发达、经济实力最雄厚、产品最具有竞争力的国家,往往提倡自由贸易政策或带有自由化倾向的政策。而那些发展较晚、经济发展水平和实力较差、产品缺乏竞争力的国家,则一般采取保护贸易政策。

1. 自由贸易政策

自由贸易政策是指国家采取的取消对进出口商品贸易、技术贸易和服务贸易的限制和障碍,取消对本国进出口商品、技术和服务的各种特权和优待,使商品、技术和服务自由进出口,在国内外市场上自由竞争的贸易政策。这是国家对进出口商品贸易、技术贸易和服务贸易所采取的放任自由、不加干预或减少干预的政策。

自由贸易政策在历史上多为经济强盛国家所采用。英国是最早实行自由贸易政策的国家。在18世纪后半期,英国最先发生产业革命,确立了资本主义在国内的统治地位,大机器工业代替了民族手工业,工业生产迅速发展。19世纪英国成为最强的工业国家,它的商品销往世界各地，原料、食品来自于世界各地，英国的地位被形容为"世界工厂"。在英国"世界工厂"地位已经确立并获得巩固、它的商品已经不怕外国竞争的情况下，英国新兴工业资产阶级迫切要求废除以往的保护贸易政策，主张实行自由竞争和自由贸易政策。

自由贸易政策的理论基础是绝对优势理论、比较优势理论以及要素禀赋理论等。这些理论的要点在于说明：在自由贸易条件下，各国按照自然条件、比较利益、要素禀赋比率等，专门生产其最有利、有利较大或不利较小的产品，实行国际分工和交换，有利于提高专业技能，使资源和生产要素得到最优化配置，提高劳动生产率，通过国际交换可以节约社会劳动，增加国民财富。

2. 保护贸易政策

保护贸易政策是指国家采取的限制商品、技术和服务的进口，保护国内市场和国内生产，使之免受外国商品、技术和服务的竞争，对本国出口商品、技术与服务给予优待和补贴，以鼓励扩大出口的贸易政策。这是国家对进出口商品贸易、技术贸易和服务贸易所采取的奖出限入的政策。

在19世纪资本主义自由竞争时期，与英国不同，美国和德国先后实行了保护贸易政策。美国是后起的资本主义国家，产业革命进行比较晚，工业基础薄弱，其工业品无法与英国竞争，因此新兴工业资产阶级要求实行保护贸易政策。19世纪初的德国，工业发展水平远比英、法两国落后，德国受到英、法两国自由贸易政策的冲击，大量廉价商品涌入德国的市场，因此摆脱外国自由竞争的威胁，保护和促进德国工业的发展成为德国工业资产阶级的迫切要求。1870年后，德国开始加强对原有工业和新建工业的保护，到19世纪末，德国成为欧洲实行高度保护贸易政策的国家之一。

（二）对外贸易政策的演变

1. 资本原始积累时期

15世纪初到17世纪末是资本原始积累时期。在这一时期，欧洲各国开始由封建社会向资本主义社会过渡。为了促进资本原始积累，西欧各国普遍实行重商主义的对外贸易政策，通过限制金银货币外流和实现贸易顺差的办法来加速资本的积累，这是一种早期的保护贸易政策。

2. 资本主义自由竞争时期

18世纪中叶至19世纪末是资本主义自由竞争时期。在这一时期，由于各国工业发展水平不同和在世界市场上竞争地位不同，因而采取了不同的对外贸易政策。当时，英国工业水平最高，它的商品不怕与其他国家竞争，它需要以工业制成品的出口换取原料和粮食的进口，所以采取了自由贸易政策；美国和德国由于工业发展水平落后于英国，为保护本国的幼稚工业发展，采取了保护贸易政策。

3. 帝国主义时期

从19世纪70年代起，主要资本主义国家进入帝国主义时期。在这一时期，垄断代替了自由竞争，垄断资本在政治经济生活中占据统治地位。资本输出成为帝国主义国家进行对外扩张的重要手段，各国垄断资本为了在激烈的世界市场争夺战中取胜，总是力图夺取或独占商品销售市场、原料产地和投资场所。与这种情况相适应便产生了维护垄断资本利益的超保护贸易政策。

4. 第二次世界大战以后

从20世纪50年代开始，随着国际分工的深入和国际贸易的发展，主要资本主义国家一方面实行贸易自由化政策，另一方面又实行保护贸易政策。

二、关税

（一）关税的概念和作用

关税（customs duties, tariff）是指一国海关在进出口商品经过关境时，向本国的进出口商所征收的一种税。海关是设在关境上的国家行政管理机构，它的职责是监督货运、查禁走私、征收关税、临时保管通关货物和统计进出口商品等。征收关税是一国海关的重要任务之一。

海关征收关税的领域叫关境或关税领域，是海关所管辖和执行海关各项法令和规章的区域。一般情况下，关境与国境是一致的。但在几个国家结成关税同盟、实施统一的关税法令和统一的对外税则时，关境就大于国境。当一国政府在其境内设立自由港、自由贸易区时，关境就小于国境。所以关税的征收范围是以关境为界，而不是以国界为界。

征收关税主要有下列作用：增加本国财政收入，以此为目的征收的关税称为财政关税；保护本国的产业与国内市场，以此为目的征收的关税称为保护关税；涉外作用，配合外交政策的需要，对不同国家征收关税时需区别对待。以此为目的征收的关税称为外交关税。

（二）关税的种类

1. 按征税对象或商品流向划分

（1）进口税。

进口税是指进口国海关在外国商品输入时，对本国进口商所征收的关税。进口税在外国货物直接进入关境时征收，或者外国货物由自由港、自由贸易区或海关保税仓库等提出运往进口国的国内市场销售，在办理海关手续时征收。进口税也称正常关税或正税，是列在海关税率表当中并以进口国货币征收的。所谓关税壁垒，就是对进口商品征收高额关税，以达到遏制进口的目的。

进口税通常分最惠国税和普通税两种。最惠国税适用于从与该国签订有最惠国待遇条款的贸易协定的国家或地区所进口的商品，普通税适用于从没有与该国签订这种贸易协定的国家或地区所进口的商品。最惠国税率与普通税率相比，二者的差幅很大，一般相差1~5倍，少数商品高达10~20倍。例如，美国对进口玩具征税，最惠国税率为6.8%，普通税率为70%。

（2）出口税。

出口税是指出口国海关在本国商品出口时对出口商所征收的一种关税。经济发达国家一般不征收出口税，因为征收出口税会提高出口商品成本及其在外国市场上的销售价格，削弱竞争力，不利于扩大出口。征收出口税的目的或是为了增加财政收入；或是为了保护本国生产需要，对一些原料征收出口税；或是为了保证本国市场供应、防止盲目出口和保护国际市场上的有利价格。我国目前对铅矿砂、生锑、山羊板皮等多种初级产品征收出口税。

(3) 过境税。

过境税又称通过税，是指一国对通过其关境的外国商品所征收的一种关税。其目的主要是增加国家财政收入。现在大多数国家都不征收过境税，只征收少量的准许费、印花费和统计费等。因为征收过境税影响本国交通运输业的发展及银行、保险、仓储方面的收入；另外，过境货物对本国生产和市场没有影响，所征税率很低，对财政收入意义不大。

2. 按差别待遇和特定的实施情况划分

(1) 进口附加税。

进口附加税是指进口国家对商品除征收一般的进口正税外，还根据某种特定的目的再征收的关税。它是一种限制进口的临时性措施。其目的主要是：应付国际收支危机，维持进出口平衡；防止外国商品倾销；对某个国家实行歧视或报复等。

进口附加税最常见的有反补贴税和反倾销税。

反补贴税又称抵消税，是指对在生产加工及运输过程中直接或间接地接受任何奖金或补贴的外国进口商品所征收的一种附加税。反补贴税的税额一般按奖金或补贴数额征收，其目的在于提高进口商品的价格，抵消其所享受的补贴金额，削弱其竞争能力，使它不能在进口国的市场上进行低价竞争和倾销。

反倾销税是指对实行倾销的进口货物所征收的一种临时性进口附加税。按世界贸易组织（WTO）规定，出口国以低于正常价格的方法，将产品挤入进口国市场，且对进口国内已建工业造成重大损害或者重大威胁，对拟建工业产生阻碍，即构成倾销。正常价格是指相同产品在出口国用于国内消费时在正常情况下的可比价格。如果没有这种国内价格，则是相同产品在正常贸易情况下向第三国出口的最高可比价格，或产品在原产国的生产成本加合理的推销费用和利润。征收反倾销税的目的是为了抵制外国商品的倾销，保护本国的产业和国内市场，或借"反倾销"调查的名义，故意拖延时间，阻止进口商品合理贸易。输入国可以征收不超过倾销幅度的反倾销税。

【课堂活动3.1】

欧盟对中国无线网卡的反倾销调查

2010年6月30日，欧盟委员会决定对从中国进口的无线网卡发起反倾销调查；同日，美国国际贸易委员会作出最终裁定，同意对中国输美钾磷酸盐实施反倾销和反补贴制裁；此前的6月28日，美国商务部终裁决定，对中国产机织电热毯实施税率最高达174.85%的反倾销制裁；6月19日，欧盟委员会宣布对中国瓷砖反倾销正式立案。短短10多天内，美欧接连针对中国出口产品采取制裁措施，频率之高令人吃惊。相关研究报告指出，我国已经连续十几年成为遭遇反倾销调查最多的国家，针对我国的其他类型贸易摩擦也显著增加。

思考：为什么我国企业频频遭遇国外的反倾销调查？

(2) 差价税。

差价税又称差额税，是指当某种本国生产的产品的国内价格高于同类的进口商品价格时，为了削弱进口商品的竞争能力，保护国内生产和国内市场，按国内价格与进口价格间的差额征收的关税。由于差价税随着国内外价格差额的变动而变动，因此它是一种滑动关税。

征收差价税的规定各国不一,有的按价格差额征收,有的在征收正常关税以外另行征收。这种另行征收的差价税实际上属于进口附加税,这是被世界贸易组织所禁止使用的措施。欧盟为了实行共同农业政策,建立农畜产品统一市场、统一价格,对进口的谷物、猪肉、食品、家畜、乳制品等农畜产品征收差价税。

（3）特惠税。

特惠税是指对某个国家或地区的全部或部分商品,给予特殊优惠的低关税或免税待遇的一种关税制度。特惠税有的是互惠的,有的是非互惠的。自1975年《洛美协定》签订后,欧盟向参加协定的非洲、加勒比海和太平洋地区的一些发展中国家单方面提供特惠税。它是目前世界上商品享受范围最广、免税程度最高的特别优惠关税。

（4）普遍优惠制。

普遍优惠制简称普惠制,是发达国家给予发展中国家出口制成品和半成品的一种普遍的、非歧视的、非互惠的关税优惠制度。普惠制有三个原则,即普遍的、非歧视的、非互惠的。所谓普遍的,是指发达国家应对发展中国家或地区出口的制成品给予普遍的优惠待遇。所谓非歧视的,是指应使所有发展中国家或地区都不受歧视、无例外地享受普惠制待遇。所谓非互惠的,是指发达国家应单方面给予发展中国家或地区关税优惠,而不要求发展中国家或地区提供反向优惠。实行普惠制的目的是扩大发展中国家的出口,增强其产品的竞争力,从而增加外汇收入、改善国际收支,促进发展中国家的工业化以及加速发展中国家的经济增长。

建立普惠制是由联合国贸易和发展会议于1964年提出,并于1968年通过的。目前,世界上有37个给惠国,受惠国和地区有190多个。我国是受惠国之一,利用普惠制促进了我国出口贸易的增长,使我国的制成品和半制成品的出口逐步替代了原材料等初级产品的出口,加速了我国工业化的进程。

（三）关税的征收方法

1. 从量税

从量税是以商品的重量、数量、容量、长度和面积等计量单位为标准计征的关税。从量税额的计算公式为:

$$从量税额 = 商品数量 \times 单位从量税率$$

征收从量税,大部分是以商品的重量来征收的。对于货物的重量,不同货物的包装不同,有毛重、净重等计算方法,在关税税则中需根据货物的具体情况作出规定。

从量税的优点是:手续简便,无须审定货物的规格、品质、价格,便于计算;进口商品价格跌落时仍有适度保护作用。从量税的缺点是:税负不合理,对同一税目货物,不管质量好坏、价格高低,都按同一税率征税;不能随价格变动作出调整,当物价上涨时,保护作用减小;不能对进口商品普遍采用,例如,对一些艺术品、贵重物品如古董、字画、宝石等不能采用。

2. 从价税

从价税是指以进口商品的价格为标准计征的关税。从价税的税率表现为货物价格的百分比。从价税的计算公式为:

$$\text{从价税额} = \text{进口货物的完税价格} \times \text{从价税率}$$

征收从价税的关键问题是确定进口商品的完税价格。所谓完税价格,是指经海关审定的作为计征关税依据的货物价格。各国规定的海关估价确定完税价格的方法大体有三种：装运港船上交货价格（FOB）为征税价格标准；成本、保险费加运费价格（CIF）为征税价格标准；进口国法定价格或称进口国官定价格为征税价格标准。由于各国海关估价规定内容不一，不少国家故意抬高进口商品完税价格，提高进口关税，把它变成一种限制进口的非关税壁垒措施。

从价税的优点是：税负合理，同类商品质优价高税额高，质次价低税额低；税负明确，便于各国关税税率比较；税负公平，税率随物价的涨落而增减。从价税的缺点是：操作困难，完税价格不易掌握；通关时间长，纳税双方常因估定的货物价格不一致而发生摩擦，从而延缓了通关进程。

3. 混合税

混合税又称复合税，是指对某种进口商品同时采用从量税和从价税征收关税的一种方法。混合税分为两种情况：一种是以从量税为主加征从价税，即在对单位进口商品征税的基础上，再按其价格加征一定比例的从价税。例如，美国对羊绒衫（每磅价格在18美元以上者）的进口，除每磅征收37.5美分的从量税外，还加征15.5%的从价税。另一种是以从价税为主加征从量税，即在按进口商品价格征税的基础上，再按其数量单位加征一定数额的从量税。例如，日本对手表（每块价格在6 000日元以下者）的进口，除征收15%的从价税外，还加征每块150日元的从量税。

4. 选择税

选择税是指对某种进口商品同时规定从量税和从价税，征收时由海关选择其中一种征税，作为该商品的应征关税额。一般是选择税额较高的一种征收，在物价上涨时使用从价税，物价下跌时使用从量税。有的国家为了鼓励某种商品的进口，或给某个国家以优惠待遇，也会选择税额较低的一种征收关税。

三、非关税壁垒

非关税壁垒（Non-Tariff Barriers）是指除关税以外一切限制进口的措施。它是相对于关税措施而言的。非关税壁垒与关税措施相比较具有更强的隐蔽性、歧视性、复杂性、灵活性和有效性。

（一）进口配额制

进口配额制（进口限额制）（Absolute Quotas）是指一国政府在一定时期（如一季度、半年或一年）内，对于某些商品的进口数量或金额加以直接限制。在规定的限期内，配额以内的货物可以进口，超过配额不准进口，或者征收较高的关税或罚款后才能进口。进口配额主要有以下两种形式。

1. 绝对配额

绝对配额是指在一定时期内，对某些商品的进口数量或金额规定一个最高数额，达到这个数额后，便不准进口。如美国使用绝对配额限制进口的商品多达数百种，包括纺织品、奶制品、棉花、糖、咖啡、钢材制品等。绝对配额在实施过程中，又可以细分为以下两种：

（1）全球配额。它属于世界范围的绝对配额，对来自世界任何国家和地区的商品一律适用。主管当局通常按进口商的申请先后或过去某一时期的进口实际额批给一定额度，直到配额发放完为止，超过配额就不准进口。例如，日本经济产业省曾于2005年2月22日公布，紫菜进口实行全球配额，进口紫菜配额总量为4亿张。由于全球配额不限定进口国别或地区，同时，邻近国家或地区因地理位置接近的关系，到货较快，比较有利，而较远的国家或地区则处于不利的地位。因此，在限额的分配和利用上，难以贯彻国别政策。为了避免或减少这些不足，一些国家采用了国别配额。

（2）国别配额。即在总配额内，按国别和地区分配给固定的配额，超过配额便不准进口。为了区分来自不同国家和地区的商品，在进口商品时进口商必须提交原产地证明书。实行国别配额便于使进口国家根据其与有关国家或地区的政治、经济关系分配不同的额度。国别配额不得转让，当年的配额用完后，就宣布停止进口。一般来说，国别配额可以分为自主配额和协议配额。自主配额，也称单方面配额，是指由进口国家完全自主、单方面强制规定的在一定时期内，从某个国家或地区进口某种商品的配额。目前，美国在分配每年纺织品配额时，采用单方面的国别配额。美国每年给中国的纺织品的配额是由美国单方面规定的。协议配额，又称双边配额，是指由进口国家和出口国家政府或民间团体之间协商确定的配额。如果协议配额是通过双方政府的协议订立的，一般需在进口商或出口商中进行分配；如果协议配额是双边的民间团体达成的，应事先获得政府许可后方可执行。协议配额是由双方协商确定的，通常不会引起出口方的反感或报复，并可使出口国对于配额的实施有所谅解与配合，容易执行。

2. 关税配额

关税配额是指对商品进口的绝对数额不加限制，而对在一定时期内，在规定的数量、价值或份额内的进口商品，给予低税、减税或免税待遇，对超过配额的进口商品则征收较高的关税或征收附加税或罚款。按征收关税的目的，可分为优惠性关税配额和非优惠性关税配额。

优惠性关税配额是指对关税配额内进口的商品给予较大幅度的关税减让，甚至免税，而超过配额的进口商品征收原来的最惠国税率。如欧盟在实行普惠制中的关税配额就属于这一类，用关税配额的办法来限制某些享受普惠制待遇的国家的商品进口，超过配额不再享受普惠制税率，而以最惠国税率征收。非优惠性关税配额，即在关税配额内进口的商品可享受低税或免税待遇，而超过配额进口部分则征收罚款。

（二）"自动"出口配额

"自动"出口配额（Voluntary Export Restrains），又称"自动"限制出口，是出口国家或地区在进口国家的要求或压力下，"自动"规定某一时期（一般为一年）内，某些商品对该国的出口限制，在限制的配额内自行控制出口，超过配额即禁止出口。

"自动"出口配额与绝对配额在形式上略有不同。绝对配额是由进口国直接控制进口配额来限制商品的进口，而自动出口配额是由出口国直接控制某些商品对指定进口国家的出口。但是，就进口国方面来说，自动出口配额与绝对配额一样，起到了限制商品进口的作用。

"自动"出口配额的形式主要有两种：

1. 协议的自动出口配额

它是出口国与进口国通过谈判而规定的出口限额，也有的是通过国际协定达成的，它与协议进口配额相似。例如2005年，中国与欧盟达成协议，中国对10类纺织品采取自愿限制出口增长幅度，保持每年8%~12.5%的出口增长率。

2. 非协议的"自动"出口配额

它是出口国单方面限制出口，没有国际协定的约束。

【小思考】 为什么一国会"自动"地限制出口？可能会有哪些原因？

（三）进口押金制

进口押金制（进口存款制）（Advanced Deposit）是指进口商在进口商品时，必须预先按进口金额的一定比例和规定的时间，在指定的银行无息存放一笔现金。这不仅增加了进口商的资金负担，而且使进口商蒙受了利息损失，最终起到了限制进口的作用。例如，巴西政府曾经规定，进口商必须先交纳与合同金额相等的为期360天的存款才能进口。

（四）进口许可证

进口许可证（Import License System）是指政府颁发的凭以进口的证书。一些国家为了加强对进口的管制，规定商品进口必须领取进口许可证，没有进口许可证，一律不准进口。

1. 进口许可证从其与进口配额关系上的分类

（1）有定额的进口许可证。即一国政府有关部门预先规定有关商品的进口配额，然后在配额的限度内，根据进口商的申请对每一笔进口货物发给一定数量或金额的进口许可证。如欧共体从1981年10月1日起实施对蘑菇罐头的进口限制，在每年总数3 450吨的范围内签发特别许可证，这一数量在进口商之间进行分配，进口时需出示证书，超量进口则每公斤缴纳160欧洲货币单位的附加税。

（2）无定额的进口许可证。即进口许可证不与进口配额相结合，国家有关政府机构也不预先公布进口配额，只是在个别考虑的基础上颁发有关商品的进口许可证。因为它是个别考虑的，没有公开的标准，因而给正常贸易的进行造成很大困难，起到更大的限制进口作用。

2. 进口许可证从商品许可程度上的分类

（1）公开一般许可证，也称公开进口许可证或一般进口许可证。这种许可证对进口的管制最松，其特点是没有国别或地区的限制。凡列明属于公开一般进口许可证范围的商品，进口许可证填写公开一般许可证后，即可获准进口。

（2）特种进口许可证。进口商必须向政府有关当局提出申请，经逐笔审查批准后才能进口。这种许可证对进口的管制最严，而且多数都指定进口国别或地区。

（3）个别许可证。它介于前两种之间，其特点是政府可随时宣布其无效。

（五）外汇管制

外汇管制（Foreign Exchange Control）是指一国政府通过颁布法令来对国际结算和外汇买卖实行限制从而控制商品进口，平衡国际收支和维持本国货币的汇价的一种制度。对外贸易与外汇是分不开的，没有外汇就不能在外国购买商品，也就不能进口。所以国家通过外汇管制措施，把外汇买卖掌握和控制起来，也就等于把商品的进口掌握在自己手中。看起来外汇管制是货币问题，但实际上是限制进口的一项重要措施。

在外汇管制下，国家设立专门机构或专门银行管理外汇。出口商必须把出口贸易所得外汇收入按官价卖给专门银行，进口商必须向外汇管理机构申请外汇才能向外商购买货物；在该国境内外汇禁止自由买卖。这样，国家的有关政府机构就可以通过确定官定汇价、集中外汇收入和控制外汇供应数量的办法来限制进口商品的品种、数量和控制进口国别。外汇管制的具体方式有以下几种。

1. 数量性外汇管制

数量性外汇管制即国家外汇管理机构对外汇买卖的数量直接进行限制和分配，其目的在于集中外汇收入，控制外汇支出，实行外汇分配，以达到限制进口商品品种、数量和国别的目的。一些国家实行数量性外汇管制时，往往规定进口商品必须获得进口许可证后，才可得到所需外汇。

2. 成本性外汇管制

成本性外汇管制即国家外汇管理机构对外汇买卖实行复汇率制度，利用外汇买卖成本的差异，间接影响不同商品的进出口。所谓复汇率是指一国货币的对外汇率不止一个，而是有两个以上的汇率。其目的是利用汇率的差别限制或鼓励某些商品进口或出口。

3. 混合性外汇管制

混合性外汇管制即同时采用数量性和成本性的外汇管制，对外汇实行更为严格的控制，以影响商品进出口。

（六）进出口的国家垄断

进口和出口的国家垄断（State Monopoly），是指在对外贸易中，对某些或全部商品的进口、出口规定由国家机构直接经营，或者把商品的进口或出口的垄断权给予某垄断组织。各国的进口和出口国家垄断主要集中在四类商品上：（1）烟和酒，各国政府机构从烟和酒的进出口垄断中可以取得巨大的财政收入。（2）农产品，各国把对外垄断销售作为国内农业政策措施的一部分。如美国的农产品信贷公司，是世界最大的农产品贸易垄断企业，它高价收购国内的剩余农产品，然后以低价向国外倾销，或按所谓的外援计划向缺粮国家，主要是向发展中国家大量出口。（3）武器，各国的武器贸易多数是由国家垄断。（4）石油，石油贸易大多被国家所控制。

【小思考】 为什么这几类产品要进行进出口国家垄断？

（七）歧视性政府采购政策

歧视性政府采购政策（Discriminatory Government Procurement Policy）是指国家制定法令，规定政府机构在采购时要优先购买本国产品。政府优先采购本国货物的政策使进口商品大受歧视，从而限制了进口商品的销售。美国从1933年开始实行《购买美国货法》，并在1954年和1962年两次修改。根据该法的规定，凡是美国联邦政府要采购的货物，应当是美国制造的，或者是用美国原料制造的。商品的成分有50%以上在国外生产的，就作为外国货。该法还规定，只有在美国自己生产不足，或是国内价格过高，或是不买外国货有损美国利益的情况下，才可以购买外国货。优先购买的美国货，其价格往往要高出市场价格的6%~12%，有时所购买的美国货要高出国际市场价格的50%。

（八）最低限价

最低限价（Minimum Price）是指一国政府规定某种进口商品的最低价格，凡进口货价低于规定的最低价格，则征收进口附加税或禁止进口。最低限价是根据某一生产国在生产水平最高的情况下生产出来的价格而定出的。如2007年1月11日，乌兹别克政府出台了《关于向居民供应国产优质分装茶叶的补充措施》的新法令，其中称：为防止国外低价茶叶冲击乌国市场，保障国内市场上茶叶分装企业之间的平等竞争环境，将给予美资"撒马尔罕茶叶分装厂"的海关进口和国内税收优惠政策延续至2009年5月1日；对从其他国家进口的茶叶设置每吨600美元的最低限价。

（九）国内税限制措施

国内税（Internal Taxes）限制措施是指通过对进口商品征收国内税的方法来限制进口。国内税是一种比关税更灵活和易于伪装的贸易政策手段。国内税的制定和执行是属于本国政府机构的事务，为使进口产品与国内产品在市场上处于同等地位，对国内产品与进口产品征收同样的国内税。这些国内税包括：销售税，即对商品销售时所征收的税收；消费税，针对某些消费品如烟、酒、饮料等征收；增值税是对销售货物的价值大于进货价值的增值部分征收。

（十）海关程序

海关程序（Customs Procedure）是指进口货物通过海关的程序，一般包括申报、征税、查验和放行四个环节。海关程序本来是正常的进口货物通关程序，但通过滥用却可以起到歧视和限制进口的作用，从而成为一种有效的、隐蔽的非关税壁垒措施。

1. 海关估价

海关估价是指进口国通过提高进口货物的海关估价来增加货物的关税负担和限制进口。同一种商品按不同的价格计征关税，其税额就不同。如果选择较高的一种价格作为完税的价格，则增加进口商的税负。例如，美国海关对煤焦油产品（如胶底鞋）、蛤肉罐头、毛手套等商品按美国售价制征税。如某种煤焦油产品的进口税率为从价20%，进口价格为每磅0.5美元，应缴进口税每磅0.1美元；而这种商品的"美国售价"为每磅1美元，按同样税率，每磅应缴进口税为0.20美元，增加了一倍，这就有效地限制了外国货的进口。

2. 烦琐的通关手续

进口商品在经过海关时，一些国家为限制进口，往往会故意制造麻烦，增加进口阻力。例如，各国海关对报关的文件和单据要求非常繁杂，填写要求很高，有些国家还会增加一些特别的文件，如领事发票，大大增加了进口难度。有的通过推迟结关、征收各种手续费、强迫使用以海关所在国文字开列的货物票据等来给进口制造麻烦。

（十一）技术性贸易壁垒

技术性贸易壁垒（Technical Barrier to Trade）是指一国以维护生产、消费安全以及人民健康为理由,制定一些苛刻繁杂的规定,使外国产品难以适应,从而起到限制外国商品进口的作用。

1. 技术标准

技术标准主要适用于工业制成品,它是指商品必须符合一些极为严格、繁杂、近乎苛刻的技术标准才能进口,其中有些规定往往是针对某些国家的。例如,德国禁止在国内使用车门从前往后开的汽车,而这种汽车正是意大利菲亚特500型汽车的式样;法国禁止含有红霉素的糖果进口,从而有效地阻止了英国糖果的进口,因为英国的糖果制造普遍使用红霉素染料染色;美国对进口的儿童玩具规定了严格的安全标准。

2. 卫生检疫规定

卫生检疫规定是指进口国以公众健康为借口,制定复杂的、严格的、经常变化的检疫规定,使国外产品难以满足要求,从而起到限制外国商品进口的作用。卫生检疫规定主要适用于农副产品及其制品。例如,日本、加拿大、英国等要求花生黄曲霉素含量不超过百万分之二十,花生酱不超过百万分之十;日本对茶叶农药残留量限制在百万分之零点二五,陶瓷含铅量限制在百万分之七,超过此标准的不准进口。由于近年在欧洲出现疯牛病和在亚太地区出现口蹄疫,许多国家都禁止进口受其污染的商品。

3. 商品包装和标签的规定

商品包装和标签的规定是指一些发达国家对进口商品的包装和标签的内容加以严格的规定。不符合要求的要按规定重新改换包装和标签,因此既费时又费工,增大了商品成本,削弱了商品的竞争力。如美国规定,进口食品必须在包装上标明所含各种成分及其所占比重,说明中不得写有该食品具有治疗效果的文字,否则,就要列入药品的范围,药品则需特殊批准才准进口。

【课堂活动3.2】

日本对中国鳗鱼加工品突出检验

2003年7月3日,日本突然宣布对中国的鳗鱼加工品实施命令检验,查验恩诺沙星等药物。此后,相继31批中国烤鳗被通报为药残超标。日本官方网站不断发布不合格产品消息,引来媒体的恶意炒作,导致食鳗节期间中国产品纷纷从货架上撤出。中国企业被迫全面停止对日发货。根据海关统计,2003年7~8月我对日出口烤鳗仅4 000吨,比2002年同期下降41%。

思考:当代国际贸易中技术性贸易壁垒流行的原因主要有哪些?我国企业应如何应对技术性贸易壁垒?

四、出口贸易措施

许多国家为了争夺国外市场,扩大出口,采取了包括出口信贷、设立经济特区等在内的各种鼓励出口措施,以促进经济和贸易的发展。但同时由于一些政治、经济和军事方面的原因,有些国家在出口方面,会对某些商品实行管制、限制或禁止出口。

（一）鼓励出口措施

1. 出口信贷

出口信贷（Export Credit）是指一国政府为了鼓励和扩大本国商品的出口，增强商品的竞争能力，通过银行或各国银行之间的协作，对本国出口商或国外进口商提供的贷款。这种贷款一般面向一些金额较大，期限较长的商品，比如成套机电设备、船舶、飞机等的出口。

出口信贷主要有两种形式。

（1）卖方信贷（Supplier's Credit）是指出口国银行向本国出口商（卖方）提供的贷款。卖方信贷通常用于交货期限长、交易金额大的商品的出口。如成套设备、船舶等。对于这类商品的出口，进口商一般都要求采用延期付款的办法，而卖方信贷是银行直接资助，可以使出口商避免垫付资金，并能加速资金周转，促进商品出口。

（2）买方信贷（Buyer's Credit）是指出口国银行直接向外国的进口商（买方）或与外国进口商有业务往来的银行提供的贷款。其附加条件就是进口方必须用贷款购买本国商品，以促进商品的出口。这就是所谓的约束性贷款。它可分为两种形式：一是出口方银行贷款给进口厂商。买卖双方以即期现汇成交，合同签订后由进口方先付合同金额的15%左右作为定金，其余货款由出口方银行贷给进口方并按现汇支付方式付给出口方，进口方则按贷款协议分期偿还出口方银行并支付利息。二是出口方银行向进口方银行提供贷款，再由进口方银行转贷给进口商，以便进口商得以用现汇支付进口货款。进口方银行分期向出口方银行归还贷款并支付利息；至于进口商对进口方银行的债务，则由它们在国内直接结算清偿。

许多国家为了扩大出口，都设立了专门银行来办理出口信贷业务。如美国的进出口银行、日本的输出入银行、法国的对外贸易银行、中国的进出口银行等都对大型成套设备等商品的出口，提供国家出口信贷业务。

2. 出口信贷国家担保制

出口信贷国家担保制（Export Credit Guarantee System）是一种由国家出面担保海外风险、鼓励扩大商品出口和争夺海外市场的保险制度。即，对本国出口厂商或商业银行向外国进口厂商或银行提供的信贷，由国家设立的专门机构出面担保，一旦出现外国债务人拒绝付款时，按照担保的数额给予补偿。这类机构如英国出口信贷担保署、德国的赫尔梅斯出口信贷保险公司、法国外贸保险公司等。

为了减轻出口厂商和银行的负担，担保机构所收取的费用一般不高。保险费率根据出口担保的项目内容、金额大小、期限长短和输往国家的不同而有所不同。此外，各国对保险费率的规定也不一样，如英国一般为 $0.25\% \sim 0.27\%$，德国为 $1\% \sim 1.5\%$。

3. 出口补贴

出口补贴（Export Subsidies）又称出口津贴，是指一国政府为了降低出口商品的成本和销售价格，增强其在国外市场的竞争能力，对出口商给予的现金补贴或其他一些优惠待遇。

出口补贴有两种方式：

（1）直接补贴。这是指政府对指定出口的商品，一经出口立即给予现金补贴，不附加任何条件。补贴金额为国内价格与出口价格的差额。美国、欧共体对大多数农产品的出口采取直接补贴的方式。

（2）间接补贴。这是指政府给予出口商一些优惠待遇如运输和财政上的优惠等。

其主要方式包括：退还或减免出口商品所缴纳的国内税，比如销售税、消费税等。如果某些进口货物不是用于本国消费，而是经过改制、修理或加工后再出口时，可允许其暂时免税进口，通常这种待遇仅仅给予进口原料或半制成品，以降低制成品成本，提高出口商品的竞争力。例如英国曾对进口人造纤维加工成衣服、台布等产品，在出口时退还人造纤维的进口税；目前许多国家对出口一般都免税，以提高商品在国外市场上的竞争力。一些国家还采取对出口商品实行延期付税、减低运费等办法，以鼓励商品出口，如美国政府规定，出口的成套设备所应付税款50%可以延期交付，而且对延期交纳的时间也不作具体规定，实际上就是减征税款50%。这些税收措施都能在一定程度上鼓励一国出口。

另外，有些国家还对出口商以提供低息或无息贷款的形式进行补贴。有时政府并不直接贷款给出口商，而是让出口商到商业银行以市场利率取得贷款，到还本付息时，政府给予出口厂商利息贴补，以便支付给银行；或者保证某商业银行为该出口厂商提供低息或无息贷款，到还本付息时，市场利率与优惠利率之间的差额，由政府直接贴补给贷款银行。

4. 商品倾销

商品倾销（Commodity Dumping）是指出口国家的出口厂商以低于国内市场价格，甚至低于商品生产成本的价格，在国外市场抛售商品，打击竞争者以占领国外市场。实行商品倾销的目的在不同情况下有所不同，有时是为了打击或摧毁竞争对手，以扩大或垄断其产品市场，这种属于掠夺性倾销；有时是为了维持企业现有设备的完全开工率，实现规模生产获得规模经济效益。长时期以低于国内市场的价格销售，这属于长期性倾销；有时是为了推销过剩产品，转嫁危机，暂时性地低价销售，这属于偶然性倾销。商品倾销通常由企业进行，但有些国家设立专门机构直接对外倾销商品。如美国政府设立商品信贷公司，高价在国内收购农产品而以低价在国外市场倾销。

5. 外汇倾销

外汇倾销（Exchange Dumping）是指出口企业利用本国货币对外贬值的机会进行商品倾销，争夺国外市场的一种特殊手段。汇率变动直接影响进出口商品的价格。本国货币对外币贬值后，出口商品以外币表示的价格就降低了，从而提高了出口商品的竞争能力，有利于扩大商品出口。例如，美元对日元汇率由原来的1美元=185日元，降到1美元=140日元，假定原来一件价格为10美元的美国商品输往日本时，在日本市场售价为1 850日元，现在这种商品价格按新汇率应为1 400日元，这时美国出口所得的1 400日元，按新汇率计算仍然换回10美元，并没有因为美元贬值而受到损失，这对美国出口商是很有利的。在这种情况下，美国出口商可以采取三种处理方法：一是按1 850日元在日本市场上出售，按新汇率计算每个商品可多得3.21美元，提高了利润；二是适当降低价格，使它维持在1 400～1 850日元之间，既提高了利润，又扩大了商品出口；三是把价格降到1 400日元，加强价格竞争，促进更多的商品出口。至于采用何种方法，取决于美国出口商的销售意图和市场竞争情况。

在货币贬值后，货币贬值的国家进口商品价格上升了，从而使进口商不得不以更高的成本进口，这样就削弱了进口商品的竞争能力，减少了进口。因此，货币贬值起到了扩大出口和限制进口的双重作用。

【小思考】 通过货币贬值来促进出口需要满足什么条件？采取这种措施有什么弊端？

6. 资本输出

由于资本日益国际化，各国之间的资本流动已成为当前的一个重要趋势。扩大资本输出，既可以带动资本货物的出口，又可以进入对方市场，为出口的长期发展打下基础；同时还可以有效地抵制关税和进口限制等。如日本为了扩大汽车出口，就到美国和西欧投资办厂，对日本的汽车出口产生了极大的促进效果。目前日本、德国、美国的各大汽车公司正以这种方式向中国汽车市场进军。以资本输出带动商品出口这种方式也受到资本输入国的欢迎，这正是国际投资不断发展的根本原因。

7. 促进出口的组织措施

有些国家常常为了促进出口贸易的扩大，在制定一系列的鼓励出口政策的同时，还不断加强出口组织措施，这些措施主要有：成立专门组织，研究与制定出口战略；建立商业情报网，加强国外市场情报工作，及时向出口商提供商业信息和资料；设立贸易中心，组织贸易博览会，提供商业咨询和组织贸易交流会以及为参加各种交流活动提供方便；组织出口厂商到国外考察和进行推销活动以及接待来访，以加强国际间经贸联系；组织出口厂商的评奖活动，以形成出口光荣的社会风气。

促进出口还有许多其他措施，比如采用外汇分成方式，即政府允许出口商从其所得的外汇收入中提取一定百分比自由支配，鼓励出口商的出口积极性；采取进出口连锁制，将进口与出口挂钩，要获得进口权利就必须履行一定的出口义务，以出许进，或以进带出，达到出口的目的。

8. 建立经济特区

经济特区是指一个国家或地区，为了便于实行特殊的经济政策和管理体制，更好地吸引外资和发展对外贸易而划出的一定范围的区域。建立经济特区以促进经济发展的措施由来已久，早在16世纪欧洲就出现了自由港，最早的是意大利设置的里窝那自由港。但是，经济特区真正的发展还是在资本主义生产方式确立以后，特别是在第二次世界大战以后，许多国家为了加强本国的经济实力和扩大对外贸易，不仅在本国经济特区内放宽了对外贸易投资的限制，而且增设了更多的经济特区以促进贸易的发展。目前经济特区不但遍布世界各地，而且其功能也逐渐多样化。最初的经济特区只是以发展转口贸易为目的，但现在的经济特区被赋予了出口加工，发展当地加工工业，并以工业来带动贸易发展本国经济。各国或各地区设置的经济特区名目繁多，规模不一，其主要形式包括：自由港与自由贸易区，出口加工区，保税区，科技工业园以及综合经济特区等。

我国设立的经济特区就属于综合经济特区。一方面，综合经济特区同时享有自由港和自由贸易区的某些优惠政策和条件。另一方面，综合经济特区不但提供自由贸易区的转口贸易职能，而且提供出口加工区以工促贸的转口贸易职能。不但如此，综合经济特区还具有金融、旅游、教育甚至农牧业种植等功能。因此，在综合经济特区内，经济门类齐全，各个产业衔接紧密，充分发挥了现代经济既分工细致又密切联系的优势，因而具有显著的规模经济效应。我国从1980年开始在深圳、珠海、汕头、厦门等一系列城市设立经济特区，实施特殊的优惠政策，这些经济特区的设立不仅有效促进了我国的出口，而且对于我国吸引外资、发展生产、优化产业结构等方面都发挥了非常重要的作用。

（二）出口管制措施

出口管制是指一些国家为了达到一定的经济、军事或政治目的，限制或禁止某些商品的出口，特别是对涉及战略物资与先进技术的商品，或者限制某些商品输往某些特定的国家的一种制度。它是国家通过法令和行政措施对本国出口贸易所实行的管理与控制。

1. 出口管制商品

一个国家实行出口管制的商品通常有如下几类：

（1）战备物资、尖端技术及其产品。如武器、军事设备、军用飞机、军舰、先进的计算机及有关技术资料、核能矿物、可用于核武器研制的技术设备、可用于生化武器研制的原料及技术设备。大多数国家的上述产品实行特种出口许可证，严格控制出口甚至禁止出口。

（2）国内生产需要的原材料、半制成品及国内短缺的物资。如英国政府规定某些化学品、药品、活牛、活羊、活猪、石油、可可等商品实行出口许可证制限量出口，日本严格控制矿产品的出口，瑞典限制废金属、生铁等的出口，中国则限制粮食的出口。

（3）某些古董、艺术品、黄金、白银等特殊商品。大多数国家对这类商品实行出口许可证制，控制出口。例如，英国规定古董或艺术品的生产或制作年代早于100年以上的，必须领取出口许可证方能出口。

（4）为对某国实行制裁而向其禁止出口的商品。冷战时期，美国控制对苏联的粮食出口，伊拉克入侵科威特时美国禁止向伊拉克出口商品。

（5）为了缓和与进口国在贸易上的摩擦，在进口国的要求或压力下，"自动"控制出口的商品。如发展中国家根据纺织品"自限协定"自行控制出口的商品。

（6）为了有计划安排生产和统一对外而实行出口许可证制的商品。比如我国属于出口许可证制项下的某些商品，如玉米、原油、人参、电扇、轮胎、机床等。

（7）象牙、犀牛角、虎骨等珍稀动物药材，珍奇动物及其制品。

（8）劳改犯人生产的产品。

2. 出口管制的形式

（1）单方面的出口管制。

单方面的出口管制是指一国根据本国的出口管制法案，设立专门机构对本国某些商品出口进行审批和颁发出口许可证的做法。例如美国商务部下设贸易管理局，专门办理出口管制的具体事务，美国绝大部分管制商品的出口许可证都在该局办理。

（2）多边出口管制。

多边出口管制是指若干个国家政府为了共同的政治和经济目的，通过建立国际性的多边出口管制机构，商讨多边出口管制货单和出口管制的国别，规定出口管制的办法等，以协调相互的出口管制政策的措施。例如在美国策划下于1949年11月成立的巴黎统筹委员会就是一个国际性的多边出口管制机构。

巴黎统筹委员会全称为"多边出口管制统筹委员会"，在成立之初由美国、英国、法国、意大利、加拿大、比利时等12个国家组成，后来发展到17个国家。其决策机构由参加国政府派高级官员组成咨询小组，商讨对当时社会主义国家的出口管制问题。其主要工作是编制和增减多边"禁运"货单，规定受禁运的国别和地区，确定禁止审批程序，加强转口管制，讨论例外程序、交换情报等。其根本目的是防止和限制西方国家的战略物资、高技术及其产品流向社会主义国家。

【课堂活动 3.3】

欧盟对中国鞋征收反倾销税

2006 年 3 月 23 日晚,欧盟委员会批准对中国和越南产皮鞋加征进口关税,欧盟认定两国的皮鞋以不合法的低价在欧盟市场销售。根据这一决定,在从 4 月 7 日起的 6 个月时间内,欧盟对中国产皮鞋征收的反倾销税将逐步提高,最终将从目前的 4.8% 过渡到 19.4%;对越南产皮鞋的反倾销税将从 4.2% 过渡到 16.8%。不过,皮革儿童鞋和高科技运动鞋不在此列。欧盟贸易专员曼德尔森随后发表声明称:欧盟并没有将矛头指向中国和越南先天具备的竞争优势,针对的只是不公平的贸易扭曲行为。此前的 3 月 16 日,欧盟反倾销委员会针对欧盟贸易专员曼德尔森对中国鞋类制品征收反倾销税的建议进行了秘密投票。在欧盟 25 个成员国中,3 个国家投票赞成对原产于中国的廉价皮鞋实施制裁;9 个国家投了反对票,11 个国家宣布弃权,2 个国家没有投票。但是根据反对者不超过半数就算通过的规则,分析人士当时预测欧盟委员会的投票将会正式通过对中国鞋征收反倾销税的建议。英国的零售商认为,此举意味着商店里出售的每双鞋子增加 5 英镑(当时 1 英镑约合人民币 13.54 元)的成本。他们和进口商、批发商和消费者一道对欧盟委员会即将采取的行动进行反击。他们的理由是,政府在努力保护那些不能独立生存的产业,却把高昂的成本转嫁到消费者头上。

欧洲鞋业大国意大利的制造商们动作频频,他们在报纸上刊登广告,呼吁欧盟贸易专员曼德尔森对中国鞋采取坚定、勇敢、迅速的行动。意大利贸易团体 ANCI 认为,这一行业有 60 万个工作岗位,2005 年已经有 7 500 人失去工作。然而一位英国零售组织的顾问称"这么说太虚伪",因为意大利的公司同样以低成本挤压得北美和东欧的制造商关门。

中国鞋的相关事件:

2005 年 12 月,意大利鞋业制造商协会指责中国制鞋商在生产过程中使用了镍及其他有碍健康的有毒化学物质,意大利卫生部近日已针对来自中国的鞋类产品展开调查。据海关的统计,2005 年 1~10 月我国出口到欧盟的鞋类产品数量达到 8.05 亿双,增长 19.2%,其中出口到意大利的有 9 000 多万双,占到 11% 以上。过去两年里,中国鞋在意大利市场的占有率猛增 700%,这让一向以制鞋业为骄傲的意大利鞋匠们不满。

俄罗斯时间 2005 年 3 月 12 日晚,莫斯科税警强行拉走温州鞋类出口企业的货物,涉及温州企业 20 多家。当地温州鞋商联合起来,聘请俄罗斯律师,准备起诉俄罗斯税警。事件的起因是俄罗斯驻华代理商务代表戈利科夫承认俄罗斯国内有一些通过不当手段办理货物进口的清关公司,使一些进入俄罗斯的商品进关手续不全,税收不足。

2004 年 9 月 17 日,西班牙东部小城埃尔切中国鞋城,约 400 名不明身份西班牙人聚集街头,烧毁一辆载有温州鞋集装箱的卡车和一个温州鞋商的仓库,造成约 800 万元人民币的损失。

2004 年 1 月 8 日,尼日利亚政府发布"禁止进口商品名单",温州鞋名列其中。

2003 年冬,20 多家温州鞋企的鞋类产品在意大利罗马被焚烧,损失不详。

……

讨论:为什么我国出口的鞋在国外市场上容易遭到抵制?我国应当采取哪些相应措施来应对?

第二节 国际贸易体制

【导入案例 3.2】

2008 年 12 月 22 日，我国商务部条法司负责人就美国和墨西哥要求终止中国对知名品牌的补贴措施表示，中方一贯尊重世贸组织（WTO）规则，反对贸易保护主义，对美墨的磋商请求，中方将按照世贸组织规则予以处理。中国驻 WTO 代表团参赞表示，从 19 日开始的 10 天之内中方会向美墨答复，确定磋商时间。按照世贸组织争端解决程序，磋商期一般为 60 天。"这类申诉在 WTO 成员之间是很正常，我们如果遇到这样的问题也会提起申诉。所以，很难说会对中美贸易产生什么影响，"参赞说，"对其他的补贴措施也不会产生影响。" 19 日，美国向 WTO 提起申诉，要求终止中国为促销其知名品牌所采取的补贴措施。来自美国的消息称，这些商品包括纺织品、冰箱、啤酒、花生等。美国方面认为，帮助中国品牌产品促销的措施包括：对出口进行现金奖励、向出口商提供优惠贷款，资助研发出口新产品、给予财政拨款以降低出口信用保险。而国内有人对此提出质疑，目前中国出口企业连生存都有问题，政府对企业提供帮助有什么不应该呢？

思考：不同国家之间进行贸易，应该依照怎样的贸易规则？国家之间发生贸易争端时怎样解决？由谁来解决？WTO 是怎样的一个机构？

一、国际贸易条约与协定

贸易条约与协定是指两个或两个以上国家根据各自或本区域经济和政治发展的需要，为加强彼此间的经济与贸易合作和使相互的贸易利益得到保证而缔结的各种书面协议。协议中规定了各缔约国在经济与贸易方面所拥有的权利和应承担的义务，同时也明确了彼此间的经济和贸易关系。

（一）贸易条约与协定所依据的法律原则

各国缔结和签订的贸易条约与协定依据的法律原则有最惠国待遇原则和国民待遇原则。

最惠国待遇原则是指缔约国一方现在或将来给予第三国的优惠、特权和豁免，应无条件、无补偿、自动地适用于缔约国的另一方。最惠国待遇原则适用的范围极为广泛，通常在贸易条约与协定中应明确列举其适用范围。其范围主要有：有关进口、出口、过境商品的关税和其他各种捐税；在商品进口、出口、过境、存仓和换船方面的有关海关规章、程序和费用；进出口许可证发放的行政手续；船舶驶入、驶出和停泊时的各种税收、费用和手续；关于移民、投资、商标和铁路运输等。其中，最主要的是进出口商品的关税待遇。但是，缔约国一方给予邻国有关边境贸易的特惠待遇、缔结关税同盟国家之间或在特定国家之间的优惠待遇以及多边国际条约所承担的义务等，在现代贸易条约和协定中，通常不适用最惠国待遇原则。现在的国际贸易条约与协定一般多采用无条件的最惠国待遇条款，即不要求互惠。

国民待遇原则是各国在贸易条约中通常都会规定的一条相互给予优惠的原则。它是指缔约国双方相互承担义务，保证缔约国一方的公民、企业和船舶在另一方的境内享受与本国公民、企业和船舶同等的待遇。国民待遇条款在形式上是平等的、相互的，即一国的公民、企业和船舶在另一国可拥有与该国公民、企业和船舶同样的条件；但实质上是不平等的、片面的，发达国家或各垄断组织常利用国民待遇条款，凭借自己的经济优势对弱小国家进行渗透、掠夺和控制。国民待遇原则适用的范围主要有：外国公民的私人经济权利；外国产品所应缴纳的国内捐税；利用铁路运输和过境转口的条件；船舶在港口的待遇；商标注册、著作权、发明专利权等。国民待遇条款并非将本国公民、企业和船舶的一切权利包括在内，如邻海捕鱼权、土地购买权、沿海贸易权和零售贸易权等，一般只准本国公民和企业享有。

（二）贸易条约与协定的种类

贸易条约与协定根据签约国的多少可分为双边贸易条约与协定及多边贸易条约与协定两种。由两国签订的称为双边贸易条约与协定，由两个以上国家签订的称为多边贸易条约与协定。在国际贸易中，常见的贸易条约与协定主要有以下几种。

1. 贸易条约

贸易条约是指两个或两个以上的国家间关于贸易关系方面的书面协议，一般由各缔约国首脑或高层领导决策层的全权代表来签订，并通过各方立法机关的批准后才能执行实施。贸易条约的有效期限较长，所涉及的内容也较广泛，通常包括经济、贸易、航海等各方面问题。贸易条约的名称很多，如"通商条约"、"通商航海条约"、"友好通商航海条约"等。以"通商航海条约"为例，其所涉及的内容主要有：关税的征收、海关手续、船舶航行与港口使用的规定，双方公民和企业组织在对方国家所享受待遇的规定，商标权、版权、专利权和其他知识产权方面的规定等。

2. 贸易协定

贸易协定是指两个或两个以上国家为调整和发展彼此间的贸易关系而签订的一种书面协议。一般是一国外贸部部长级行政官员与另一国大使间的一种商业换文，通常只须经各国行政首脑或其代表签署后即可生效。其特点是对缔约国之间的贸易关系规定得比较具体，是属于为了商务或特种问题而签订的一种暂时协议，故有效期一般较短（3~5年），签订的程序也相对简单。贸易协定的内容一般包括：贸易额、双方出口货单、作价办法、使用货币、支付方式、关税优惠、进口数量限制等。有些国家除签订贸易协定外，有时还签订贸易议定书。贸易议定书是缔约国就贸易关系中的某些具体问题或修改贸易协定中的某些条款所达成的书面协议。贸易议定书往往是作为贸易协定的补充或解释而签订的。它的内容和签订程序比贸易协定更为简单，一般经签字国有关行政部门代表签署即可生效。

3. 支付协定

支付协定是指国与国间关于贸易和其他方面债权债务结算办法的一种书面协议。协定的内容主要有：清算机构的确定和清算账户的开立，清算货币的规定，信用摆动额度和利息的计收，账户余额的保值以及清算账户差额的处理等。支付协定是外汇管制的结果。在实行外汇管制的条件下，由于货币不能自由兑换，对一国所持有的债权不能用来抵偿对第三国的债务，因而结算只有在双边的基础上进行，所以需要通过缔结支付协定来清算两国间的债权债务，以解决外汇短缺的困难，促进两国贸易的发展。第二次世界大战后的初期，许多国家的国际收支不平衡情况十分严重，都实行了严格的外汇管制；为解决国际清算上的困难，各国大都采用支付协定的办法进行双边清算。双边清算对外汇资金短缺的国家有一定意义，因为它一方面可以使出口销售有保证；另一方面进口时无需使用现汇或减少黄金、外汇储备的流失。

4. 国际商品协定

国际商品协定是指某项商品的出口国和进口国之间就该项商品的买卖、进出口价格等问题的权利和义务，经过协商和谈判达成的政府间多边贸易协议。其主要对象是发展中国家的初级产品。达成这类协议的主要目的在于稳定价格、保证货源。第二次世界大战后，各国共签订了糖、锡、咖啡、橄榄油、小麦、可可、天然橡胶等七种国际商品协定。此外，还有纺织品协定和为维护出口国的特殊利益所达成的原料和燃料价格和数量方面的协定等。国际商品协定主要通过规定出口配额、设立缓冲库存、签订多边合同以及几种方法的结合运用等方式来控制市场、稳定价格。但由于各方利益的差异，在协定的执行中常有矛盾和斗争。

二、国际贸易公约与惯例

调整和约束国际贸易活动的法律规范有两种：一是国际贸易公约，二是国际贸易惯例。

（一）国际贸易公约

国际贸易公约是指由两国或多国政府缔结的有关国际贸易关系的规范，如《联合国国际货物销售合同公约》、《联合国国际海上货物运输公约》、《保护工业产权巴黎公约》等。如果这些公约被各国批准和接受，则各缔约国的企业必须遵守。

1980年在维也纳通过的《联合国国际货物销售合同公约》是一项重要的约束国际货物买卖的国际贸易公约。该公约遵循平等互利的原则，在国际贸易实践中采用顾及不同社会制度与不同经济、法律制度国家的习惯和法律规则，有利于减少国际贸易中的法律障碍，以促进国际贸易的发展，因此，能为多数国家所接受。我国于1980年递交了批准书，但作了两点保留：不同意扩大公约的适用范围，即只有合同双方营业地均在公约缔约国时，才适用公约；不同意口头形式合同的成立，即涉外合同必须采用书面形式，包括合同的修改或终止。

（二）国际贸易惯例

国际贸易惯例是指在国际贸易的长期实践中所形成的若干具有普遍意义的习惯性做法和解释。构成国际贸易惯例应当具备两个条件：一是经长期、普遍实践而已形成通例；二是经国际组织编纂与解释并具有法律效力。重要的国际贸易惯例有国际商会制定的《国际贸易术语解释通则》2000年修订本、《跟单信用证统一惯例》2007年修订本等。

国际贸易惯例不是法律，对贸易双方不具有强制性。因此，买卖双方有权在合同中作出与某项惯例不符的规定，只要合同有效成立，双方均要遵照合同的规定履行；一旦发生争议，法院和仲裁机构也要维护合同的有效性。但是，国际贸易惯例是国际贸易法律的渊源之一，对贸易实践仍具有重要的指导作用。这体现在：一方面，如果双方都同意采用某种惯例来约束该项交易，并在合同中作出明确规定时，那么这一惯例就具有了强制性。例如，许多大宗交易的合同中都作出采用何种贸易术语规则的规定，这有助于避免对贸易术语的不同解释而引起的争执。另一方面，如果双方对某一问题没有作出明确规定，也未注明该合同适用于某项惯例，在合同执行中发生争议时，受理该争议案的司法和仲裁机构也往往会引用某一国际贸易惯例进行判决或裁决。我国《涉外经济合同法》第五条规定，在处理涉外经济合同的问题时,我国法律未作规定的,可以适用国际惯例。由此可见,国际贸易惯例虽然不具有强制性,但它对国际贸易实践的约束和指导作用却不容忽视。

三、从关贸总协定到世贸组织

于 1995 年 1 月成立的世界贸易组织（World Trade Organization, WTO,简称世贸组织）取代了关税与贸易总协定（General Agreement on Tariff and Trade, GATT,简称关贸总协定），这标志着自第二次世界大战以来国际贸易体制最大的一次改革。自 1948 年 1 月 1 日关贸总协定生效,直到 1994 年,国际贸易一直在关贸总协定框架下运作。其乌拉圭回合谈判历时 8 年,终于于 1994 年 4 月结束,并于 1994 年 4 月 15 日在马拉喀什举行的部长会议上签署了有关成立世贸组织的《马拉喀什协议》。该协议构成了乌拉圭回合的主要成果,并将下列协定列为其附件：《多边货物贸易协定》（包括《1994 年关贸总协定》）、《服务贸易总协定》、《与贸易有关的知识产权保护协议》、《争端解决规则与程序谅解》、《贸易政策审议制度》和《诸边贸易协议》。

（一）世贸组织的宗旨与职能

1. 世贸组织的宗旨和目标

《马拉喀什协议》中的序言部分规定了世贸组织的宗旨和目标,其宗旨是："提高生活水平、保证充分就业、大幅度和稳定地增加实际收入和有效需求,扩大货物和服务的生产与贸易,按照持续发展的目的,最优运用世界资源,保护和维持环境,并以不同经济发展水平下各自需要的方式,加强采取各种相应的措施"；"需要积极努力确保发展中国家,尤其是最不发达国家在国际贸易增长中的份额,与其经济发展需要相称"。世贸组织的目标是：建立一个完整的包括货物、服务、与贸易有关的投资及知识产权等的更具有活力的和永久性的多边贸易体系来巩固原来关贸总协定以往为贸易自由化所作的努力和乌拉圭回合多边贸易谈判的所有成果。

2. 世界贸易组织的主要职能

（1）执行、监督与管理世贸组织的各项贸易协定和协议。

（2）为成员国提供谈判场所。

（3）解决成员国间的贸易争端,并管理争端解决协议。

（4）审议和监督各成员国的贸易政策。

（5）以适当的方式与国际货币基金组织和世界银行及其附属机构合作,以保障全球经济的一致性。

（二）世贸组织的机构与运作

1. 世贸组织的机构

（1）部长会议。世贸组织的最高权力机构是由所有成员方代表组成的部长会议,它至少每两年举行一次。部长会议有权对多边贸易协议的各项事务作出决定。

（2）总理事会。在部长会议休会期间由全体成员代表组成的总理事会代行部长会议职能。此外,在总理事会代部长会议开展日常工作的同时,它还作为争端解决机构和贸易政策评审机构,视情况需要,随时召开会议以监督争端解决程序,并定期审查各成员的贸易政策。总理事会下设货物理事会、服务贸易理事会和知识产权理事会，它们分别负责监督相关协议的运作，每一理事会都由所有成员方代表组成，每年至少举行 8 次会议。

(3) 各专门委员会。部长会议下设专门委员会。其中，发展委员会负责发展中国家，特别是最不发达国家的有关事务；国际收支限制委员会在一成员国以国际收支困难为理由而采取贸易限制措施时，负责成员间的磋商；财务和行政管理委员会负责世贸组织的财政和预算等方面的事务。另外，世贸组织还设立环境与贸易等 10 多个专门委员会。

(4) 秘书处。世贸组织设立了一个由总干事领导下的秘书处。世贸组织的秘书处设在瑞士日内瓦，总干事由部长会议任命，总干事的权力、责任、服务条件和任期也由部长会议决定。总干事任命秘书处的职员，并根据部长会议的规定确定他们的责任和服务条件。

2. 贸易政策评审机制

监督各国贸易政策是世贸组织极其重要的活动，这项工作的核心就是贸易政策评审机制。

贸易政策评审机制的目标是通过定期评估增加贸易政策与措施的透明度和公众对贸易政策与措施的理解，提高政府和公众对问题所做公开辩论的质量，并从多边角度就整个世界贸易体制的政策效应作出估计，从而促进成员国政府更严格地遵守世贸组织的规则和纪律，并履行其义务。

审议是在定期的基础上进行的。对最大的 4 个贸易方，目前是欧盟、美国、日本和加拿大，每 2 年评审一次；对处于第二层次的 16 个国家（就其所占的世界贸易份额而言）则每 4 年评审一次；其他国家每 6 年评审一次；对最不发达国家的评审间隔期限更长。

评审由与总理事会平行的"贸易政策评审机构"进行。该机构根据接受审议的缔约国政府递交的政策报告和世贸组织秘书处独立准备的详细报告进行评审，并将结果公布于众。

(三) 世贸组织的基本原则

1. 无歧视待遇原则

无歧视待遇原则是世贸组织的基石，是各国间平等地进行贸易的重要保证。这一原则规定，一缔约国在实施进口数量限制或其他限制及禁止措施时，不对任何缔约国实施歧视待遇，如果缔约国一方根据公约或条约规定的某种理由（如例外情况）采用某种限制或禁止措施时，这些措施在同样情况下普遍适用于所有缔约国，即为无歧视待遇，反之，如果这些措施单独对某缔约国实行，而对另一个缔约国不实行，这就违反了无歧视待遇原则。无歧视待遇原则充分体现了平等的原则精神，这一原则主要通过最惠国待遇和国民待遇加以体现。

2. 自由贸易原则

降低贸易壁垒是鼓励贸易自由化发展的有效途径之一。自关贸总协定生效以来，总共举行过 8 个回合的贸易谈判。起初谈判的内容是降低进口产品的关税。由于谈判的不断深入，到了 20 世纪 80 年代末期，工业国对工业产品规定的关税税率已逐步降至约 6.3%。近年来，多边贸易谈判已扩大到产品的非关税壁垒和服务以及知识产权这些新的领域。世贸组织协议允许国家通过"渐进自由化措施"逐步进行改革。

3. 关税保护原则

根据世贸组织有关条款的规定，就货物贸易而言，关税应是保护国内工业的唯一措施，因为它具有可预见性和稳定性。尽管世贸组织倡导自由贸易，但它也认识到其成员可能有保护国内工业免受国外竞争的意愿。因而世贸组织促使这些成员通过关税手段提供保护，并将这一保护维持在较低的合理水平。以关税进行保护的原则是通过禁止成员对进口货物实施数量限制来实施的。不过这规则也有例外规定。一个重要的例外是允许成员在发生国际收支平衡困难时限制进口，以保障其对外金融地位。

4. 透明度原则

所谓透明度原则是指，成员方应公布其所制定和实施的贸易政策和法规及其变化情况，并通知世贸组织；成员方所参加的有关国际贸易政策的国际协议，也应在公布和通知之列。实行透明度原则的目的是为了保证各成员方在货物贸易、服务贸易和知识产权保护方面的贸易政策实现最大限度的透明，防止成员方之间进行不公开的贸易，以保证公开竞争。根据该原则，世贸组织成员需公布的现行贸易政策和法规有：海关、进出口管理、有关进出口商品征收的国内税、检验、检疫、外汇管理、利用外资、知识产权保护、出口加工区、自由贸易区、边境贸易区、经济特区、服务贸易、仲裁等方面的法规和规章。

5. 保护措施可预测原则

保护措施可预测原则是指在实施保护措施时应采取大家可了解并能预测发展环境变化情况的方法。提高可预测性和稳定性有许多方式。一种方式是抑制使用限制进口数量的配额和其他措施，实施配额可能会导致更多的繁杂的行政手续；另一种方式是尽可能加大国家的贸易规则的透明度，通过贸易政策审议机制对国家贸易政策进行定期监督，进一步促进国内和多边贸易政策的公开化。

6. 公平竞争原则

公平竞争原则主要是指有关反倾销和反补贴的规定。《1994年关贸总协定》第6条、第16条规定，某一缔约方以倾销或补贴等扭曲市场竞争的方式出口本国的产品而给进口国国内工业构成实质性损害或有实质性损害的威胁时，受损害的进口国才被准许予以抵制，抵制的方法是在正常关税之外加征倾销税和反补贴税。

7. 鼓励发展与经济改革原则

世贸组织中超过3/4的成员属于发展中国家和向市场经济转型的国家；世贸组织有关协议为发展中国家提供了过渡期，以便有关国家适应较不熟悉的以及难以履行的世贸组织条款，这对最贫穷的国家尤其重要。乌拉圭回合结束时通过的部长会议决议为最不发达国家执行世贸组织协议提供了额外的灵活性。该决议表示，富裕国家应对最不发达国家出口的产品加快执行市场准入作出承诺，世贸组织力争为最不发达国家提供更多的技术支持。

四、区域经济一体化

（一）区域经济一体化的概念和组织形式

区域经济一体化是指在地域上比较接近的两个或两个以上的国家或地区，在由各国政府授权组成的共同机构的领导下，形成通过制定统一的政策和措施，消除各成员国之间阻碍经济和贸易发展的障碍，实现区域内各成员国互惠互利、协调发展的区域性经济联合体的过程。

按照贸易壁垒撤除的程度，区域经济一体化可分为如下几种组织形式：

1. 优惠贸易安排

这是指在实行优惠贸易安排的成员国间，通过协定或其他形式，对全部商品或部分商品规定特别的关税优惠的经济贸易集团。如1932年英国与其他成员国建立的大英帝国特惠制就属此类。

2. 自由贸易区

这是指在各成员国间签订有自由贸易协定，通常是在成员国之间废除关税与数量限制，使各成员国间的商品可自由流动，但每个成员国仍保持自己对非成员国的贸易壁垒的国家所组成的经济贸易集团，如欧洲自由贸易联盟、北美自由贸易区。

3. 关税同盟

这是指两个或两个以上的国家完全取消关税和其他壁垒，并对非成员国家实行统一的关税税率而结成的同盟。其目的在于使成员国的商品在统一关境以内的市场上处于有利的竞争地位，排除非成员国商品的竞争，如欧洲经济共同体的关税同盟等。

4. 共同市场

这是指两个或两个以上的国家完全取消关税与数量限制，建立对非成员国家的统一关税税率，在实现商品自由流动的同时，还实现生产要素（劳动力、资本）的自由移动的经济贸易集团。如欧洲共同市场在1970年就接近此阶段。

5. 经济同盟

这是指成员国之间除了商品与生产要素可以进行自由流动及建立对外共同关税之外，还要求成员国制定和执行某些共同的经济政策和社会政策，废除政策方面的差异，使经济贸易统一协调地运行的经济贸易集团。如欧洲经济共同体就属于这一类。

6. 完全经济一体化

这是指各成员国在经济同盟的基础上，全面实行统一的经济政策和社会政策，建立统一的货币政策，使各成员国在经济上形成单一的经济实体的经济贸易集团。目前世界上尚无此类经济一体化组织，只有欧盟在为实现这一目标而努力。

【小思考】 列举有中国参与的区域经济一体化组织。

（二）区域经济一体化的理论

1. 关税同盟理论

关税同盟建立后，在各成员国之间实行自由贸易，而对非成员国实行保护贸易，将会产生以下静态效果：一是贸易创造效果。关税同盟成立后，在比较优势的基础上实行专业化分工。这样，关税同盟为某成员国的一些国内产品便被其他成员国生产成本更低的产品的进口所替代，从而使资源的使用效率提高，扩大了生产所带来的利益。二是贸易转移效果。如果同盟内某种商品生产成本最低的国家不是世界上生产该种商品成本最低的国家，则成员国进口成本较同盟成立前增加，消费支出扩大，这对该国是一种损失。三是贸易扩大效果。无论是在贸易创造效果还是在贸易转移效果情况下，由于都存在使需求扩大的效应，从而都能使同盟内产生扩大贸易的结果。此外，关税同盟成立后可以减少征收关税的行政费用支出，可以在同盟内减少走私，还可以增强集团整体经济实力。

关税同盟的利益除上述静态效果外，还有动态效果。关税同盟的动态效果主要是指关税同盟对同盟的成员国经济的各方面影响，包括：①优化资源配置。关税同盟的建立使成员国间的市场竞争加剧,专业化分工的广度和深度拓展,使生产要素和资源配置更加优化;②获取规模经济利益。关税同盟成立后,成员国国内市场向统一的大市场转移,自由市场扩大,从而使成员国获得规模经济利益;③刺激投资。关税同盟建立后,市场的扩大、投资环境的改善会吸引成员国厂商扩大投资。另一方面,非成员国为了获得关税免除的好处,突破同盟国统一对外的歧视性的贸易措施,会向同盟成员国转移投资,提高自己厂商的竞争能力。

2. 大市场理论

共同市场不同于关税同盟,其目的是把那些被保护贸易分割的小市场统一起来,结成大市场,通过大市场内的激烈竞争,实现规模经济和大批量生产的利益。大市场理论的核心是:通过国内市场向统一的大市场延伸,扩大市场范围,创造激烈的竞争环境,进而达到实现规模经济和技术利益的目的。

【课堂活动3.4】

中国输美冻虾遭遇反倾销案

2007年9月7日,美国商务部终裁,福清谊华水产食品有限公司在美国对中国出口的冻虾反倾销案中胜诉,成为继湛江国联水产食品有限公司后,在输美冻虾反倾销案中获得零关税待遇的第二家中国国内企业。与之同时传开来的还有一条遗憾的消息:中国输美冻虾在这次反倾销案中遭受重挫,美国对中国输美的其他企业的冻虾及罐装温水虾征收27.89%到112.81%不等的反倾销税,平均税率为55%。业内人士称,关税超过20%,企业在市场上就失去竞争力。中国加入WTO已达6年,反倾销应诉捷报频传,冻虾出口作为涉案金额最大的一宗农产品案却遭惨败,这引起了业界深思。

早在2002年,美国南方虾业联盟就酝酿对包括中国在内的进口虾采取反倾销行动,这个消息当即引起了谊华公司的高度重视。中国虾产品70%对美出口,是输美的主要农产品之一,美国一旦实施反倾销,将对福清市整个出口虾产业造成毁灭性的打击。就是从那时开始,谊华水产开始了应对反倾销的各项准备,公司领导层及管理层学习反倾销的知识,研究中国小龙虾、蘑菇、苹果汁等各种各样的反倾销案例,不断跟踪了解美国方面的信息。

2003年底,美国反倾销的风声渐起。福清谊华同香港谊林集团第一时间向中国土畜商会咨询,聘请了专业处理反倾销案的律师团。

2003年12月31日,美国南方虾业联盟向美国政府提出申请,要求对中国、越南等6个国家生产的冷冻虾和罐装温水虾采取反倾销措施。2004年1月,美国商务部正式开始立案调查。此时,大部分中国企业才匆匆上阵,应诉准备粗糙马虎,甚至出现公司名字翻译错误、提交过期的营业执照等低级错误,有的企业尚未应战就已出局。

2004年2月25日,谊华被指定为强制性调查对象,同行企业都说谊华不走运。谊华公司上下却感到机会难得:"可以凭此一搏了!"这时,全国涉案的123家企业中,只有60多家企业应诉,超过一半的企业选择放弃。

谊华公司何美乐董事长胸有成竹:"我们绝没有低于成本卖,绝对没有倾销,中国虾成本低,是因为我们有全世界最先进的养殖技术和比较便宜的劳动力资源。美国对我们中国虾业来说,是个很大的市场,我们决不轻言退出!"由此,谊华公司携手香港谊林集团,大手笔付出近千万元的诉讼费用,打起了这场"国际官司"。

2005年1月26日,美国商务部公布对我国虾反倾销做出第二轮终裁结果。我国四家强制应诉企业获0.07%~82.27%税率，非强制应诉企业中39家获平均加权税率55.23%，有18家应诉企业被拒绝加权税率，未参加应诉企业获112.81%的税率。谊华便是四家强制应诉企业之一。不可思议的是，美国商务部竟然违反WTO关于非市场经济国家选取替代国替代价格的基本原则，滥用自由裁量权，十分离奇地选取了印度一家在调查期以外的、不分规格的混合虾的价格，虾的品种也与我国出口美国的不同，印度是黑虎虾，而谊华出口的大部分是南美白对虾。基于美国商务部不合理的税率计算方法，为获取合法的权利，谊华公司所属的香港谊林公司代理律师团顶着高额的律师费，积极向美国贸易法院申诉，2005年美国贸易法院受理香港谊林公司的申诉。

经过近一年的调查取证，美国贸易法院认为谊林公司提出的税率计算方法是合理合法的，要求美国商务部在2006年9月26日前提出新的合理的税率计算结果，但遗憾的是，美国商务部并没有完全按照美国国际贸易法院的判决要求更改该案件税率的计算方法，而是仅仅对于其引用的印度制造商NAKKTANI原料虾的单独加权成本进行了细微调整。10月27日，美国商务部向美国贸易法院递交了第一次重新计算税率的结果，其中谊林集团经过重新计算的新税率为56.73%。美国国际贸易法院不接受此次美国商务部的重新计算结果，并责成美国商务部一个月内重新按照法院的判决作出新的税率计算。2007年9月7日，反倾销官司水落石出，谊华公司打了个漂亮的反击战。谊华的应诉团队不仅精通国际法律，其敬业精神更令人佩服。为了填写厚达数百页的答卷，为了回答美国商务部随时提出的各种各样的问题，谊华的员工和律师们几乎每天工作十几个小时，应诉资料铺满了大会议室。回忆这段经历，谊华的财务总监吴孝香说："美国商务部的调查最重视的就是数据，每一个问题都要及时、准确、完整地交出答案，稍有差错就前功尽弃。"在赢得这场"洋官司"后，谊华公司董事长何美乐的话语更是掷地有声："我们的企业很规范，团队很优秀，我们完全按市场规则办事，按WTO规则做生意。"

讨论：从本案例的成功经验来进行总结，我国企业要赢得应诉反倾销斗争的胜利需要注意哪些方面？

作　业

一、识记概念

关税、普遍优惠制、非关税壁垒、进口配额、外汇管制、出口信贷、出口补贴、商品倾销、外汇倾销、国际贸易惯例、区域经济一体化

二、解答问题

1. 关税的征收方法有哪些？
2. 世界贸易组织的基本原则有哪些？

三、实训练习

进口手表5 000只，完税价格为每只96美元，手表从价税率为15%，从量税为每只13美元，按当时外汇牌价，1美元兑换7.5元人民币。问：从量税额应为多少美元？混合税额应为多少美元？从价税额按人民币计算应为多少元？

第二篇　进出口合同条款

　　进出口合同条款是交易磋商、合同签订以及合同履行的基础。本篇主要根据国际贸易惯例和相关法律，详细阐述了合同主要条款的法律地位和作用，以及订立合同条款的方法、要求及注意事项。其中，"进出口货物的价格"、"货款的结算"两章，不仅是本篇的核心，也是全书的重点和难点。"进出口货物的价格"一章主要介绍了《2000年国际贸易术语解释通则》中的13种贸易术语，重点阐述了FOB、CIF、CFR 3种贸易术语有关买卖双方的责任、风险和费用划分以及进出口商品价格的掌握和核算等问题；"货款的结算"一章主要介绍了国际贸易中几种常用的支付方式，尤其是信用证方式的程序、内容、特点、种类以及《UCP600》的有关规定等问题。通过对本篇知识的学习，使学生对合同条款形成全方面的认识，以便在未来的实际工作中加以运用。

第四章

货物的品名、品质、数量及包装

第一节 货物的品名

【导入案例 4.1】

中国某食品加工企业出口苹果酒一批，国外来证名为"APPLE WINE"，于是我方为了单证一致，所有单据上均用"APPLE WINE"，不料货到国外后遭到进口国海关扣留并罚款，因该批酒的内、外包装上均写的是"CIDER"字样。结果外方要求我方赔偿其被罚款的损失。

从上述案例可以看出，它是买卖双方交接货物的基本依据，关系到买卖双方的权利和义务。订立品名条款不严密，将给买卖双方履约带来诸多风险，从而引起争议和纠纷。因此，买卖双方在洽商交易时，首先必须将货物的品名谈妥，并在合同中具体订明、在信用证中保持品名与合同一致。同时在向海关申报时，必须将货物名称填报正确，否则将影响海关的监管工作并可能遭到海关处罚。

一、货物品名的含义

货物的品名，也就是买卖的标的物的名称。根据有关的法律和惯例规定，卖方所交付的货物不符合约定的品名或说明，买方有权提出赔偿要求，直至拒收货物或取消合同。因此，买卖双方在洽谈交易时，首先就应对交易的标的谈妥，并在买卖合同中的品名条款里具体订明，以利合同的履行。

【例 4.1.1】 品名：东北大豆

Name of Commodity: Notheast Soybean

货物品名的命名方法有：

1. 以其主要用途命名

这种方法在于突出其用途，便于消费者按需要购买，如洗发水、洗衣机等。常用于日用工业品和医药用品。

2. 以其所使用的主要原材料命名

这种方法能通过突出所使用的主要原材料反映出商品的质量，如棉布、羊毛衫等。

3. 以其主要成分命名

这种方法可使消费者了解商品的有效内涵,有利于提高商品的身价,如五粮液、人参蜂王浆等。多用于营养品、化妆品或医药品。

4. 以其外观造型命名

这种方法有利于消费者从字义上了解该商品的特征,如绿豆、宝塔糖等。多用于食品、工艺品和儿童用品。

5. 以其制作工艺命名

这种命名方法的目的在于提高商品的威望,增强消费者对该商品的信任,如精制油、景泰蓝等。

6. 以人物或产地命名

这种命名方法的目的在于引起消费者的兴趣和注意,如青岛啤酒、孔府家酒等。多用于土特产品。

二、合同中的品名条款

在进出口合同中,品名条款并无统一格式,通常都是在"货物名称"或"品名"(Name of Commodity)标题下,列明买卖双方成交货物的名称。有时为了省略起见,也可不加标题,在合同的开头部分,列明交易双方同意买卖某种货物的文句。

订立品名条款时,内容必须明确具体,避免空洞、笼统的规定;条款中约定的品名必须是卖方能够供应且买方所需的商品,凡做不到或不必要的描述词句都不应列入;尽可能使用国际上通用的名称。注意选用合适的品名,以利减低关税,方便货物的进出口并节省运费。

【经典案例分析】

非纯手工制造的"手工制造书写纸"案

我国某进出口公司与美国某公司订有一份出口合同,合同规定的商品名为"手工制造书写纸"。美方收到货物后,经检验发现货物部分制造工序为机械操作,而我方提供的所有单据均表示为手工制造;货物因"不正当表示"和"过大宣传"而遭用户退货,美方要求我方赔偿其损失。而我方拒赔,主要理由是:(1) 该商品的生产工序基本是手工操作,而且关键工序完全采用手工。(2) 该交易是经买方当面先看到样品成立的,并且实际货物品质又与样品一致,因此,应认为所交货物与商定一致。请分析:此交易争议的责任在谁?应该如何处理?

分析:责任在我方。因为出口合同规定的商品名称为"手工制造书写纸",而我方实际所交货物部分制造工序为机械操作,我方显然违反了合同的规定;而且此交易并非凭样品买卖,故责任在我方。我方应主动承认错误,取得对方谅解或赔偿对方损失。此外,本案例交易产品在实际业务中不可能采用全部手工制作,应该在合同中标明"基本手工制造书写纸",以便实际交货品质与合同完全吻合。

【课堂活动 4.1】

"山东大蒜"交货更改产地案

韩国 KM 公司向我国 BR 土畜产公司订购大蒜 650 公吨,双方当事人几经磋商最终达成了交易。但在缮制合同时,由于山东胶东半岛地区是大蒜的主要产区,通常我国公司都以此为大蒜货源基地,所以 BR 公司就按惯例在合同品名条款打上了"山东大蒜"。可是在临近交货时,大蒜产地由于自然灾害导致歉收,货源紧张。BR 公司紧急从其他省份征购,最终按时交货。但 KM 公司来电称,所交货物与合同规定不符,要求 BR 公司作出选择,要么提供山东大蒜,要么降价,否则将撤销合同并提出贸易赔偿。试问,KM 公司的要求是否合理?并评述此案。

第二节 货物的品质

【导入案例 4.2】

我国某公司同日本某公司签订出口羊绒衫合同,共计 10 000 件,价值 100 万美元。合同规定羊绒含量为 100%,商标上也标明"100% 羊绒"。当对方检验后,发现羊绒含量不符合合同规定而提出索赔,要求赔偿 200 万美元。最后我方公司赔偿数十万美元结案。

买卖双方产生争议的主要原因在于货物的品质。作为合同的主要条款之一,品质条款一旦订立便成为交易双方交接货物的品质依据。《联合国国际货物销售合同公约》(以下简称为《公约》)规定,卖方所交付的货物必须符合约定的质量,否则买方有权要求损害赔偿,也可要求修理或交付替代货物,甚至拒收货物或撤销合同。因此,卖方在订立品质条款时,应注意内容和文字上的灵活性,力求做到准确、具体。同时也一定要按合同规定交货。

一、货物品质的含义

货物的品质(Quality of Goods),是指货物的内在质量和外观形态的综合。前者包括货物的物理性能、机械性能、生物特征、化学成分等自然属性;后者包括货物的外形、色泽、款式、味觉和嗅觉等。

二、货物品质的表示方法

在国际贸易中,表示货物品质的方法主要分为两大类:以实物表示和以文字说明表示。

(一)以实物表示货物品质

1. 看货买卖(Sales by Actual Quality)
看货买卖是指买卖双方根据成交货物的实际品质进行的交易。
看货买卖要求买方亲临货物存放地点查看货物,一般用于现货交易。在国际贸易中,由于买卖双方相距遥远,所以这种交易方式主要用于寄售、拍卖、展卖等业务中,尤其适用于具有独特性质的商品,如珠宝、首饰、字画、特定工艺制品(牙雕、玉雕、微雕等)。

2. 凭样品买卖(Sales by Sample)

样品是指从一批货物中随机抽取出来的或由生产、使用部门设计、加工出来的,足以反映和代表整批货物质量的少量实物。凡以样品表示货物品质并以此作为交货依据的,称为凭样品买卖。具体可分为:"凭卖方样品买卖"(Sale by Seller's Sample),"凭买方样品买卖"(Sale by Buyer's Sample)。

无论样品由谁提供,一经双方确认便成为交接货物的品质依据,卖方承担货物品质与样品完全一致的责任,这是凭样品买卖的基本特点。为了避免双方在履约过程中产生品质争议,应留存一份或数份复样(Duplicate Sample),必要时还可使用封样(Sealed Sample)。此外,在"凭买方样品买卖"时,为了争取主动、防止日后交货困难,卖方也可选择买方来样复制或选择品质相近的卖方样品,即"回样(Return Sample)"或"对等样品(Counter Sample)"提交买方,在得到其确认后就等于把来样成交转变为凭卖方样品成交。

对于质量稳定、容易掌握的产品,可以采用凭样品成交;而质量不稳定及交货品质无法与样品绝对相同的产品,如木材、煤、矿产品等天然品,则不宜使用凭样品买卖。要注意的是,对于那些必须采用样品成交,而难以做到货样一致或无法保证批量生产时质量稳定的产品,则应在订立合同时规定一些弹性条款,例如,"质量与样品大致相同"(Quality to be about equal to the sample)或"质量与样品近似"(Quality to be similar to the sample)。

(二)以文字说明表示货物品质

1. 凭规格、等级或标准买卖(Sales by Specification)

规格是指用以反映货物品质的主要指标。如:成分、含量、纯度、大小、长短、粗细、容量、性能等。

【例4.2.1】我国出口大豆的规格,水份(最多)15%,含油量(最少)17%,杂质(最多)1%,不完善粒(最多)7%。

2. 凭等级买卖(Sales by Grade)

等级是指同一类货物,按质地的差异或尺寸、形状、重量、成分、构造、效能等的不同,用文字、数字或符号所作的分类。如大、中、小;重、中、轻;一、二、三;甲、乙、丙;A、B、C等。

【例4.2.2】鲜鸡蛋 蛋壳呈浅棕色、清洁、品质新鲜

特级	每枚蛋净重	60～65 克
超级	每枚蛋净重	55～60 克
大级	每枚蛋净重	50～55 克
一级	每枚蛋净重	45～50 克
二级	每枚蛋净重	40～50 克
三级	每枚蛋净重	35～40 克

3. 凭标准买卖(Sales by Specification, Grade or Standard)

标准是规格和等级的标准化。国际贸易中,使用某种标准作为说明和评价货物品质的依

据，称作凭标准买卖。标准一般由标准化组织、政府机关、行业团体、工商组织、商品交易所等制定、公布，并在一定范围内实施。如国际标准化组织 ISO 标准，国际电工委员会（IE）制定的标准等。我们应根据具体情况权衡利弊，采用国际上通行的标准或我国自己规定的标准。

在国际贸易中，有些农副土特水产品的品质变化较大，难以确定统一的标准，一般采用"良好平均品质"和"上好可销品质"来表示。"良好平均品质"（Fair Average Quality, F. A. Q.），是指以装船时在装船地同季节装运货物的平均品质为准。这是在国际市场上买卖农副产品时常见的一种"标准"，采用这种标准表示商品的品质时，一般还需订明该商品的主要规格指标。"上好可销品质"（Good Merchantable Quality, G. M. Q.），是指卖方保证交付的货物品质良好、合乎销售条件，在成交时无须以其他方式证明产品的品质。这种方法比较抽象笼统，在执行中容易引起争执，因此应尽量少用。

【例 4.2.3】 中国桐油，良好平均品质，游离脂肪酸不超过 4%。

4. 凭牌名或商标买卖（Sales by Brand Name or Trade Mark）

牌名是指厂商或销售商给其生产或销售的商品所冠的名称，以便与其他企业的同类产品区别开来；商标则是牌名的图案化，是商品的标志，通常由一个或几个具有特色的单词、字母、数字、图形或图片等组成。质量稳定，信誉良好，并为消费者所熟悉喜爱的产品，可以凭牌名或商标来规定其品质，这种方法称为"凭牌名或商标买卖"。有时买方在熟知卖方产品品质的情况下，常常要求在卖方的产品或包装上使用买方指定的牌名或商标，这就是定牌。

【例 4.2.4】 〔美〕通用雪佛兰；〔德〕宝马等。

5. 凭产地名称买卖（Sales by Name of Origin）

有些地区的产品，尤其是农副产品，工艺独特，在国际上享有盛誉，对于这类产品的销售，可以采用产地名称来表示其独特的品质、信誉。

【例 4.2.5】 "法国香水"（France Perfume）、"庐山云雾茶"等。

6. 凭说明书和图样买卖（Sales by Description and Illustration）

机器、电器、仪表、大型设备、交通工具等技术密集型产品，要规定其名称、商标牌号、型号，介绍该产品的构造、原材料、产品形状、性能、使用方法，附以图样、图片、设计图纸、性能分析表等来完整说明其品质特征。如，在合同中规定"品质和技术数据必须与卖方所提供的产品说明书严格相符"（quality and technical data to be strictly in conformity with the description submitted by the seller）。

三、合同中的品质条款

（一）品质条款的基本内容

在品质条款中，在凭样品买卖时，要列明货物的名称、样品的编号、寄送和确认日期。在凭文字说明买卖时，应明确规定货物的名称、规格、等级、标准、牌名、商标或产地名称等内容。在以图样和说明书表示货物品质时，还应列明图样、说明书的名称和份数等内容。

【例4.2.6】凭规格买卖的品质规定：饲料蚕豆，水分【最高】15%，杂质【最高】2%。

（二）品质机动幅度和品质公差

1. 品质机动幅度

品质机动幅度是指允许卖方所交商品的品质指标在一定幅度内机动掌握。主要适用于农、副、土、特等初级产品。规定品质机动幅度主要有以下几种方法。

（1）规定范围。

【例4.2.7】棉布幅阔35/36"。则布的幅阔只要在35～36英寸的范围内，都算符合要求。

（2）规定极限。对某些货物的品质规格规定上下限，常用词有最大、最多、最高（Maximum或Max）和最小、最少、最低（Minimum或Min）。

【例4.2.8】白糯米：碎粒（最高）25%，杂质（最多）0.2%，水分（最高）15%。

（3）规定上下差异。

【例4.2.9】男式羽绒服外套：填充物为灰鸭绒，含绒量为90%，允许±1%。

2. 品质公差（Quality Tolerance）

品质公差是指工业制成品加工过程中所产生的品质误差。交货品质在品质公差范围内即可认为与合同相符。若无公认的"品质公差"，可规定双方认可的误差。

【例4.2.10】手表：允许每48小时误差一秒；棉布：每匹可有0.1米的误差。

（三）订立品质条款时应注意的问题

第一，应根据不同的产品特点，确定表示商品品质的方法。一般来说，凡能用科学的指标说明质量的商品，则适于凭规格、等级或标准买卖；有些难以规格化和标准化的商品，如工艺品等，则适于凭样品买卖；而某些质量好、有一定特色的名优产品，则适于凭商标或品牌买卖；某些性能复杂的机器或仪器，则适于凭说明书和图样买卖；凡地方风味和特色的产品，则可凭产地名称买卖。

第二，凡能用一种方法表示品质的，就不宜用两种或两种以上的方法来表示。例如，若同时采用既凭样品又凭规格买卖，则卖方交货时，既要与样品一致、也要与规格一致，其实增加了卖方的交货难度。

第三，品质条款应尽量准确具体，避免使用"大约"、"左右"、"合理误差"等笼统字眼。

第四，凡能采用品质机动幅度或品质公差的商品，应订明幅度的上下限或公差的允许值。如所交货物的品质超出了合同规定的幅度或公差，买方有权拒收货物或提出索赔。

【经典案例分析】

瓷器交货后"釉裂"案

我国某进出口公司与美商凭样品成交一批高级瓷器，复验期为60天。货到国外经美商复验后，未提出任何异议；但事隔一年，买方来电称瓷器全部出现了"釉裂"，只能削价出售，因此要求我方按成交价赔偿60%。我方接电话后立即查看了留存的复样，发现其釉下也有裂纹。问：我方该怎么处理？

分析：凭样品成交时，要求货物品质要与样品品质相符。这批瓷器出现"釉裂"由配方本身与加工不当所导致，买方收到货物时无法发现，要经过一段时间后才可显露出来；留存样品出现同样情况，所以我方应承担赔偿责任。

【课堂活动4.2】

汽车配件交货规格出错案

我生产企业向马来西亚出口汽车配件，品名为JF-8303T/L，但生产企业提供了JF-8301T/L，两种产品在外形上非常相似，但却用在不同的车型上，因此客户不能接收，要求我方调换产品或降低价格，我方考虑到退货相当麻烦，费用很高，因此只能降低价格15%了结此案。请分析我方的行为是否妥当？

第三节 货物的数量

【导入案例4.3】

我国某公司在交易会上与外商当面谈妥出口大米10 000公吨，每公吨USD275 FOB大连。但我方公司签约时，只是笼统地写了10 000吨（ton），我方主观上认为合同上的吨就是公吨（Metric ton）。后来，外商来证要求按长吨（Long ton）供货。如果我方照证办理则要多交大米160.5公吨，折合美元为44 137.5美元。于是，双方发生争议。

贸易双方约定的数量是交接货物的数量依据。因此，正确掌握成交数量和订好合同中的数量条款，不仅关系到进出口任务的完成以及对外政策和经营意图的贯彻，也为促进交易的达成和争取有利的价格起到一定作用。

一、数量的确定

货物数量，是指以国际通用或买卖双方约定的度量衡表示的货物的量，如重量、个数、长度、面积、体积、容积等。

（一）国际贸易中常用的度量衡制度

国际贸易中常用的度量衡制度有米制、英制、美制及国际单位制。

米制（The Metric System），又称为公制，它以十进位制为基础，"度量"和"衡"之间有内在的联系，换算比较方便，因此，使用范围不断扩大。

英制（The British System），曾在纺织品等交易中有较大的影响，但由于它不采用十进制，换算很不方便，"度量"和"衡"之间缺乏内在联系，因此，使用范围逐渐减小。

美制（The U. S. System），以英制为基础，多数计量单位的名称与英制相同，但含义有差别，主要体现在重量单位和容量单位中。

国际单位制（The International System of Units，SI），是以米、千克、秒、安培、开尔文、坎德拉、摩尔（1974年增加）为基础，第十一届国际标准计量组织大会（1960年）通过的一套世界通用单位制。它在米制的基础上发展起来，已为越来越多的国家所采用。

我国使用以国际单位制为基础的法定计量单位。

（二）计量单位

1. 重量单位

常用计量单位：千克（Kilogram, or kg）、吨（Ton, or t）、公吨（Metric ton, or m/t）、公担（Quintal, or q）、克（Gram, or gm）、磅（Pound, or lb）、盎司（Ounce, or oz）、长吨（Long Ton, or l/t）、短吨（Short Ton, or s/t）。

2. 个数单位

常用计量单位：只（Piece, or pc.）、件（Package, or pkg）、双（Pair）、台、套、架（Set）、打（Dozen, or doz）、罗（Gross, or gr.）、大罗（Great Gross, or G. gr）、令（Ream, or rm）、卷（Roll, or Coil）、辆（Unit）、头（Head）。有些产品也可按箱（Case）、包（Bale）、桶（Barrel, or Drum）、袋（Bag）等计量。

3. 长度单位

常用计量单位：码（Yard, or yd）、米（Meter, or m）、英尺（Foot, or ft）、厘米（Centimeter, or cm）。

4. 面积单位

常用计量单位：平方码（Square Yard, or Sq. yd）、平方米（Square Meter, or Sq. m）、平方英尺（Square Foot, or Sq. ft）、平方英寸（Square Inch）。

5. 体积单位

常用计量单位：立方码（Cubic Yard, or Cu. yd）、立方米（Cubic Meter, or Cu. m）、立方英尺（Cubic Foot, or Cu. ft）、立方英寸（Cubic Inch）。

6. 容积单位

常用计量单位：公升（Litre, or l）、加仑（Gallon, or gal）、蒲式耳（Bushel, or bu）等。

（三）重量的计量方法

1. 毛重（Gross Weight）

毛重指货物本身的重量加皮重（Tare），即包括包装材料重量的货物重量。在国际贸易中，有些单位价值不高的商品，如散装的大宗低价商品，一般没有包装或有简单包装，但同货物相比重量很少、价值很低，因此在计价时，可以将毛重当作净重计，这种方法称为"以毛作净"（Gross for Net）。例如，红小豆，每公吨300美元，以毛作净。

2. 净重（Net Weight）

净重指毛重减去皮重后的重量，即货物的实际重量。常见的皮重计算方法有：按实际皮重（Real Tare 或 Actual Tare）计算、按平均皮重（Average Tare）计算、按习惯皮重（Customary Tare）计算、按约定皮重（Computed Tare）计算。

《公约》规定：合同中未规定以毛重还是净重计算时，一律按净重计算。

3. 法定重量（Legal Weight）

法定重量指货物和销售包装加在一起的重量。有些国家进口税采用从量征收方法，规定货物重量必须包括直接接触产品的包装材料（如小瓶、小金属盒、纸盒等）在内。

4. 实物净重（Net Weight）

实物净重也称纯净重或净净重，它是指从法定重量中扣除直接接触产品的包装物料后的重量。此重量多为海关征收关税时计算之用。

5. 公量（Conditioned Weight）

公重指先用科学的方法从产品中抽出所含的实际水分，然后加入标准水份而求得的重量。这种计算方法主要用于羊毛、生丝、棉纱、棉花等易吸潮湿，重量不太稳定而经济价值又较高的产品。公量的计算公式如下：

$$公量 = 干量 + 标准含水量 = \frac{实际重量(1+标准回潮率)}{1+实际回潮率}$$

6. 理论重量（Theoretical Weight）

理论重量指对某些固定规格，固定尺寸，重量大致相等的货物，以其单个重量乘其件数（或张数）而推算出来的重量，如马口铁、钢板等。

二、合同中的数量条款

合同中的数量条款主要由成交数量和计量单位两部分构成。成交数量方面，一般应规定数量的机动幅度。按重量成交的货物，一般还应规定计算重量的方法。

合同中的数量条款是买卖双方交接货物的数量依据，卖方必须严格按合同规定的数量交货。但有些商品，如矿砂、化肥、食糖等，由于其本身的特性或因自然条件的影响或受包装和运输工具的限制，实际交货数量往往难以符合合同规定的交货数量。为避免争议，可以订立数量机动幅度条款。只要卖方交货数量在约定的增减范围内，就算按合同规定数量交货，买方不得以交货数量不符为由而拒收货物或提出索赔。常见的做法是规定"溢短装条款"和"约数"。

"溢短装条款"，是指合同数量条款中明确规定可以增减的百分比。例如，5 000公吨，卖方可溢装或短装5%。

"约数"，是指在交易数量前面加上一个"约"、"大约"或"近似"（About，Circa，Approximate）等类似字样。由于"约"量在国际上没有统一标注，容易引起纠纷，所以双方只有在信用证支付方式才可使用。按"UCP600"的解释，"约"可理解为对有关金额或数量或单价有不超过10%的增减幅度。

【小知识】 合同中如未明确规定数量机动幅度，卖方应按合同规定交货；但采用信用证支付且货物不以包或个数单位计量的，按《UCP600》的规定，在不超过信用证金额的前提下，卖方交货的数量允许有5%的增减。

【经典案例分析】

驴肉多装案

我国某粮油食品进出口公司出口一批驴肉到日本。合同规定，该批货物共25吨，装1 500箱，每箱净重16.6千克。如按规定装货，则总重量应为24.9吨，余下100千克可以不再补交。当货物运抵日本港口后，日本海关人员在抽查该批货物时，发现每箱净重不是16.6千克而是20千克，即每箱多装了3.4千克；因此该批货物实际装了30吨。但在所有单据上都注明了24.9吨，议付货款时也按24.9吨计算，等于白送5.1吨驴肉给客户。此外，由于货物单据上的净重与实际重量不符，日本海关还认为我方少报重量有帮助客户逃税的嫌疑，向我方提出意见。经我方解释，才未予深究。但多装5.1吨驴肉，不再退还，也不补付货款。本案说明了什么问题？

分析：世界上许多国家的海关一般对货物进口都实行严格的监管，如进口商申报进口货物的数量与到货数量不符，进口商必然受到询查；如属到货数量超过报关数量，就有走私舞弊之嫌，海关不仅可以扣留或没收货物，还可追究进口商的刑事责任。本案中，由于我方的失误，不仅给自己造成损失还给进口商带来麻烦。

【课堂活动4.3】

A公司与B公司签订了一份50公吨羊毛的出口合同，合同中规定以公量来计算商品的重量，商品的公定回潮率为10%，货物到达目的港后抽样检测所得的实际回潮率是8%。试计算该批商品的公量。

第四节 货物的包装

【导入案例4.4】

我国某贸易公司出口某种化工原料，共500公吨。合同与来证均规定为麻袋装。但我方装船发货时发现麻袋装的货物只够450公吨，剩下的50公吨便以塑料袋装的同样货物充抵。但对方认为我方包装不符合合同规定，遂向我方索赔。我方自知理亏只好认赔。

包装条件是国际货物买卖合同中的一项主要条件。提供约定的或通用的商品包装，是卖方的主要义务之一。因此，为了避免造成索赔、退货等经济损失，进出口业务人员必须认真对待，尽量详尽地制订包装条款并严格履行。

一、包装的概念和意义

包装是货物的盛载物、保护物和宣传物，是货物运动过程中的有机组成部分。包装具有双重含义：一是盛载物；二是买卖合同的一项交易条件，卖方交货未按合同规定包装，则构成违约。导入案例中业务员构成了卖方违约。另外，包装不良（insufficient packing），将产生不清洁提单，影响安全收汇。因此，良好的包装，不仅可以保护商品，而且能起到宣传和美化商品、提高商品身价以吸引顾客的作用，并在一定程度上体现出出口国的科技、文化和艺术水平。

二、包装的种类

根据包装在流通过程中所起的不同作用，我们可以把包装分成运输包装和销售包装两种。

(一) 运输包装

运输包装又称大包装或外包装。主要用于保护货物，便于运输、减少运费、便于计算等。

1. 对运输包装的要求

(1) 必须适应商品的特性。

(2) 必须适应各种不同运输方式的要求。

(3) 必须考虑有关国家的法律规定和客户的要求。

(4) 要便于各环节有关人员进行操作。

(5) 要在保证包装牢固的前提下节省费用。

2. 运输包装的种类

(1) 按包装方式不同，可分为单件运输包装和集合运输包装。前者是指在运输过程中作为一个计件单位的包装，如：箱、桶、袋、包、篓、罐、捆等；后者是指将若干单件运输包装组合成一件大包装，常见有集装袋、集装包、集装箱和托盘等。

(2) 按包装材料不同，可分为纸质包装、金属包装、木制包装、塑料包装、竹、柳、草制品以及玻璃制和陶瓷包装等。

(3) 按包装的质地不同，可分为软性包装、半软性包装和硬性包装。

(4) 按包装程度不同，可分为全部包装和局部包装。

3. 运输包装的标志

运输包装的标志，按其作用不同可分为运输标志、指示性标志和警告性标志等。

(1) 运输标志。俗称"唛头"，通常由一个简单的几何图形和一些字母、数字及简单的文字组成，标示运输过程中的有关要素，方便有关人员在运输过程中辨认货物、核对单证，防止错发错运。

联合国欧洲经济委员会制定的标准运输标志包含四要素。

【例 4.4.1】

ABC Co.	收货人名称缩写或简称
LONDON	目的地
94LAO602	参考号，如合同、发票或运单等号码
CTN/NOS. 1－1500	件号（顺序号和总件数）

(2) 指示性标志。是指在货物的运输包装上，用简单醒目的图形或文字标示人们在仓储、装卸、运输过程中需注意的事项和要求（见图 4.1）。

(3) 警告性标志，是指在装有爆炸品、易燃物品、氧化剂和放射性物质等危险货物的运输包装上用图形或文字表示各种危险品的标志。用来警告人们在装卸、搬运中采取有效措

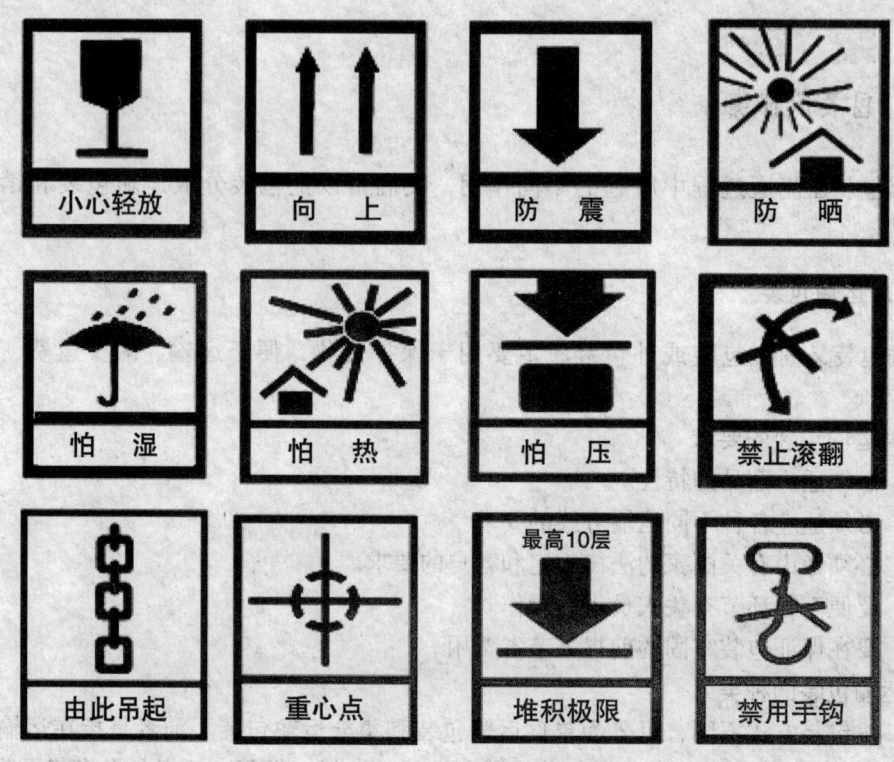

图 4.1　指示性标志

施,保障人身安全(见图 4.2)。

(4) 其他标志

除上述包装标志外,在货物的包装上一般还需刷制每件货物的品名、货号、装箱数量及配比、毛重(Gross Weight)、净重(Net Weight)、包装容器的体积(Measurement)和货物的产地(Made in China)等标志,其中磅、码、产地标志必须刷制。

【例 4.4.2】

Safety Boots	安全靴
Art No. JL608TS	货号：JL608TS
QTY. 12PRS	数量：12 双
G. W. 27KGS	毛重：27 公斤
N. W. 21.6KGS	净重：21.6 公斤
MST. 50×35×78cm	体积：50×35×78 厘米
Made in China	中国制造

(二) 销售包装

1. 对销售包装的要求

销售包装又称内包装,它是直接接触商品并随商品进入零售网点和消费者直接见面的包装。这类包装除必须具有保护商品的功能外,更应具有促销的功能。因此,对销售包装的造型结构、装潢画面和文字说明等方面,都有较高的要求。

图4.2 警告性标志

为了使销售包装适应国际市场的需要,在设计和制作销售包装时,应体现下列要求:(1)便于陈列展售;(2)便于识别商品;(3)便于携带及使用;(4)要有艺术吸引力。

2. 销售包装的种类

根据商品的不同特性和形状,常见的销售包装有下列几种:(1)挂式包装;(2)堆叠式包装;(3)携带式包装;(4)易开包装;(5)喷雾包装;(6)配套包装;(7)礼品包装;(8)复用包装。

3. 销售包装的标识和说明

(1)包装的装潢画面。销售包装的装潢画面要美观大方,富于艺术吸引力,并突出商品的特点,其图案和色彩应适应于有关国家、民族的习惯和爱好。

【小知识】

一些国家对图案及色彩的喜恶情况

国　　家	喜爱的图案	厌恶的图案	国　　家	喜爱的色彩	厌恶的色彩
英国	狗	象、山羊、黑猫	英国	蓝色和白色	红色、墨绿色
法国		黑桃、锤子、	法国	蓝色、粉红色	墨绿色
意大利	动物和鸟类	菊花、十字花图	意大利	绿色	紫色

续表

国　家	喜爱的图案	厌恶的图案	国　家	喜爱的色彩	厌恶的色彩
美国		熊、蝙蝠	瑞典		绿色
日本	鸭子、龟、松竹	荷花、狐狸	日本	黑色	绿色
东南亚国家	象		东南亚国家	绿色	黄色
南美一些国家	猫头鹰		巴西、秘鲁		紫黄色
伊斯兰教国家		猪	北非伊斯兰教国家	绿色	蓝色

（2）文字说明。销售包装上应有必要的文字说明，如商标、品牌、品名、产地、数量、规格、成交、用途和使用方法等。文字说明应与装潢画面紧密结合，以达到宣传与促销的目的。另外，还应注意有关国家标签管理条例的规定。

（3）条形码。货物包装上的条形码（barcode）通常是由一组带有数字的、宽度不等的黑条和白条所组成的平行线图案，它是为了便于计算机利用光电扫描阅读设备识别、采集数据而编制并印刷在商品或其内包装上的一种特殊的代码语言（如图4.3）。这些黑条和白条按照一定的编码规则排列，用以表达一组特定的信息，比如货物的生产国别、地区、生产厂家、品种规格及售价等；只要将条形码对准光电扫描器，计算机就能自动地识别该条形码所标示的有关货物信息。目前，国际上通用的条形码主要有两种：一种是美国、加拿大组成的统一编码委员会编制的 UPC 条码；另一种是由欧盟成立的欧洲编码协会（后改名为"国际物品编码协会"）编制的 EAN 条形码。"中国物品编码协会"成立于 1980 年 12 月，并于 1991 年 4 月代表中国加入"国际物品编码协会"。"国际物品编码协会"分给我国的国别号为"690、691、692"（不包括港、澳、台地区）。此外，我国的书籍代码为"978"，杂志代码为"977"。参见图4.3。

图 4.3　EAN-13 商品条码的符号结构

三、中性包装和定牌生产

（一）中性包装

中性包装（neutral packing）是指在商品和内外包装上不注明生产国别的包装。中性包装有定牌中性和无牌中性之分。定牌中性是指商品和包装上使用买方指定的商标；无牌中性是指在商品和包装上均不使用任何商标或牌名，上述两者均不注明生产国别。

采用中性包装，通常是为了适应交易的特殊需要（如转口销售等），是出口商扩大出口的一种手段。但近年来，中性包装的做法在国际上屡遭非议，因此，如果外商要求对其所购货物采用中性包装，我方必须谨慎从事。

（二）定牌生产

定牌，是指卖方按照买方要求在商品或包装上使用买方指定的商标或牌名的做法，目的在于利用买方的品牌声誉，提高商品售价和销售数量。无牌，是指买方要求在出口货物或包装上免除任何商标或牌名的做法，但需注明生产国别或产地。

在我国出口贸易中，如外商订货量大且要求比较稳定，为了适应买方销售的需要和扩大出口，可酌情接受定牌生产。但在采用定牌生产时，除非另有约定，在我国出口商品或包装上均需标明"中国制造"字样。

四、合同中的包装条款

进出口合同中的包装条款主要包括包装材料、包装方式、包装件数、包装规格、包装标志和包装费用的负担等内容。在订立包装条款时要注意以下几点：

（1）明确规定包装材料、包装方式和包装规格。不宜采用"适合海运包装"、"习惯包装"之类的术语，这些术语含义模糊，容易引起纠纷。

【例 4.4.3】

纸箱装，每箱 24 公斤

In cartons of 24kg each

麻袋装，每袋净重 60 公斤

In gunny bags of 60kg net each

（2）明确包装物料提供与费用负担的相关事项。包装费用一般包括在货价之内；但如果买方需要特殊包装，额外的包装费用应由买方负担。另外，即使由买方承担包装费用，卖方如果包装技术达不到也不能轻易接受，以免引起纠纷。

（3）明确唛头的指定。一般由卖方决定，不必在合同中作具体规定；但如买方要求使用由其指定的唛头，则应在合同中明确规定唛头的具体样式和内容，或规定买方提交唛头样式和内容的时限，以免延误卖方交货。

【经典案例分析】

外销茶叶中文包装案

在荷兰某一超级市场上有黄色竹制罐装的茶叶一批，罐的一面刻有中文"中国茶叶"四字，另一面刻有我国古装仕女图，看上去精致美观，颇具民族特点，但国外消费者少有问津。问其故何在？

分析：问题主要出在销售包装上的文字说明方面。出口商品的销售包装上应有必要的文字说明，如商标、牌名、品名、产地、数量、规格、成分、用途和使用方法等。使用的文字必须简明扼要，并让顾客能看懂，必要时也可中外文同时并用。具体到本案例，当地人除了对仕女图投入一瞥外，不知内装何物。即使消费者知道内装为茶叶，但为红茶抑或绿茶、分量多少、质量如何？还是无从知道。因此，上述包装不便于消费者了解商品，不了解当然谈不上购买。

【课堂活动4.4】

T恤衫定牌中性包装案

2002年足球世界杯期间，日本一进口商为了促销运动饮料，向中国出口商订购了一批T恤衫，要求以红色为底色，并印制"韩日世界杯"字样，此外不需要印制任何标志，以便在世界杯期间作为促销手段随饮料销售赠送现场球迷。合同规定2002年5月20日为最后装运期，我方组织生产后于5月25日将货物按质按量装运出港，并备齐所有单据向银行议付货款。然而货到时因日本队止步于16强，日方估计到可能的积压损失，以单据不符为由拒绝赎单，在多次协商无效的情况下，我方只得将货物运回国内销售以减少损失。但是在货物途经海关时，海关认为由于"韩日世界杯"字样和英文标志的产权由国际足联所有，而我方外贸公司不能出具真实有效的商业使用权证明文件。因此海关以侵犯知识产权为由扣留并销毁了这一批T恤衫。请问海关的处理是否正确？

作 业

一、识记概念

品质、样品、品质机动幅度、品质公差、公量、溢短装条款、运输标志、条形码、中性包装、定牌

二、解答问题

1. 品质的表示方法有哪些？
2. 什么是溢短装条款？它包括哪些内容？
3. 运输包装标志有哪几种？其中运输标志包括哪些内容？

三、实训练习

1. 某公司出口一批脱水菠菜到香港，质量条款规定"水分不超过8%"。若该公司实际交货质量高于或低于该标准，卖方要承担什么责任？
2. 合同规定"About 500t"或"500t 5% more or less at seller's option"条款，对买卖双方

有无区别？为什么？在后一种规定情况下，卖方最多可交多少公吨？最少可交多少公吨？如何计价？

3. 某年我公司出口一批货物到加拿大，计值 80 万美元，合同规定用塑料袋包装，每件要使用英法两种文字的唛头。但我公司实际交货却改用其他材质包装，并仍使用英文的唛头，国外商人为了适应当地市场的销售要求，不得不更换唛头和包装，随后向我方提出索赔。请对此案作出分析。

4. 一挪威客户购买我塑料发夹，但要求改用买方商标，并在包装上不得注明"中国制造"字样，我方可否接受？一旦该货遭买方拒收，我方可否将该批货物直接售给同一地区的其他客户？为什么？

第五章

进出口货物的价格

【导入案例 5.1】

业务员小王向美国客户就童车对外报价如下：CIFC3 纽约 USD120.00/套，数量 20 000 套。美国客户接到报价后认为我方价格比较接近，于是要求我业务人员报出 CIFC5 纽约价，小王核算后报给客户 CIFC5 纽约 USD122.40，客户收到报价后立即表示接受。小王后来一核算，按照他的算法一共损失 2 520 美元。

买卖双方洽谈交易时，最关心的就是成交价格。出口报价关系着买卖双方的切身利益，也是一项综合性很强的工作，是外销人员应当具备的基本技能和业务素质。一个好的报价蕴涵着业务员对作价原则和方法、货币的选择、汇率的折算以及对价格整体核算的深刻领会，作价出错会导致无法避免的损失。因此，为了明确买卖双方各自的责任和风险、费用的归属，解除价格核算中的疑惑，提高经营效益，我们有必要学习本章关于贸易术语和价格核算的有关内容。

第一节 贸易术语

一、贸易术语的含义和作用

贸易术语又称价格术语或交货条件，是指用一个简短的概念或三个字母的缩写来说明价格的构成及买卖双方在货物交接过程中有关手续、费用和风险责任的划分的专门性用语。它是国际贸易中单价的一个重要组成部分。

贸易术语在国际贸易中的作用，表现在：（1）有利于买卖双方洽商交易和订立合同；（2）有利于买卖双方核算价格和成本；（3）有利于买卖双方解决履约当中的争议。

二、有关贸易术语的国际惯例

关于贸易术语方面的国际贸易惯例主要有：

(1)《1932年华沙—牛津规则》，是1932年国际法协会制定的专门解释CIF术语的贸易惯例。

(2)《1941年美国对外贸易定义修订本》，由美国九大商业团体制定，对六种贸易术语做了解释：①Ex（Ex Point of Origin）——产地交货；②FOB（Free on Board）——在运输工具上交货；③FAS（Free Along Side）——在运输工具船边交货；④C&F（Cost and Freight）——成本加运费；⑤CIF（Cost，Insurance and Freight）——成本加保险费、运费；⑥Ex Dock——进口港码头交货。

(3)《2000年国际贸易术语解释通则》，简称《2000通则》，由国际商会于1936年制定，后经6次修改，第6次修改版本于2000年1月1日正式生效。该版本的贸易术语，适应了当代国际贸易中因集装箱运输和电子数据交换方式所带来的重大变革，并具有以下两个特点：①对13种术语做了解释，并按其不同特征归纳为E、F、C、D四组（见表5.1）。②将买卖双方的义务各用10个项目列出，相互对应，标准规范，便于比较检查（见表5.2）。

表5.1　　　　　　　　　　　13种贸易术语简表

组别	术语性质	国际代码	含义（英文）	含义（中文）	交货地点	运输方式
E组	启运术语	EXW	Ex works	工厂交货	商品产地、所在地	任何
F组	（主运费未付）装运术语	FCA	Free Carrier	货交承运人	出口国内地、港口	任何
F组	（主运费未付）装运术语	FAS	Free Alongside Ship	装运港船边交货	装运港口	水运
F组	（主运费未付）装运术语	FOB	Free on Board	装运港船上交货	装运港口	水运
C组	（主运费未付）装运术语	CFR	Cost and Freight	成本+运费	装运港口	水运
C组	（主运费未付）装运术语	CIF	Cost Insurance and Freight	成本+保险费、运费	装运港口	水运
C组	（主运费未付）装运术语	CPT	Carriage Paid to	运费付至	出口国内地、港口	任何
C组	（主运费未付）装运术语	CPT	Carriageand Insurance Paid to	运费+保险费付至	出口国内地、港口	任何
D组	到达术语	DAF	Delivered At Frontier	边境交货	两国边境指定地点	水运
D组	到达术语	DES	Delivered Ex Ship	目的港船上交货	目的港口	水运
D组	到达术语	DEQ	Delivered Ex Quay	目的港码头交货	目的港口	水运
D组	到达术语	DDU	Delivered Duty Unpaid	未完税交货	进口国内	任何
D组	到达术语	DDP	Delivered Duty Paid	完税后交货	进口国内	任何

表5.2　　　　　　　　　买卖双方义务对照表

A 卖方义务	B 买方义务
A1　提供符合合同规定的货物	B1　支付货款
A2　许可证、批准文件及海关手续	B2　许可证、批准文件及海关手续
A3　运输合同与保险合同	B3　运输合同与保险合同
A4　交货	B4　受领货物
A5　风险转移	B5　风险转移
A6　费用划分	B6　费用划分
A7　通知买方	B7　通知卖方
A8　交货凭证、运输单据或电子信息	B8　交货凭证、运输单据或电子信息
A9　检验、包装、标记	B9　货物检验
A10　其他义务	B10　其他义务

各组贸易术语都有其特定的风险和费用划分点。F 组术语的风险划分点与费用划分点是相同的；例如，FOB 术语的风险划分点和费用划分点均在装运港买方指定的轮船船舷。C 组术语的风险划分点与费用划分点则是不同的，即风险划分点在装运地，费用划分点在目的地；例如，CIF 伦敦，风险划分点以货物在装运港有效越过船舷为界，费用划分点则延伸到目的港伦敦。

卖方货物风险的转移一般是以约定的时间和交货地点为特定界限，如果由于买方原因导致风险拖后转移，根据《2000 通则》规定，只要货物已被特定化为合同项下的货物，那么，风险可以提前转移。13 种贸易术语交货地点如图 5.1 所示。

【经典案例分析】

大麦种子运输途中遭虫卵咬坏案

我国某进出口公司和美国 A 公司按 FOB 条件达成一笔出口大麦种子的合同。合同规定大麦种子的发芽率必须在 90%以上。卖方在装船之前对货物进行了检验，结果符合合同的规定。然而，货物到达目的港，买方提货经由指定检验机构进行检验后，却发现大麦种子发芽率不到 60%，于是，买方要求退货并索赔。我进出口公司予以拒绝，其理由是：我方在装船前进行检验，证明所交货物是合格的；买方在目的地检验发现有问题，说明货物品质发生变化是在运输途中发生的，按照国际贸易惯例，在 FOB 条件下，货物在装运港装船时越过船舷，风险就转移，运输途中品质变化的风险转移到买方。双方最终无法达成一致意见，于是将争议提交仲裁，仲裁庭审理时发现，大麦种子包装所用的麻袋上粘有虫卵，正是这些虫卵在运输途中孵化成虫，咬坏了种子胚芽，造成了发芽率降低。但由谁来承担这一责任，买卖双方各执一词。

分析：本案中的我方公司引用国际贸易惯例，以货物越过船舷、风险转给卖方为由拒绝赔偿，其主张是不能成立的。因为货物品质中途发生变化，其损失是由货物包装上的虫卵所造成的。这说明致损的原因在装运前就已经存在，货物发生损失已带有必然性，这属于卖方履约过程中的损失，已经构成卖方违约。虽然根据国际贸易惯例对 FOB 术语的解释，运输途中发生意外事件导致的货物损失应由买方承担，但本案

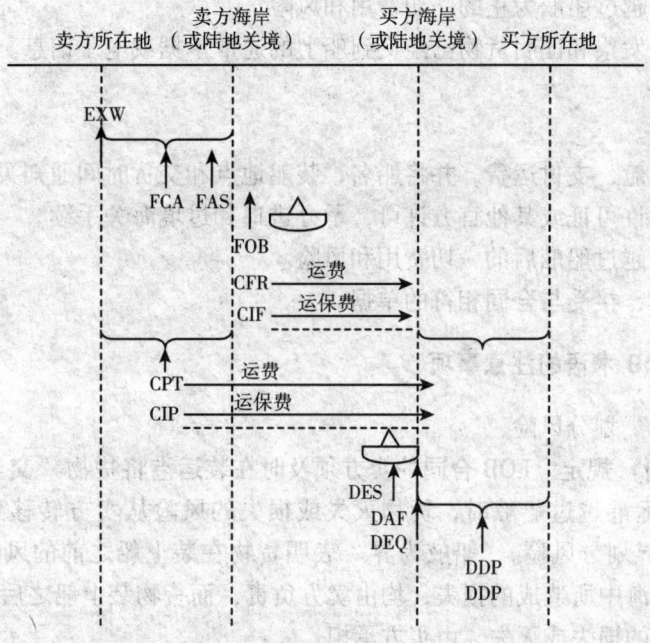

图 5.1　13 种贸易术语交货地点示意图

说明：上述 13 种术语中 FAS、FOB、CIF、CFR、DEQ、DES 专用于海运及内陆河运。DAF 一般为铁路运输。

所说的情况不属于惯例规定的范围，而是由于包装不良所造成的，故我方公司拒赔是没有道理的，它必须承担违约的后果。

【课堂活动 5.1】

什么是贸易术语？有什么作用？

第二节　六种主要贸易术语

一、FOB

FOB 术语的全称是 Free On Board（…named part of shipment），即船上交货（……指定装运港），是指货物在指定的装运港越过船舷，卖方即完成交货。这意味着买方必须从该点起承担货物灭失或损坏的一切风险。本术语只适用于海运和内河运输。根据《2000 通则》，买卖双方的主要义务及其注意事项如下。

（一）买卖双方的义务

1. 卖方的义务

（1）约定期限内，在装运港将货物装上船，并向买方发出交货通知。

（2）取得出口许可证或其他官方许可，承办出口的海关手续。

(3) 负担货物越过船舷为止的一切费用和风险。
(4) 提供商业发票和证明货物已经交到船上的通常单据或电子信息。

2. 买方的义务
(1) 支付价款。
(2) 租船或订舱，支付运费，并将船名、装船地点和交货时间通知买方。
(3) 取得进口许可证或其他官方许可，承办进口和过境海关手续。
(4) 负担货物越过船舷后的一切费用和风险。
(5) 收取货物，接受与合同相符的单据。

（二）采用 FOB 术语的注意事项

1. "船舷为界"划分风险

按《2000 通则》规定，FOB 合同的卖方须及时在装运港将货物"交至船上"或"装上船"。当货物在装运港越过船舷时，货物灭失或损失的风险从卖方转移到买方，即双方以"装运港船舷"为界划分风险。"船舷为界"表明货物在装上船之前的风险，包括在装船时货物跌落在码头或海中所造成的损失，均由卖方负责；而货物装上船之后，包括在起航前和在运输过程中发生的损失或灭失，由买方承担。

【小思考】 一集装箱货物在吊装上船过程中，因吊钩脱落砸落在船舷上后掉入海中。谁应为此损失负责？如掉落在船上呢？

2. 船货衔接

按 FOB 术语成交的合同，卖方应按合同规定的装船期和装运港，将货物装上船。而买方应租船订舱，将船名、装船时间等及时告知卖方，以便卖方备货装船。这就存在船货衔接的问题，若处理不好，势必会影响合同的履行。

3. FOB 术语的变形

按 FOB 术语进行大宗货物买卖，为解决装船费用的负担问题，产生了 FOB 术语的变形，主要有以下几种情况：

① FOB 班轮条件（FOB liner terms），指装船费用如同班轮运输那样，由支付运费的一方（买方）负担。

② FOB 吊钩下交货（FOB under tackle），指卖方将货物置于轮船吊钩所及之处，从货物起吊开始的装船费用由买方负担。

③ FOB 包括理舱（FOB stowed），指卖方负担将货物装入船舱并支付理舱费在内的装船费用。

④ FOB 包括平舱（FOB trimmed），指卖方负担将货物装入船舱并支付平舱费在内的装船费用。

注意：FOB 的上述变形，只是为了说明装船费用的负担问题，并不改变 FOB 交货地点以及风险费用的划分。

4. 美国对 FOB 术语的不同解释

《1941 年美国对外贸易定义修订本》中，装运港船上交货，需在 FOB 和港名之间加上"Vessel"字样，即 FOB Vessel New York，以区别于在出口地点的内陆交货。另外，风险划分的界限在船上而不在船舷；买方办理出口证件并支付税捐和费用，而不是由卖方办理。

二、CIF

CIF 术语的全称是 Cost Insurance and Freight（…named port of destination），即成本、保险费加运费（……指定目的港），是指货物在装运港越过船舷时卖方即完成交货。卖方支付货物运至目的港的运费和必要的费用，但交货后货物的风险及由于各种事件造成的任何额外费用由买方承担。卖方还须办理保险，支付保险费。本术语只适用于海运和内河运输。

（一）买卖双方的义务

1. 卖方的义务
（1）约定期限内，在装运港将货物装上船，并向买方发出通知。
（2）取得出口许可证或其他官方许可，承办货物出口海关手续。
（3）租船或订舱，支付运费。
（4）办理运输保险，支付保险费。
（5）负担货物越过船舷为止的一切费用和风险。
（6）提供商业发票、保险单和运输单据或电子信息。

2. 买方的义务
（1）支付价款。
（2）自办进口许可证或其他官方许可，承办货物进口和从他国过境的海关手续。
（3）负担货物越过船舷后的一切费用和风险。
（4）收取货物，接受与合同相符的单据。

（二）采用 CIF 术语的注意事项

1. 象征性交货

CIF 是一种典型的象征性交货，即卖方凭单交货、买方凭单付款，属于"单据买卖"。只要卖方如期向买方提交了合同规定的全套单据，即使货物在运输途中损坏或灭失，买方也必须履行付款义务。

2. CIF 合同属于"装运合同"

CIF 合同是由货物买卖合同、运输合同和保险合同共同组成。卖方必须自付费用，按照合同规定或通常条件订立运输合同和保险合同，按合同交付货物，并向买方转让提单和保险单。货物装船后可能发生的风险和损失，卖方概不负责（除非能证明实际货损发生在装运前）；如果货物在运输途中发生损坏或灭失，买方可以凭单向船公司或保险公司索赔，卖方可协助办理。

3. CIF 术语的变形

按 CIF 术语进行大宗货物买卖，为解决卸货费用的负担问题，产生了 CIF 术语的变形，主要有以下几种情况：

（1）CIF 班轮条件（CIF liner terms），指卸货费用按班轮条件处理，由支付运费的一方（卖方）负担。

（2）CIF 舱底交货（CIF ex ship's hold），指买方负担将货物从舱底起吊卸到码头的费用。

（3）CIF 吊钩交货（CIF ex tackle），指卖方负担将货物从舱底吊至船边卸离吊钩为止的费用。

（4）CIF 卸到岸上（CIF landed），指卖方负担将货物卸到目的港岸上的费用，包括驳船费和码头费。

4. 习惯做法

实际业务中，FOB、CIF 也常被用于路运和空运。如 CIF 香港（陆运），FOB 上海（机场），CIF 巴黎（机场）。

三、CFR

CFR 术语的全称是 Cost Freight（…named port of destination），即成本加运费（……指定目的港），也称运费在内价，是指货物在装运港越过船舷，卖方即完成交货，卖方必须支付货物运至指定目的港所需的运费和必要的费用。但交货后货物灭失或损坏的风险以及由于各种事件造成的额外费用，则转移到买方。本术语只适用于海运和内河运输。

【小知识】 《2000 通则》指出，CFR 术语是全球广泛接受的"成本加运费"术语的唯一标准代码，不应再使用 C&F（或 C and F，C + F）这种传统的术语。

CFR 与 CIF 的不同之处在于，货运保险由买方办理。卖方装船后应毫不延迟地通知买方，以便买方购买保险。一旦卖方没有及时向买方发出装船通知，致使买方未能投保，由此产生的损失均由卖方承担。

【小思考】 CIF 的卖方比 CFR 的卖方多了些什么责任？

四、FCA

FCA 术语的全称是 Free Carrier（…named place），即货交承运人（……指定地点），是指卖方在规定的时间、地点将货物交给买方指定的承运人，并办理了出口清关手续，即完成交货义务。若卖方在其所在地交货，应负责装货（装上指定的运输工具）；若在其他地点交货，则不负责卸货（卸离自己的运输工具）。该术语适用于各种运输方式，因此有人称之为"复合运输 FOB 条件"。

【小知识】 "承运人"是指在运输合同中，承诺通过铁路、公路、海洋、航空、内河运输或多式联运方式履行运输，或承诺由他人履行运输的任何人。

五、CPT

CPT 术语的全称是 Carriage Paid To（…named place of destination），即运费付至（……指定目的地），是指卖方向其指定的承运人交货，并支付运费、办理出口清关手续。买方承担卖方交货之后的一切风险和其他费用。该术语适用于各种运输方式，因此有人称之为"复合运输 CFR 条件"。

六、CIP

CIP 术语的全称是 Carriage Paid To（…named place of destination），即运费、保险费付至（……指定目的地），是指卖方向其指定的承运人交货，支付货到目的地的运费，办理货物在途中的保险并支付保险费，承办出口清关手续。买方承担卖方交货之后的一切风险和额外费用。该术语适用于各种运输方式。因此有人称之为"复合运输 CIF 条件"。

【比一比】 FCA、CPT、CIP 术语的联系与区别

相同点：1. 适用的运输方式相同，均适用于各种运输方式，包括多式联运。
2. 风险划分均以货交承运人为界。

不同点：具体的责任、费用的承担以及价格构成不同。

FCA 术语：卖方不负责办理运输、保险，不承担相应费用，价格中不包括出口运费、保险费等。

CPT 术语：卖方办理运输并支付运费，价格中包含运费。

CIP 术语：卖方办理运输、保险并支付运费、保险费，价格中包含运费、保险费。

【经典案例分析】

甘草膏装船前遭火烧案

我国内陆某出口公司（所在市地处铁路干线）于 2000 年 2 月向日本出口 30 吨甘草膏，每吨 40 箱共 1 200 箱，每吨售价为 1 800 美元，FOB 天津新港，共 54 000 美元，即期信用证，装运期为 2 月 25 日之前，货物必须装集装箱。该出口公司在天津设有办事处，于是在 2 月上旬便将货物运到天津，由天津办事处负责订箱装船。不料货物在天津存仓后的第三天，仓库午夜着火，是夜风大火烈，抢救不及，1 200 箱甘草膏全部被焚。办事处立即通知内地公司总部并要求尽快补发 30 吨，否则无法按期装船。结果该出口公司因货源不济，只好要求日商将信用证的有效期和装运期各延长 15 天。请分析此案应吸取的教训。

分析：我国进出口企业长期以来不管采用何种运输方式，对外洽谈业务或报盘仍习惯用 FOB、CFR 和 CIF 三种贸易术语。但在滚装、滚卸、集装箱运输的情况下，船舷无实际意义时应提倡尽量改用 FCA、CPT 及 CIP 三种贸易术语，特别是内陆地区的出口。

本案中出口公司所在地正处在铁路交通的干线上，外运公司在该市有集装箱中转站，既可接受拼箱托运也可接受整箱托运。假如当初采用 FCA（该市名称）对外成交，出口公司在当地将 1 200 箱交中转站或自装集装箱后将整箱交中转站，不仅风险转移给买方，而且凭当地承运人（即中转站）签发的货运单据即可在当地银行办理议付结汇。该公司自担风险将货物运往天津，再装集装箱出口，不仅加大了自身风险，而且推迟了结汇。

【课堂活动 5.2】

试总结出 FOB、CIF、CFR 这三种术语之间的联系与区别。

第三节　进出口价格概述

货物的价格，通常是指单位商品的价格，简称单价（unit price）。包括四项内容：货币名

称、单价金额、计量单位、贸易术语。例如，报价 USD1 000.00/doz CIF London，即：USD（货币名称）、1 000.00（单价金额）、doz（计量单位）、CIF London（贸易术语+地点）。

一、作价原则

我国进出口商品的作价原则是，在贯彻平等互利的原则下，根据国际市场价格水平，结合国别（地区）政策，并按照我们的购销意图确定适当的价格。此外，交货期的远近、市场销售习惯和消费者爱好的不同、产品所处生产周期的不同阶段等情况，均对价格的确定产生不同程度的影响。

二、作价方法

1. 固定价格

交易中一般采用固定价格，即在交易磋商过程中，买卖双方将价格确定下来之后，任何一方不得擅自改动。

2. 非固定价格

（1）暂定价格：订立一个初步价格，作为开证和初步付款的依据，双方确定最后价格之后再进行清算，多退少补。

（2）部分固定价格，部分非固定价格：一般是近期交货的采用固定价格，远期交货的采用非固定价格，适用于分期分批交货或长期包销的商品。

（3）具体价格待定：有两种做法，一是规定定价时间和定价方法（如装运月份前50天，参照当地及国际市场价格，确定正式价格）；二是只规定作价时间（如双方在2003年12月4日确定价格）。

（4）订立价格调整条款（price adjustment clause）：是指在合同中规定按照原料价格和工资的变动来计算合同的最后价格，最后价格与初步价格之间的差额不超过约定的范围（如5%），初步价格可不作调整的一种弹性作价方法。这种做法旨在把价格变动风险固定在一定范围之内，适用于加工周期较长的机械设备交易及价格波幅较大的初级产品交易。

三、货物的计价货币

这是指合同中规定的用来计算价格的货币。这些货币可以是出口国或进口国的货币，也可以是第三国的货币，但必须是自由兑换货币。出口贸易中，计价和结汇争取使用硬币（hard currency），即币值稳定或具有一定上浮趋势的货币；进口贸易中，计价和付汇力争使用软币（soft currency），即币值不够稳定且具有下浮趋势的货币。

四、进出口货物的成本核算

1. 出口盈亏率

这是指出口盈亏额与出口总成本的比率。出口盈亏额是指出口销售净收入与出口总成本的差额；净收入大于总成本为盈利；反之为亏损。公式为：

$$出口盈亏率 = \frac{出口销售人民币净收入 - 出口总成本}{出口总成本} \times 100\%$$

其中，出口总成本是指实际成本加上出口前的一切费用和税金，出口销售人民币净收入是指按 FOB 价成交所得的外汇收入按当时牌价折算成的人民币数额。

（1）出口总成本（退税后）= 出口商品采购价格（含增值税）+ 国内定额费用 − 出口退税收入

其中，

$$国内定额费用 = 出口商品采购成本 \times 费用定额率$$
$$出口退税收入 = 出口商品采购成本（含增值税） \div (1 - 增值税税率) \times 退税率$$

（2）出口销售人民币净收入 = 出口销售外汇净收入 × 外汇买入价

其中，

$$出口外汇净收入 = 出口外汇总收入 - 劳务费用（如运费、保险费、佣金等非贸易外汇）$$
$$= FOB 总价$$

【例 5.3.1】某出口公司出口某商品 1 442 250 只，出口总价为 \$71 017FOB 上海。商品进价为 574 980 元人民币（含增值税 17%），费用定额率为 6%，出口退税率为 9%，当时银行的美元买入价为 8.30 元人民币。求该笔业务出口盈亏额和盈亏率。

解：出口盈亏额 =（出口销售外汇净收入 × 外汇买入价）− 出口总成本
    = 71 017 × 8.30 − [574 980 × (1 + 6%) − 574 980 ÷ (1 + 17%) × 9%]
    = 71 017 × 8.30 − 565 249.57
    = 24 191.53（人民币）

出口盈亏率 = 出口盈亏额 ÷ 出口总成本
         = 24 191.53 ÷ 565 249.57 = 4.28%

2. 换汇成本

这是指出口销售净收入 1 单位外汇所需的本币成本。在我国，一般是指出口净收入 1 美元所耗费的人民币成本，即以多少人民币换回 1 美元。换汇成本高于银行的外汇牌价，出口为亏损；反之则为盈利。公式为：

$$换汇成本 = \frac{出口总成本（人民币）}{出口销售外汇净收入（美元）}$$

【例 5.3.2】某公司出口运动鞋 10 000，每双运动鞋购进价为人民币 70 元（含税），出口退税率为 11%，公司定额费用率为 5%，对外出口报价 USD9.68/双 CIF New York，其中运费 4 350 美元，保费 1 100 美元。试计算该笔交易的出口换汇成本。

解：出口换汇成本 = 出口总成本（人民币）/出口销售外汇净收入（美元）
              = 9.68 − 4 350 ÷ 10 000 − 1 100 ÷ 10 000
              = 7.33（元/美元）

3. 进口盈亏率

这是指进口盈亏额与进口总成本的比率。进口盈亏额是指国内销售净收入与进口总成本的差额；净收入大于总成本为盈利；反之为亏损。公式为：

$$进口盈亏率 = \frac{国内销售收入（人民币） - 进口总成本（人民币）}{进口总成本（人民币）} \times 100\%$$

4. 进口每美元赔赚额

这是指企业每进口一美元的商品的获利能力。

$$进口每美元赔赚额 = \frac{国内销售收入（人民币） - 进口总成本（人民币）}{进口商品价格（美元）}$$

【课堂活动 5.3】

某出口公司出口一批商品，国内进货价共 10 000 元人民币，加工费支出 1 500 元人民币，商品流通费是 1 000 元人民币，税金支出为 100 元人民币，该批商品出口销售外汇净收入为 2 000 美元。试计算：（1）该批商品的出口总成本是多少？（2）该批商品的出口销售换汇成本是多少？（3）该批商品的出口销售盈亏率是多少？

第四节　进出口货物价格的核算

一、出口价格核算

（一）出口货物的价格构成

各种贸易术语所代表的价格构成都包括三部分：实际成本、费用和净利润。
（1）实际成本（cost）：指出口货物的采购成本扣除出口退税收入。
（2）费用（expenses/charges）
① 包装费（packing charges），通常包括在进货成本中，如有特殊要求，则须另加。
② 仓储费（warehousing charges），提前采购或另外存仓的费用。
③ 国内运输费（inland transport charges），装货前的内陆运输费用，如卡车、内河运输费、路桥费、过境费及装卸费等。
④ 认证费（certification charges），办理出口许可、配额、产地证及其他证明所支付的费用。
⑤ 港区港杂费（port charges），货物装运前在港区码头支付的费用。
⑥ 商检费（inspection charges），出口商检机构检验货物的费用。
⑦ 捐税（duties and taxes），国家对出口商品征收、代收或退还的有关税费，有出口关税、增值税等。
⑧ 垫款利息（interest），出口商买进卖出期间垫付资金支付的利息。
⑨ 业务费用（operating charges），出口商经营过程中发生的有关费用，也称经营管理费，如通信费、交通费、交际费等。出口商还可根据商品、经营、市场等情况确定一个费用率，这个比率为 5%～15% 不等，一般是在进货成本基础上核定。定额费用 = 进货价 × 费用定额率。

⑩ 银行费用（banking charges），出口商委托银行向外商收取货款、进行资信调查等支出的费用。

⑪ 出口运费（freight charges），出口商支付的海运、陆运、空运及多式联运费用。

⑫ 保险费（insurance premium），出口商购买货运保险或信用保险支付的费用。

⑬ 佣金（commission），出口商向中间商支付的报酬。

其中前10项为国内费用，后3项为国外费用。

（3）利润（expected profit）。

（二）出口货物的价格核算要点

1. 成本核算

我国实行出口退税制度，采取对出口商品中的增值税全额退还或按一定比例退还的做法，即将含税成本中的税收部分按照出口退税比例予以扣除，得出实际成本。

【例5.4.1】某公司出口陶瓷茶杯，每套进货成本人民币90元（包括17%的增值税），退税率为8%，实际成本核算如下：

计算公式：实际成本 = 进货成本 − 退税金额

退税金额 = 进货成本 ÷（1 + 增值税率）× 退税率

$\quad\quad\quad\quad$ = 90 ÷（1 + 17%）× 8% = 6.15 元

实际成本 = 90 − 6.15 = 83.85 元

陶瓷茶杯的实际成本为每套83.85元。

2. 国内费用核算

（1）国内运费。

（2）业务额定费 = 采购成本 × 业务定额费率。

（3）银行费用 = 出口价格 × 银行费用率。

（4）垫款利息 = 采购成本 × 贷款年利率 × 贷款天数。

（5）认证费：各国不尽相同，具体需查表。

（6）商检费：根据报检商品的不同而不同。

3. 国外费用核算

（1）国外运费 = 基本运费 + 附加费。

班轮运输，根据货物是否装入集装箱可以分为件杂货与集装箱货两类：

① 件杂货运费：基本费用 + 附加运费。附加运费一般以基本运费的一定比率计收。

② 集装箱货运费：件杂货基本费率 + 附加费（拼箱）；包箱费率（整箱）。

（2）国外保险费 = CIF总价 ×（1 投保加成率）× 保险费率。

其中，投保加成率一般是10%，保险金额以CIF（或CIP）货价或发票金额为基础计算。

（3）佣金 = 含佣价 × 佣金率。

4. 利润核算

出口方按市场情况和自己的经营意图来确定利润率，比如：10%、15%、20%。

采用利润率核算利润时，一般是以某一成本或某一销售价格为基数。

【例5.4.2】某公司实际成本为人民币180元，利润率为15%，计算价格和利润额：

（1）以实际成本为依据（若已知成本利润率）。

销售价格 = 实际成本 + 利润额 = 实际成本 + 实际成本 × 成本利润率
　　　　 = 180 + 180 × 15% = 207（元）

利润 = 实际成本 × 成本利润率
　　 = 180 × 15% = 27（元）

（2）以销售价格为依据（若已知销售利润率，此种算法常见）：

$$销售价格 = 实际成本 + 利润额 = 实际成本 + 销售价格 × 销售利润率$$

等式两边移项得：

销售价格 − 销售价格 × 利润率 = 实际成本

销售价格 ×（1 − 利润率）= 实际成本

销售价格 = 实际成本 /（1 − 销售利润率）
　　　　 = 180 /（1 − 15%）= 211.77（元）

利润 = 销售价格 × 销售利润率 = 211.77 × 15% = 31.77 元

可见，计算利润的依据不同，销售价格和利润额也不一样。

（三）三种贸易术语的对外报价核算

1. FOB、CFR、CIF 三种贸易术语的价格构成

FOB 价 = 进货成本价 + 国内费用 + 净利润

CFR 价 = 进货成本价 + 国内费用 + 国外运费 + 净利润

CIF 价 = 进货成本价 + 国内费用 + 国外运费 + 国外保险费 + 净利润

【例 5.4.3】中国某外贸公司出口某种商品，进货成本为每台 165 元，出口各项费用共计每台 12.8 元，公司所定的利润率为 10%（以出口成本为基础），对外报出的 FOB 价应为多少美元？（1 美元折 6.8 元人民币）

解：FOB 价 = 进货成本价 + 国内费用 + 净利润
　　　　　= [165 + 12.8 +（165 + 12.8）× 10%] ÷ 6.8 = 28.76（美元）

2. 三种主要贸易术语的价格换算

从以上各种贸易术语的价格构成得知：

CIF 价 = CFR 价 + 国外保险费（I）
　　　 = FOB 价 + 国外运费（F）+ 国外保险费（I）

三种价格之间的换算为：

（1）已知 FOB 价时：

CFR 价 = FOB 价 + 国外运费

CIF 价 = FOB 价 + 国外运费 /（1 − 投保加成 × 保险费率）

（2）已知 CFR 价时：

FOB 价 = CFR 价 − 国外运费

CIF 价 = CFR /（1 − 投保加成 × 保险费率）

（3）已知 CIF 价时：

FOB 价 = CIF 价 ×（1 − 投保加成 × 保险费率）− 国外运费

CFR 价 = CIF 价 × (1 - 投保加成 × 保险费率)

【例 5.4.4】中国某出口商品对外报价为每公吨 1 200 英镑 FOB 黄埔，对方来电要求改报 CIFC5% 伦敦，试求：CIFC5% 伦敦价为多少？（已知保险费率为 1.68%，运费合计为 9.68 英镑/公吨）

解：CIF = FOB 价 + 国外运费/(1 - 投保加成 × 保险费率)
    = (1 200 + 9.68) ÷ (1 - 110% × 1.68%)
    = 1 232.46（英镑）
含佣价 = 净价/(1 - 佣金率)
CIFC5% = 1 232.46 ÷ (1 - 5%)
       = 1 297.33（英镑）

（四）核算出口报价

【例 5.4.5】我国上海某公司收到澳大利亚悉尼某公司来电，求购某种货号的运动服 2 000 套，计一个 20 英尺的集装箱。该运动服的国内购货成本为每套人民币 380 元（含增值税 17%），出口包装为 20 套装 1 纸箱，毛重 16 千克，纸箱尺码是 660cm × 66cm × 57cm，出口包装费用为每箱 30 元，国内运杂费共计 2 000 元，商检报关费共计 800 元，港区港杂费共计 700 元，其他费用共计 1 500 元，该公司向银行贷款的年利率为 8%，预计垫款时间为 6 个月，银行手续费为 0.5%，该商品的出口退税率为 8%，预期利润为报价的 8%，海运运费一个 20 英尺的集装箱的包箱费率为 1 100 美元，客户要求按成交价格加一成投保，保险费率为 0.85%，澳大利亚公司要求在报价中包括给该公司的 3% 的佣金，当时人民币对美元汇率为 8.27:1。试求出每套运动服出口的 FOB、CFR、CIF 价格（用美元报价，计算中的数值要保留到小数点后 4 位，最后报价保留到小数点后 2 位）。

解：
（1）核算成本：
实际进货成本 = 380 - 380 ÷ (1 + 17%) × 8% = 354.0171（元/套）
（2）核算国内费用：
国内费用(套) = 30 ÷ 20 + (2 000 + 800 + 700 + 1 500) ÷ 2 000
             + 380 × 8% × 6 ÷ 12 + 报价 × 0.5%
           = 19.2 + 报价 × 0.5%
（3）核算国外费用：
国外运费 = 1 100 ÷ 2 000 = 0.55
国外保险费 = 报价（CIF 价或 CIF 含佣价）× 110% × 0.85%
佣金 = 报价 × 3%
（4）核算利润：
预期利润 = 报价 × 8%
（5）核算出口报价：
（1）FOBC3 价。
FOBC3 价 = 实际成本 + 国内费用 + 佣金 + 预期利润
        = 354.0171 ÷ 8.27 + 19.2 ÷ 8.27 + FOBC3 价 × 0.5%

$$+ FOBC3 \text{价} \times 3\% + FOBC3 \text{价} \times 8\%$$
$$= 15.129033 + FOBC3 \text{价} \times (0.5\% + 3\% + 8\%)$$

$FOBC3 \text{价} = 15.129033 \div (1 - 0.5\% - 3\% - 8\%)$

≈ 50.99（美元）

（2）CFR C3 价。

$CFR\ C3\ \text{价} = \text{实际成本} + \text{国内费用} + \text{海运运费} + \text{佣金} + \text{预期利润}$
$= 354.0171 \div 8.27 + 19.2 \div 8.27 + CFRC3 \text{价} \times 0.5\%$
$+ 0.55 + CFRC3 \text{价} \times 3\% + CFRC3 \text{价} \times 8\%$
$= 45.679033 + CFR\ C3 \text{价} \times (0.5\% + 3\% + 8\%)$

$CFR\ C3 \text{价} = 45.679033 \div (1 - 0.5\% - 3\% - 8\%)$
≈ 51.61（美元）

（3）CIF C3 价。

$CIF\ C3 \text{价} = \text{实际成本} + \text{国内费用} + \text{海运运费} + \text{保险费} + \text{佣金} + \text{预期利润}$
$= 354.0171 \div 8.27 + 19.2 \div 8.27 + CIF\ C3 \text{价} \times 0.5\% + 0.55 + CIF\ C3 \text{价}$
$\times 110\% \times 0.85\% + CIF\ C3 \text{价} \times 3\% + CIF\ C3 \text{价} \times 8\%$
$= 45.679033 + CIF\ C3 \text{价} \times (0.5\% + 110\% \times 0.85\% + 3\% + 8\%)$

$CIF\ C3 \text{价} = 45.679033 \div (0.5\% + 110\% \times 0.85\% + 3\% + 8\%)$
≈ 52.16（美元）

答：USD50.99 PER SET FOBC3 SHANGHAI.
　　USD51.61 PER SET CFRC3 SYDNEY.
　　USD52.16 PER SET CIFC3 SYDNEY.

二、进口价格核算

（一）确定进口价格

在进口业务中，我国常按 FOB 术语成交。

$$\text{进口价格(FOB)} = \text{国内销售价格} - \text{进口费用} - \text{进口利润}$$

（二）国内销售价格

此条件为已知。

（三）进口费用

$$\text{进口费用} = \text{国外运费} + \text{国外保险费} + \text{进口关税} + \text{进口增值税} + \text{实缴增值税}$$
$$+ \text{银行费用} + \text{垫款利息} + \text{其他进口费用}$$

（1）国外运费 =（基本运费 + 附加费）× 运费吨
（2）国外保险费 = CIF 价 ×（1 + 投保加成率）× 保险费率
（3）进口关税 = 进口关税的完税价格（CIF）× 进口关税率
（4）进口增值税 = 进口增值税的完税价格 × 进口增值税率

(5) 国内增值税 = 国内销售价格 ÷ (1 + 增值税率) × 增值税率 – 进口增值税

(6) 银行费用 = 进口价格 × 银行费用率

(7) 垫款利息 = 进口价格 × 垫款时间 × 垫款利率

(8) 其他进口费用：包括领证费、报关费、报验费、业务定额费、国内运杂费等。

（四）进口利润

由进口方按市场情况和自己的经营意图来定，比如：10%、15%、20%。

（五）核算进口报价

【例5.4.6】我国某公司从德国进口机床20台，国内销售价为8 000元人民币/台，纸箱包装，每箱装1台，每箱毛重400公斤，每箱尺码100cm×120cm×80cm，海运费按尺码吨计。每运费吨货物自装运港至目的港基本运费为100美元，保险按CIF总值加成10%投保，保险费率为1%，银行贷款年利率为5.58%，预计垫款时间为2个月，银行费用为进口成交金额的0.5%，进口关税税率为20%，增值税率为17%，其他进口费用包括领证费、报关费、检验费、业务定额费、国内运杂费等共4 200元人民币，美元卖出价：1美元 = 6.8837元人民币，如果进口方预期利润不低于20%，则进口该机床的FOB汉堡价应为多少（不含消费税，用美元报价）？

解：设所求价格为 X 美元

(1) 核算国内销售价格：

国内销售价格 = 8 000 ÷ 6.8837 = 1 162.1657（美元）

(2) 核算进口费用：

进口费用 = 国外运费 + 国外保险费 + 进口关税 + 进口增值税 + 国内增值税 + 银行费用
　　　　+ 垫款利息 + 其他进口费用

① 国外运费 = 海运运费 × 运费吨
　　　　　 = 100 × (100 × 120 × 80 ÷ 1 000 000)
　　　　　 = 96（美元）

② 国外保险费 = CIR 价 × (1 + 投保加成率) × 保险费率
　　　　　　 = (FOB 价 + 国外运费) ÷ (1 – 投保加成 × 保险费率) × (1 + 投保加成率)
　　　　　　　× 保险费率
　　　　　　 = (X + 96) ÷ (1 – 110% × 1%) × (1 + 10%) × 1%
　　　　　　 = 0.0111X + 1.0677

③ 进口关税 = 进口关税的完税价格（CIF）× 进口关税率
　　　　　 = (FOB + 国外运费) ÷ (1 – 投保加成 × 保险费率) × 进口关税率
　　　　　 = (X + 96) ÷ (1 – 110% × 1%) × 20%
　　　　　 = 0.2022 X + 19.4135

④ 进口增值税 = 进口增值税的完税价格 × 进口增值税率
　　　　　　 = (进口关税的完税价格 + 进口关税) × 进口增值税率
　　　　　　 = [(X + 96) ÷ (1 – 110% × 1%) + 0.2022 X + 19.4135] × 17%
　　　　　　 = 0.2063 X + 19.8018

⑤ 国内增值税 = 国内销售价格 ÷ (1 + 增值税率) × 增值税率 - 进口增值税
　　　　　　 = 8 000 ÷ 6.8837 ÷ (1 + 17%) × 17% - (0.2063 X + 19.8018)
　　　　　　 = 139.0599 - 0.2063 X

⑥ 银行费用 = 进口价格 × 银行费用率
　　　　　 = 0.5% X

⑦ 垫款利息 = 进口价格 × 垫款时间 × 垫款利率
　　　　　 = 60 ÷ 360 × 5.58% X
　　　　　 = 0.93% X

⑧ 其他进口费用 = 4 200 ÷ 6.8837 ÷ 20 = 30.5068

进口费用 = 国外运费 + 国外保险费 + 进口关税 + 进口增值税 + 国内增值税 + 银行费用 + 垫款利息 + 其他进口费用
　　　　 = 96 + 0.0111X + 1.0677 + 0.2022X + 19.4135 + 0.2063X + 19.8018 + 139.0599 - 0.2063X + 0.5%X + 0.93%X + 30.5068
　　　　 = 0.2276 X + 315.8497

(3) 核算进口报价。

进口价格（FOB 汉堡）= 国内销售价格 - 进口费用 - 进口预期利润

即 X = 国内销售价格 - 进口费用 - 进口预期利润

X = 1 162.1657 - (0.22276 X + 315.8497) - 20% X

X = 592.82（美元/台）

答：进口该机床价格为每台 592.82 美元 FOB 汉堡。

【经典案例分析】

出口还价核算案

我广东某贸易公司出口某商品到美国纽约，货物每套装 1 个纸箱，共计 530 箱，装入一个 20 英尺集装箱，从装运港到纽约港的 20 英尺集装箱的包箱费率为 2 050 美元。该公司出口该商品的定额费用率为 6%，进货成本为每套 85 元人民币（含 17% 增值税）；出口退税率为 9%；中间商的佣金为报价的 5%；货运保险按 CIF 价格加一成，保险费率为 0.85%；汇率是 8.25 人民币 = 1 美元。要求：(1) 试按上述资料根据 10% 的预期利润率分别报出 FOB 价和 CIFC5 价；(2) 如果美国客户还价每套 14.50 美元 CIFC5 纽约，那么，①如果我公司要保证 5% 的销售利润，则 CIFC5 的还价应为多少？②如果美国客户坚持按每套 14.50 美元 CIFC5 纽约价格成交，我公司仍坚持 5% 的利润率，则公司的采购价格（含税）应调整至每套多少元人民币？

解答：实际进货成本 = 85 - 85 ÷ (1 + 17%) × 9%
　　　　　　　　　 = 78.46（元/套）

国内费用 = 85 × 6% = 5.1（元/套）

海运运费 = 2 050 ÷ 530 × 8.25 = 3.87 × 8.25 = 31.91（元）

保险费 = CIFC5 价 × 110% × 0.85%

预期利润 = 报价 × 10%

佣金 = 报价 × 5%

（1）① FOB 价 = 实际成本 + 国内费用 + 预期利润
            = （78.46 + 5.1）+ FOB 价 × 10%

得 FOB 价 = 92.84（元）

折成美元：FOB 价 = 92.84 ÷ 8.25 = 11.2533（美元）

② CIFC5 价 = 实际进货成本 + 国内费用 + 运费 + 保险费 + 预期利润 + 佣金
           = 78.46 + 5.1 + 31.91 + CIFC5 × 110% × 0.85%
             + CIFC5 × 10% + CIFC5 × 5%
           ≈ 137.358（元）

折成美元：CIFC5 价 = 137.358 / 8.25 ≈ 16.65（美元）

（2）① 要保证 5% 的销售利润率，还价情况为：

CIFC5 价 = 实际成本 + 国内费用 + 保险费 + 运费 + 佣金 + 预期利润
        = 78.46 + 5.1 + 31.91 + CIFC5 价 × 110% × 0.85%
          + CIFC5 价 × 5% + CIFC5 价 × 5%

得 CIFC5 价 = 129.61

折成美元：CIFC5 价 = 129.61/8.25 ≈ 15.71（美元）

② 要保持 5% 的销售利润率，国内采购价格（含税）即进货成本应为：

采购价格（含税）= 销售收入 - 国内费用 - 运费 - 保险费
               - 销售利润 - 佣金 + 退税收入
             = 14.50 × 8.25 - 5.1 - 31.91 - 14.50 × 8.25 × （110% × 0.85%
               + 5% + 5%）+ 采购价格 ÷ （1 + 17%）× 9%

整理得：采购价格 = 69.534 ÷ 0.9231 = 75.3266（元）

（即需在原进货成本基础上降价：85 - 75.3266 = 9.6734 元）

【课堂活动 5.4】

某出口公司报某商品每件 USD 90/PC CIF Hamburg，客户要求改报 CFRF5 Hamburg。请问出口方应报价格为多少？（假设保险费率为 0.8%，加一成投保一切险）

第五节 佣金和折扣

一、佣金

（一）佣金的含义

佣金（Commission）是指中间商为买卖双方介绍交易而收取的报酬。一般在 1%~5% 之间。

（二）佣金的表示

凡成交价格中含有需支付给中间商的佣金的价格，即为含佣价。不含佣金的价格称为净价（Net Price）。佣金有明佣和暗佣之分。国外一些中间商或买主，为了赚取"双头佣"

（从买卖双方中赚取佣金），或为了达到逃税或逃汇的目的，往往提出"暗佣"。佣金的规定方法如下：

1. 规定佣金率（此种做法常见）

表示方法一：文字。

例如：每公吨 1 000 美元 CIF 香港包括佣金 3%。

US $ 1 000 per metric ton CIF Hong Kong including 3% commission.

表示方法二：在贸易术语后加注佣金的英文字母缩写"C"和佣金的百分比。

例如：每公吨 1 000 美元 CIFC3% 香港。

US $ 1 000 per metric ton CIFC3% Hong Kong.

2. 以绝对数表示佣金

例如：每公吨支付佣金 30 美元。

Per metric ton including US $ 30 commission.

（三）佣金的计算

佣金的相关计算公式如下：

单位货物佣金额 = 含佣价 × 佣金率

净价 = 含佣价 − 单位货物佣金额
　　 = 含佣价 × (1 − 佣金率)

含佣价 = 净价/1 − 佣金率

【例 5.5.1】 某公司出口红糖 200 公吨，每公吨 USD450CIFC2% 利物浦，货物装船后，公司财会部门根据合同规定将 2% 佣金汇给中间商，试求：应付的佣金为多少？

解：应付的总佣金额 = 含佣价 × 佣金率 × 数量 = 450 × 2% × 200 = 1 800（美元）

（四）佣金的支付

1. 出口企业收到全部货款后将佣金另行支付给中间商或代理商。
2. 中间商在付款时直接从货价中扣除佣金。
3. 有的中间商要求出口企业在交易达成后就支付佣金，但这种做法不能保证交易的顺利履行，一般不宜接受。

二、折扣

折扣（Discount，Rebate，Allowance）是指卖方给予买方的一定比例的价格减让，即在原价的基础上给予适当的优惠。在实际业务中卖方会根据具体情况，针对不同客户，灵活运用各种折扣方式，如数量折扣、质量折扣等。

（一）折扣的规定方法

1. 规定折扣率。

表示方法一：文字。

例如：每公吨 3 000 美元 CIF 香港折扣 3%。

US $3 000 per metric ton CIF Hong Kong including 3% discount.
或写成：US $3 000 per metric ton CIF Hong Kong less 3% discount.
表示方法二：在贸易术语后加注折扣的英文字母缩写"D"和折扣的百分比。
例如：每公吨3 000美元CIFD3%香港。
US $3 000 per metric ton CIFD3% Hong Kong.

2. 用绝对数表示折扣
例如：每公吨折扣20美元。
Per metric ton US $20 discount.

（二）折扣的计算与支付方法

折扣通常是以成交额或发票金额为基础计算出来的。相关的计算公式如下：

$$单位货物折扣额 = 原价（或含折扣价） \times 折扣率$$
$$卖方实际净收入 = 原价（含折扣价） - 折扣额$$

折扣一般可在卖方支付货款时预先扣除。若是暗扣，在合同中不表示出来，而按双方私下达成的协议，由卖方另行支付给买方。

【例5.5.2】 某外贸公司出口某商品，报价每公吨1 000美元CIF纽约，折扣2%，请问单位货物折扣额和卖方实际净收入分别是多少？

解：单位货物折扣额 = 1 000 × 2% = 20（美元）
卖方实际净收入 = 1 000 × (1 - 2%) = 980（美元）

【课堂活动5.5】
加拿大某百货公司委托香港一中间商向我某公司采购一批文具，谈妥佣金率为2%，我公司最初报价总额为56 000美元，因市场竞争较为激烈，为保持我方在该市场的占有率，最后同意在原报价的基础上给予特别折扣3%，请问加拿大客商应支付给港商佣金多少美元？

第六节 合同中的价格条款

一、价格条款的主要内容

进出口合同中的价格条款，一般包括单价和总值两项基本内容。总值是合同数量和单价的乘积。例如：每打500欧元CIF汉堡（EUR500 per dozen CIF Humberg），总值50万欧元（SAY EURO DOLLARS FIVE HUNDRED THOUSAND ONLY）。

二、制定价格条款的注意事项

（1）合理确定商品的单价，防止偏高或偏低。
（2）根据经营意图和实际情况，在权衡利弊基础上选择适当的贸易术语。

（3）争取选择有利的计价货币，以免遭受币值变动带来的风险；若采用对我方不利的计价货币，应争取订立外汇保值条款。

（4）灵活运用各种不同的作价方法，避免价格变动的风险。

（5）参照国际贸易的习惯做法，注意佣金和折扣的运用。

（6）若货物品质和数量约定有一定的机动幅度，那么对机动部分的作价也应作出规定。

（7）若包装材料和包装费用需另行计算，则对其计价方法也应作出相应规定。

（8）单价中涉及的计价单位、计价货币、装卸地名称等必须书写正确、清晰，便于合同履行。

作　业

一、识记概念

贸易术语、CIF、象征性交货、换汇成本、佣金

二、解答问题

1. 合同中的单价应包括哪几个部分？试举例说明。
2. CIF 术语与 DES 术语有何区别？
3. 购货成本和实际成本的关系是什么？
4. 出口总成本指什么？出口销售净收入指什么？出口经济效益的分析指标有哪些？
5. 我国某出口公司就钢材出口对外发盘，每公吨2 500美元 FOB 广州黄埔，现外商要求我方将价格改为 CIF 伦敦。请问：（1）我出口公司对价格应如何调整？（2）如果最后按 CIF 伦敦条件签订合同，与 FOB 条件相比，买卖双方在所承担的责任、费用和风险方面有何不同？

三、实训练习

（一）计算题

1. 下列我方出口报价如有问题，请用英文予以更正。

（1）每码3.5元 CIFC 香港。

（2）每箱100英镑 CFR 英国。

（3）每打6美元 FOB 纽约。

（4）每双18瑞士法郎 FOB 净价减1%折扣。

（5）2 000日元 CIF 大连包括3%佣金。

2. 某公司出口350件服装到美国洛杉矶，成交价格每件125美元CIF洛杉矶，如价格为净价、5%含佣价或5%折扣价，请填制下表。

Quantity 数量	Unit price 单价	Amount 总值	备注
350 pieces（件）	CIF Los Angeles	USD	净价
350 pieces（件）	CIFC5 Los Angeles	USD	含5%佣金时
350 pieces（件）	CIFD5 Los Angeles	USD	含5%折扣时

3. 参看本章导入案例，请帮小王向美国客户报出正确的CIFC5纽约价。

4. 佳丽进出口公司向孟加拉国Soul Brown Co.出口货号为AQL186的高级海藻香皂，每块进货成本是9.30元人民币（含17%增值税，退税率9%），纸箱包装，数量450件，每件装72块，外箱体积36cm×27.5cm×28cm，毛重12.5kg，净重10.8kg，交货日期1996年6月底之前，L/C支付，起运港梧州，成交条件CFR吉大港USD1.10/块，海运费2 800美元，定额费用率为进货成本的6.2%。美元兑人民币汇率1:8.30。请根据上述资料计算：①实际成本；②退税金额；③费用总额（包括海运费）；④利润；⑤换汇成本。

（二）案例分析题

1. 我方用CFR术语出口一批货物到非洲的吉布提，装船后我公司业务员因疏忽，未将装船通知告知买方，导致买方未及时投保，而货物在运输途中遭受意外事故全部灭失。请问：谁将承担损失的责任？为什么？

2. 我方以FCA术语从意大利进口布料一批，双方约定最迟的装运期为4月12日，由于我方业务员的疏忽，导致意大利出口商在4月15日才将货物交给我方指定的承运人。当我方收到货物之后，发现部分货物有水渍，据查是因为货物交承运人前两天被大雨淋湿所致。据此，我方向意大利出口商提出索赔，但遭到拒绝。请问：我方的索赔是否有理？为什么？

3. 我国某出口公司与外商按CIF成交一批出口货物，货物在合同规定的时间和装运港装船。受载船只在航运途中触礁沉没。当我公司凭提单、保险单、发票等单据要求国外进口商支付货款时，进口方以货物已全部损失、不能得到货物为由，拒绝接受单据和付款。请分析出口方有无权利凭规定的单据要求进口方付款。

4. 某出口公司按CIF伦敦向英商出售一批核桃仁，由于该商品季节性较强，双方在合同中规定：买方须于9月底前将信用证开到，卖方保证运货船只不迟于12月2日驶抵目的港。如货轮迟于12月2日抵达目的港，买方有权取消合同；如货款已收，卖方必须将货款退还买方。请问这一份合同的性质是否属于CIF合同？

5. 2003年1月份我国某进口商与东南亚某国以CIF条件签订合同进口香米。由于考虑到海上运输距离较近，且运输时间段海上一般风平浪静，于是卖方在没有办理海上货运保险的情况下将货物运至我国某一目的港。适逢国内香米价格下跌，我国进口商便以出口方没有办理货运保险、卖方提交的单据不全为由，拒收货物和拒付货款。请问我方的要求是否合理，并说明理由。

第六章

国际货物运输

第一节 海洋运输方式

【导入案例6.1】

中国某公司与南美商人按CIF条件达成一笔芝麻酥糖的交易,我方在规定时间内将货物装上直驶目的港的班轮,由于货轮陈旧,船速太慢且沿途到处揽活,结果航行了4个月才到达目的港。芝麻酥糖因受热时间过长,全部软化,难以销售,南美商人就此向我方提出索赔。

国际货物运输是一笔交易能否顺利完成的关键所在。它具有面广、线长、中间环节多、空间距离大、涉及部门多、情况复杂等特点。因此,买卖双方应极力寻求适合自身货运要求的方式,避免自身利益受损。

一、海洋运输的特点

海洋约占地球总面积的71%,国际贸易中2/3以上的货物要通过海上运输。因此,海运是国际贸易中的主要运输方式。其特点为:运量大、通过能力大、运费低廉、对货物的适应性较强等。但海运也存在不足之处,例如,速度较慢、风险大、易受自然条件影响、航期不易掌握等。

【资料卡】 海运当事人主要有承运人、托运人和货运代理。其中,货运代理是指接受货主或者承运人的委托,在授权范围内以委托人名义或以代理人身份,办理货物运输事宜的人。受货主委托的代理人称"货代",受承运人委托的代理人称"船代"。船代有权签发提单。

二、海洋运输的种类

海洋运输按照船舶经营方式的不同,可分为班轮运输和租船运输两种。

(一) 班轮运输 (Liner Transport)

1. 班轮运输的含义和特点

班轮运输又称定期船运输，是指船舶在特定的航线上和固定的港口之间按事先公布的船期表和运费率往返航行，从事客货运输业务的一种运输方式。

特点：

(1) "四固定"，即固定的船期表、固定的航线、固定的港口和相对固定的运费率。

(2) 管装管卸，即由船方负责配载装卸，运费中包括装卸费，船货双方也不计算滞期费和速遣费。

(3) 船货双方的权利、义务与责任豁免，以船方签发的提单条款为依据。

(4) 承运货物的品种、数量比较灵活，多适用于件杂货物的运输。

2. 班轮运费的计收标准

班轮运费的计收标准通常按不同商品分为以下几种：

(1) 按货物的毛重（或重量吨）计收，称为重量吨。运价表中用"W"表示，适于价值不高、量大的钢材、电焊条等。

(2) 按货物的体积（尺码吨）计收，运价表中用"M"表示，适于价值不高、量轻、体积较大的棉花、家具等。

(3) 按货物价格计收，称为从价运费，运价表中用"A.V."或"Ad. Val."表示，适于黄金白银、精密仪器等贵重商品。

(4) 按重量吨或尺码吨或价格，由船公司选择两种或三种中收费较高的一种作为计费标准，运价表中用"W/M"或"W/M or A.V."表示。

(5) 按货物的件数计收，一般只对包装和体积固定、包装内的数量和重量固定的货物计收。

(6) 按议价计收，货主和船公司临时决定，适于粮食、豆类、矿石、煤炭等运量大、货价低、装卸速度快的农副产品和矿产品。

(7) 按起码运费计收，凡不足 1 运费吨的货物，均按该航线上的一级货收取运费，称为起码运费。

3. 班轮运费的计算

班轮运费由基本运费和附加费构成。附加费一般包括超长附加费、超重附加费、选择卸货港附加费、转船附加费和直航附加费等。计算班轮运费的公式为：

运费 = 基本运费 + 附加运费 = 基本运费 × (1 + 附加费率) × 运费吨

【例 6.1.1】从我国大连运往某港口一批货物，计收运费标准为 W/M，共 200 箱，每箱毛重 25 公斤，每箱体积长 49 厘米，宽 32 厘米，高 19 厘米，基本运费率为每运费吨 60 美元，特殊燃油附加费率为 5%，港口拥挤费为 10%，试计算 200 箱货物应付多少运费？

解：W = 25 公斤 = 0.025 运费吨

M = 0.49 × 0.32 × 0.19 = 0.029792 运费吨

因为 M > W，所以采用 M 计算。

运费 = 基本运费 × (1 + 附加费率) × 运费吨

= 60 × (1 + 5% + 10%) × (200 × 0.029792 m^3)

$= 60 \times 115\% \times 5.9584$

$= 411$（美元）

（二）租船运输（Shipping by Chartering）

1. 租船运输的定义和特点

租船运输又称为不定期运输，是指租船人向船东或二船东租赁船舶用于货物运输的业务。特点为：

（1）无预定的航线、港口、船期表。

（2）运价、租金及装卸费用不固定，由船舶所有人和承租人双方签订租船合同确定。

（3）适于运输数量较大的大宗初级产品，如粮食、油料、工业原料等。

2. 租船的方式

（1）定程租船（Voyage Charter）：又称为航次租船，是指船舶所有人将船舶出租给承租人，供其在指定港口之间进行一个或数个航次运输的一种租船运输。

（2）定期租船（Time Charter）：是指船舶所有人将船舶出租给承租人，供其使用一定时期的一种租船运输。

此外，在实践中，近年出现了一种新的租船方式，即航次期租（Time Charter on Voyage Charter，TCV）。这是一种以完成一个航次运输为目的，按完成航次的日数和约定的日租金率计算租金的租船方式。其租船期限以一个航次为限，但租金计算的方法和费用分担关系却类似于定期租船。

3. 租船注意事项

（1）租船前须了解贸易合同中的有关条件，做到租船条款与贸易条款相互衔接。

（2）了解装卸港泊位的水深、候泊时间（拥挤情况）、港口的作业时间（是三班还是五班，5天还是6天）、港口费用和习惯等。

（3）选择船龄较小、质量较好的船，一般不要租超过15年船龄的船。

（4）须考虑船东的信誉和财务情况。

（5）须了解船运行市，利用船东之间、代理商之间、不同船型之间的矛盾，争取更为有利的价格成交。

【课堂活动6.1】

讨论并归纳出程租和期租的主要区别。

第二节 其他运输方式

【导入案例6.2】

5 000箱日用陶瓷杯从淄博出口到俄罗斯。在确定运输方式时产生了一个问题：该笔交易是走铁路运输还是走海运，或是国际多式联运比较好？

出口商不仅要按时、按质、按量将货物装运出口，同时还应选择恰当的运输方式和路线，将货物安全、迅速、准确、节省地运送到另一个国家。

一、铁路运输

铁路运输是指利用铁路进行进出口货物运输的一种方式，货运量仅次于海洋运输方式。特点为：不受气候影响、运量大；速度快、风险小；手续简单。

铁路运输按营运方式不同，分为国内铁路运输和国际铁路联运两种。

1. 国内铁路运输

国内铁路运输是指仅在本国范围内按《国内铁路货物运输规程》的规定办理的货物运输。我国出口货物经铁路运至港口装船及进口货物卸船后经铁路运往各地，均属国内铁路运输的范畴。

2. 国际铁路联运

国际铁路联运是指使用一份统一的国际联运票据，由铁路部门负责经过两国或两国以上铁路的全程运送，并由一国铁路向另一国移交货物时，无须发货人和收货人参加的运输。

参加国际铁路联运的国家主要分两个集团：一个是以英、法、德等32个国家组成并签订有《国际铁路货物运送公约》的"货约"集团；另一个是以苏联为首的12个国家组成并签订有《国际铁路货物联运协定》的"货协"国家。

我国办理国际铁路联运的承运人和总代理是中国对外贸易运输公司（外运）。

铁路运单是承运人或其代理签发的货运单据，但不是物权凭证，只可凭此向银行办理结汇。

二、航空运输

航空运输是一种现代化的运输方式，特点为：运输速度快，货运质量高，不受地面条件限制，运量小且运费高，适合运送急需物资、鲜活商品、精密仪器和贵重商品等。

航空运输按不同的需要，主要分为班机运输、包机运输、集中托运和急件专递等。我国办理航空货物托运的代理是中国对外贸易运输公司当地分公司。

航空运单是承运人或其代理签发的货运单据，但不是物权凭证，只可凭此向银行办理结汇。

三、公路、内河、邮包和管道运输

（一）公路运输

公路运输是一种现代化运输方式，它具有机动灵活、速度快、方便等特点，但载货量有限，运输成本高，易造成货损事故。

（二）内河运输

内河运输是水上运输的重要组成部分，具有投资少、运量大、成本低的特点。

（三）邮包运输

邮包运输是一种较为简便的运输方式，手续简单、费用不高。包括普通邮包和航空邮包两种。

【小知识】 国际邮包运输，对邮包的重量和体积均有限制，如每个包裹重量不得超过 20 千克，长度不得超过一公尺。因此，邮包运输只适于量轻、体小的货物，如精密仪器、机器零部件、药品、金银首饰、样品等零星物品。

（四）管道运输

管道运输是一种特殊的运输方式，具有固定投资大、建成后成本低的特点，主要适于运送石油、天然气等液体和气体货物。

四、集装箱运输

1. 特点和种类

集装箱（Container）是用钢、铅、胶合板、玻璃钢或这些材料混合制成的容器，是货物运输的一种辅助设备，又称"货柜"或"货箱"。集装箱运输，是指将一定数量的单件货物装入集装箱内，作为一个运输单位所进行的运输。集装箱具有坚固、密封和可反复使用的特点，因此集装箱运输具有可露天存放、节省仓库、节省货物的包装费用、减少货损货差、提高装卸效率、实现门到门运输、缩短运输时间、节约运费等诸多优点，特别适用于海洋运输、铁路运输和国际多式联运，也促进了国际多式联运的发展。

为了适应装载不同货物的需要，集装箱被设计成各种不同的类型，如干货集装箱、冷藏集装箱、挂式集装箱、开盖集装箱、框架集装箱、牲畜集装箱、罐状集装箱和平台集装箱等。国际标准化组织为了统一集装箱规格，推荐 13 种规格的集装箱，其中，20 英尺、40 英尺和 HC（High Cube）的集装箱使用最为普遍。

2. 运输机构和装箱方式

集装箱的运输方式有堆场和货运站两类。堆场（container yard, CY）是指专门用来保管和堆放集装箱（重箱和空箱）的场所，是整箱货（full container load, FCL）办理交接的地方，一般设在港口的装卸区内。集装箱货运站（container freight station, CFS）又叫中转站或拼装货站，是指拼箱货（less container load, LCL）办理交接的地方，一般设在港口、车站附近或内陆城市交通方便的场所。

集装箱货物的装箱方式有整箱（full container load, FCL）和拼箱（less container load, LCL）两种。整箱货（FCL）是指在海关的监督下，货方负责装拆箱的货物（可在货主仓库或集装箱堆场交货）。拼箱货（LCL）是指由承运人负责装拆箱的任何数量的货物（在集装箱货运站交货）。

3. 装箱、交接方式

集装箱运输货物的交接方式主要有四种（四种九类）：

(1) 整箱交/整箱收（FCL/FCL），适用于 CY – CY, Door – Door, CY – Door, Door – CY。

(2) 整箱交/拆箱收（FCL/LCL），适用于 CY – CFS, Door – CFS。

(3) 拼箱交/整箱收（LCL/FCL），适用于 CFS – CY, CFS – Door。

(4) 拼箱交/拆箱收（LCL/LCL），适用于 CFS – CFS（很少使用）。

其中，CY – Door、Door – Door 和 CFS – Door，由于目的港至收货人仓库这段路运费很难掌握，故以不接受为好。

4. 计费方法及运输单据

集装箱运费包括内陆运费、拼箱费、堆场服务费、海运运费、集装箱及其设备使用费等。集装箱运费计收方法主要有两种：以每运费吨（freight ton）为计算单位（按件杂货基本率加附加费）；以每个集装箱为计费单位（按包箱费率）。

目前，在实际业务中，在海上集装箱运输方式下，由承运人或其代理人签发"海运提单"或"联合运输提单"，作为向银行结汇的单据。

五、联合运输

（一）国际多式联运

国际多式联运（International Multimodal Transport）是指在集装箱运输的基础上产生和发展起来的一种国际间综合性的连贯运输方式，它是以集装箱为媒介，把海陆空等各种单一的运输方式有机地结合起来，组成一种国际间的连贯运输。根据《联合国国际货物多式联运公约》，进行国际多式联运需具备下列几个条件：

（1）必须有一份多式联运合同。
（2）必须使用一份包括全程的多式联运单据。
（3）必须至少是两种不同运输方式的连贯运输。
（4）必须是国际间的货物运输，且由一个联运经营人对全程运输负责。
（5）必须是全程单一的运费费率。

【小知识】 开展国际多式联运是实现"门到门"运输的有效途径，它简化了手续，减少了中间环节，加快了货运速度，降低了运输成本，并最终提高了货运质量。

（二）大陆桥运输

大陆桥运输是指以横贯大陆的铁路、公路作为中间桥梁，把大陆两端的海洋运输连接起来的一种集装箱连贯运输方式。目前主要有西伯利亚大陆桥（霍德卡和东方港—莫斯科）、欧亚大陆桥（中国连云港—荷兰鹿特丹）、北美大陆桥（西雅图兰—巴尔的摩）、加拿大大陆桥（温哥华—魁北克）共四条大陆桥运输线（见图6.1和图6.2）。

图6.1 荷兰鹿特丹港

图6.2 西伯利亚铁路运货车厢

【经典案例分析】

多式联运遭不当拒付案

我国某出口企业收到的一份信用证规定:"装运自重庆运至汉堡。多式联运单据可接受。禁止转运"。受益人经审核认为信用证内容与买卖合同相符,遂按照信用证规定委托重庆外运公司如期在重庆装上火车经上海改装轮船运至汉堡。由重庆外运公司于装车当日签发多式联运单据。议付行审单认可后即将单据寄开证行索偿。开证行提出单证不符,拒绝付款,理由:(1)运输单据上表示的船名有"预期"字样,但无实际装船日期和船名的批注;(2)信用证规定禁止转运,而单据却表示"将转运"。试对此进行评析。

分析:两条拒付理由都不成立。对于拒付理由(1),因本案中采用的是多式联运,所以不需要提交已装船提单。对于拒付理由(2),根据《UCP600》的规定,即使信用证禁止转运,对于注明将发生转运的单据银行仍将接受,只要提单证实有关货物已由集装箱、拖车及/或子母船运输,并且同一提单包括全程运输。所以拒付理由(2)也不成立。

【课堂活动6.2】

分组讨论:不同运输方式中所送银行办理议付的运输凭证及签发人有哪些?

第三节 海运提单

【导入案例6.3】

我国A公司向荷兰B公司出售一批纸箱装货物,以FOB条件成交,目的港为鹿特丹,由B公司租用H远洋运输公司的货轮承运该批货物。同年6月15日,在青岛装船。船方接货时,发现28箱货物外表有不同程度破碎,大副在收货单上注明"该批货物28箱外表破碎"字样。船方正准备将其标注在提单之上,A公司向船方解释说,买方是老客户,不会因一点儿包装问题而索赔,不让将此不良批注转注提单上,并向船方提交保函:"若收货人以包装为由向承运人索赔时,由我方承担责任。"于是,船方签发了清洁提单。该船起航不久,接到B公司指示,要求将卸货港改为法国马赛港,收获人变更为法国的G公司。一个月后货到马赛,G公司发现40箱货物包装破碎,内部不同程度损坏。于是,以清洁提单与货物不符为由向承运人索赔。后经裁定,承运人向G公司赔偿了30多万美元。此后,承运人凭保函向卖方A公司要求偿还30多万美元的损失,但A公司以装船时仅有28箱包装破碎为由,拒绝赔偿余下的十几箱货物损失,于是承运人(船方)与卖方发生了争执。

上述案例中,卖方出具保函换取清洁提单,导致船货双方产生纠纷,这说明,该案中的卖方和船方,都对提单基本性质认识不清。因此,为了解决这些问题,避免发生贸易纠纷或经济损失,有关当事人方就必须掌握货运单据的性质和作用,通晓具体货运方式的操作程序。

一、海运提单的性质和作用

海运提单是指船方或其代理人在收到承运货物后签发给托运人的一种证明,它规定了承运人、托运人和收货人之间的权利和义务。提单的性质和作用体现为：
(1) 是承运人或其代理人出具的货物收据。
(2) 是代表货物所有权的凭证。
(3) 是承运人和托运人双方订立的运输契约的证明。

二、海运提单的格式和内容

1. 提单的正面内容（参见附录四单据样本）

通常包括：提单号码（B/L NO）、托运人（shipper）、收货人或指示（consignee or order）、被通知人（notify party）、前程运输（pre-carriage by）、装运港（port of loading）、船名（vessel）、转运港（port of transshipment）、卸货港（port of discharge）、最后目的地（final destination）、集装箱号或唛头号（container. seal No. or marks and Nos）、货物包装及件数（number and kind of packages）、货物名称及规格（description of goods）、毛重（gross weight）、尺码（measurement）、运费和费用（freight and charges）、转船信息（regarding transshipment information please contact）、运费预付地（prepaid at）、运费支付地（freight payable at）、签单地点和日期（place and date of issue）、全部预付（total prepaid）、正本提单份数（number of original Bs/L）、承运人或船长的签名（signed for or on behalf of the master）。

2. 提单的背面条款

在提单背面的运输条款是确定承托双方以及承运人、收货人和提单持有人之间的权利与义务的主要依据。国际上为统一提单背面条款内容，先后签署了三个有关提单的国际公约：①1924年签署的《关于统一提单的若干法律规则的国际公约》，简称《海牙规则》；②1968年签署的《布鲁塞尔议定书》，简称《维斯比规则》；③1978年签署的《联合国海上货物运输公约》，简称《汉堡规则》。

三、海运提单的种类

(1) 根据货物是否已经装船来划分，可分为已装船提单（on board B/L）和备运提单（received for shipment B/L）。

(2) 根据货物外表有无不良批注来划分，可分为清洁提单（clean B/L）和不清洁提单（unclean B/L, or foul B/L）。注意：按照《UCP600》的规定，银行只接受清洁提单。

(3) 根据抬头（收货人）不同来划分，有记名提单（straight B/L）、不记名提单（bearer B/L）和指示提单（order B/L）三种。

① 记名提单。在收货人栏内列明收货人名称，货物只能交给收货人，不能背书（endorsement）转让。此种提单可以不凭正本提单提货，此时该提单就失去了物权凭证作用。一般用于买方预付货款情况。

② 不记名提单。收货人栏内不需列任何收货人，只写明"货交提单持有人"，或不填写任何内容的提单。谁持有提单，谁就可凭以提货，船方交货是凭单不凭人。以上两种提单很少使用。

③ 指示提单。收货人栏内填写"凭指定"（to order）或"凭某人指定"（to order

of…）字样，此种提单经过背书才能转让。指示提单经过转让，很可能形成货还在路上就已被转售的情况。这种提单利于资金周转，业务中使用较多。

指示提单的背书有"空白背书"和"记名背书"两种。空白背书是由背书人（提单转让人）在提单背面签章，但不注明被背书人的名称；记名背书除了背书人签章外，还要注明被背书人的名称，如再行转让可再加背书。目前使用最多的是凭指定并经空白背书的提单，习惯上称其为"空白抬头、空白背书"提单。

（4）根据运输方式来划分，有直达提单（direct B/L）、转船提单（transshipment B/L）、和联运提单（through B/L）三种。

（5）根据内容繁简不同来划分，可分为全式提单（long term B/L）和简式提单（short term B/L）。

（6）根据船舶营运方式的不同来划分，可分为班轮提单（liner B/L）和租船提单（charter party B/L）。

（7）根据运费支付方式不同来划分，可分为运费预付提单（freight prepaid B/L）和运费到付提单（freight to be collected B/L）。

（8）根据提单使用效力的不同来划分，可分为正本提单（original B/L）和副本提单（non-negotiable or copy B/L）。

（9）根据签发人的不同来划分，有船公司提单和货代提单两种。

（10）其他种类提单：

① 集装箱提单（Container B/L），是指由负责集装箱运输的经营人或其代理人，在收到货物后签发给托运人的提单。它与传统的海运提单有所不同。

② 舱面提单（on deck B/L），是指承运人签发的提单上注有"货装甲板"字样的提单。这种提单的托运人一般都向保险公司加保舱面险，以保货物安全。银行一般不接受舱面提单。

③ 过期提单（stale B/L），是指在信用证项下，错过规定的交单日期或者晚于货物到达目的港的提单。前者是指卖方超过提单签发日期后21天才交单议付的提单，银行拒绝接受此类提单；后者是指在近洋运输时容易出现的货物先到单据后到情况，所以在近洋国家间的贸易合同中，一般都订有"过期提单可以接受"的条款。

④ 倒签提单（anti-dated B/L），是指货物装船后，承运人应托运人请求而签发的早于货物实际装船日期的提单。例如，信用证规定的最迟装运日为6月21日，实际装船日期是6月25日，则将提单日期倒签至6月21日，以符合客户规定的装运期。

⑤ 预借提单（advanced B/L），是指货物尚未装船，承运人应托运人请求预先签发的、借给托运人的一种提单。例如，信用证规定的最迟装运日为6月21日，最迟装运日界临而货物尚未装船，则在6月21日之前就签发已装船提单，以便如期办理结汇。

按规定，提单须于货物装船完毕时签发。倒签或预借，提单日期都不是真正的装船日期，都是违法行为，侵犯了收货人的合法权益，故应尽量减少或杜绝使用。此外，倒签提单和预借提单均须托运人提供担保函（letter of indemnity）才能获得，对承运人都有风险。

【资料卡】 海运单据分为海运提单和海运单两种。海运单（sea waybill or ocean waybill），是指承运人直接签发给收货人的提单（比如在FOB条件下）。海运单不是物权凭证，不能向银行押款，也不可转让，它仅用于收货人提货，因此不容易出现单据欺诈现象。

【经典案例分析】

集装箱完好下的包装破损及短量案

我国某出口公司按 CFR 条件、即期不可撤销信用证以集装箱装运出口成衣 300 箱，装运条件是 CY/CY。货物交运后，该公司取得"清洁已装船"提单，提单上标明："Shipper's load, count and seal"。在信用证规定的有效期内，该公司及时办理了议付结汇手续。20 天后，接对方来函称：经有关船方、海关、保险公司、公证行会同对到货开箱检验，发现其中有 30 箱包装严重破损，每箱均有短少，共缺 512 件。各有关方均证明集装箱外表完好无损，为此，对方要求该公司赔偿其货物短缺的损失，并承担全部检验费共 2 500 美元。请问：对方的要求是否合理？为什么？

分析：对方的要求是合理的。本案中，装运条件为 CY/CY，提单上标明"Shipper's load, count and seal"，意指出口方自行装箱、点数、封箱后整箱交货。此种装箱方式下，箱内货物情况如何，船方概不负责。本案中，货物运抵目的港后，由收货人会同船方、海关、保险公司、公证行对到货开箱检验，各有关方均证明集装箱完好无损，说明货物包装的破损和数量的短少，是由于出口方装箱时的疏忽所造成的。因而，我出口公司不能推卸赔偿责任。

【课堂活动 6.3】

在本节导入案例 6.3.1 中，A 公司的拒绝是否有理？为什么？

第四节 合同中的装运条款

合同中的装运条款一般包括装运时间、装运港和目的港、是否允许分批与装船、装运通知以及滞期、速遣条款等内容。

一、装运时间

1. 装运时间的规定方法及注意事项
（1）明确规定具体装运时间，但不确定在某一日期上，而是确定在一段时间内。
（2）规定在收到信用证后若干天内装运。
（3）规定收到信汇、电汇或票汇后若干天内装运。
（4）笼统规定近期装运。
2. 规定装运时间的注意事项
（1）考虑货源与船源的实际情况。
（2）装运期限应当适度。
（3）注意装运期与开证日期的衔接，避免使用笼统的规定方法。一般来说，开证日期比装运日期要提前 30~45 天（根据不同商品具体而定）。

二、装运港和目的港

装运港（port of shipment）是指货物起始装运的港口，对于 FOB 合同，装运港为合同要件；目的港（port of destination）是指最终卸货的港口，对于 CIF 合同，目的港为合同要件。

1. 装运港的规定方法及注意事项

装运港一般由卖方提出，买方同意后确定。应选择接近货源地、储运设施较完备的港口，同时考虑港口和国内运输的条件及费用水平。

（1）一般情况下，规定一个装运港，例如：在大连港装运（shipment from Dalian）。

（2）如数量较大或来源分散，集中一点装运有困难，可规定两个或两个以上装运港。

（3）有时货源不十分固定，可不规定具体港口。例如：在中国港口装运（shipment from Chinese port）。

2. 目的港的规定方法及注意事项

目的港一般由买方提出，卖方同意后确定。通常规定一个目的港；有时明确目的港有困难，买方可规定两个或两个以上的目的港；个别也有作笼统规定的。

（1）力求具体明确。

（2）注意目的港的具体条件。

（3）一般不接受指定某个码头卸货。

（4）注意国外港口有无重名问题。

（5）不能接受内陆城市为目的港的条件（多式联运除外）。

三、分批装运和转运

分批装运（partial shipment），是指同一合同项下的货物分若干批次装运。在货量较大、资金限制或市场需要等情况下，可在合同中规定分批装运条款。

转运（transshipment），是指货物从装运港运往目的港的运输过程中，中途从一个运输工具卸下并重新装载到另一个运输工具上（无论是否为不同运输方式）。当货物运往无直达船停靠或虽有直达船而无固定船期或船期较少的港口，或规定用集装箱装运但装运港无装卸设备、需集中到其他口岸装箱时，可在合同中规定"允许转运"条款。

国际商会第 600 号出版物《跟单信用证统一惯例》（简称《UCP600》）对分批装运和转运的规定如下：

（1）运输单据表面上注明货物是使用同一运输工具并经同一路线运输的，即使每套运输单据注明的转运日期不同或装运港、接受监管地不同，只要运输单据注明的目的地相同，也不视为分批。

（2）对于限批、限时、限量的条件，卖方应严格履行约定的分批装运条款，否则本批及以后各批均告失效。

（3）除非信用证明示不准分批装运和转运，否则卖方有权分批装运和转运。

（4）只要同一运输单据包括运输全程，则运输单据可以注明货物将被转运或可被转运。

（5）即使信用证禁止转运，银行也将接受注明转运将发生或可能发生的运输单据。

四、装运通知

装运通知（shipping advice）可在两种情况下进行，一是在 FOB 条件下，卖方应在规定的装运期前 30~45 天向买方发出货物备妥通知，以便买方派船接货。另一种情况是在货物装船后，卖方在约定时间电告买方，以便买方做好报关接货的准备。特别是按 CFR 或 CPT 条件成交时，卖方交货后，更应及时向买方发出装运通知以便买方投保。

五、滞期、速遣条款

在国际贸易中，大宗货物多数采用程租船运输，负责租船的一方为了敦促对方及时完成装卸任务，就必须在买卖合同中规定装卸时间、装卸率和滞期、速遣条款。

1. 装卸时间

装卸时间（lay time）是指完成装卸任务所约定的时间，一般以天数或小时来表示。装卸时间的规定方法主要有：按连续日计算、按工作日计算、按好天气工作日计算、按连续 24 小时好天气工作日计算（常用）。

装卸的起止时间，一般是在船长向租船人递交"装卸准备就绪通知书"后开始起算。各国习惯上都以货物装完或卸完的时间作为装卸的起止时间。

2. 装卸率

装卸率（load/discharge rate）是指每日装卸货物的数量。

3. 滞期费和速遣费

滞期费（demurrage）是指在规定的装卸期限内，租船人未完成装卸作业，给船方造成经济损失，租船人对超过的时间向船方支付的一定罚金。速遣费（dispatch money）是指在规定的装卸期限内，租船人提前完成装卸作业，使船方节省了在港开支，船方向租船人支付的一定奖金。按惯例，滞期费通常是速遣费的 2 倍。

【经典案例分析】

化工产品分装同船案

我国某公司向南非出口一批化工产品 2 000 公吨，采用信用证支付方式。国外来证规定："禁止分批装运，允许转运。"该证并注明："按照《UCP600》办理。"现已知：装运期临近，已订妥一艘驶往南非的"黄石"号货轮，该船先停靠新港，后停靠青岛。但此时，该批化工产品在新港和青岛各有 1 000 公吨，尚未集中在一起。请问：如果你是这笔业务的经办人，最好选择哪种处理方法？为什么？

分析：应选择新港、青岛各装 1 000 公吨，这样做不违反合同规定。(1)《UCP600》规定，运输单据表面上注明是使用同一运输工具装运并经同一线路运输，即使运输单据上注明的装运日期或装运港不同，只要运输单据注明是同一目的地，将不视为分批装运。(2) 本案中，我出口公司如在新港、青岛各装 1 000 公吨于同一船（黄石号）、同一航次上，即属于这种不视作分批装运的情况。因此，这种做法被认为符合信用证的规定，理应得到银行付款。

【课堂活动 6.4】

红豆装运前咨询目的港案

我某出口公司按 CFR 条件向日本出口红豆 250 吨，合同规定卸货港为日本口岸，发货时，正好有一船驶往大阪，我公司打算租用该船，但在装运前，我方主动去电询问哪个口岸卸货。时值货价下跌，日方故意让我方在日本东北部的一个小港卸货，我方坚持要在神户、大阪。双方争执不下，日方就此撤销合同。问：我方做法是否合适？日本商人是否违约？

作　业

一、识记概念

班轮运输、指示提单、空白背书、清洁已装船提单、国际多式联运、分批装运

二、解答问题

1. 什么叫记名提单？什么叫不记名提单？
2. 什么叫分批装运？什么叫转运？《UCP600》对二者有何规定？
3. 买卖合同中的装运时间有几种规定方法？

三、实训练习

1. 上海某公司有一批打字机需从上海出口到澳大利亚的悉尼，对外报价CFR悉尼20美元/台，客户要求改报FOB价。已知：货物用纸箱装运，每箱的尺码为44厘米×44厘米×30厘米，每箱毛重为35公斤，每箱装4台，共计800箱。计收标准为W/M，每运费吨的基本费率为110美元，货币附加费10%。求：FOB上海价为多少美元一台？出口总额为多少美元？

2. 2001年3月，国内甲公司与加拿大乙公司签订一份设备进口合同，付款条件为不可撤销即期信用证，要求乙公司交单时提供全套已装船清洁提单。6月12日，甲公司收到开证转来的议付单据后，发现乙公司提交的提单存在以下疑点：提单签署日期早于装船日期；提单中没有已装船字样。遂断定该提单为备运提单，要求开证行拒付货款。后经双方协商，乙公司同意在总货款12.5万美元的基础上降价4万美元，并提供3年免费维修服务作为赔偿；还同意取消信用证，将付款方式改为货到目的港后以电汇方式支付。试评析此案。

3. 我国某进出口公司出口钢材10 000公吨，不可撤销信用证付款，信用证的装运条款规定："自3月份开始，每月装运2 000公吨，分5批交货"。我方1月和2月交货正常，但因钢材调配原因，3月份的钢材拖到4月上旬与4月的交货数量共4 000公吨一并装运。请问我方的做法是否妥当？为什么？

4. 我国某公司曾按CIF条件通过秦皇岛港口向中东地区出口一批为数几百吨的货物，根据买方要求，在合同中约定了不准转船的条款。因当时从秦皇岛港到中东地区没有直达航线，而单为该批零星货物洽租货轮专程运送，则空仓费的损失比其出售价款还多，于是卖方便要求买方修改原定不准转船的条款，买方不同意，并以卖方违约为由提出索赔。最后，由卖方赔偿其损失而了结此案。

5. 国外开来不可撤销信用证，证中规定最迟装运期为2009年12月31日，议付有效期为2010年1月15日。我方按证中规定的装运期完成装运，并取得签发日为2009年12月10日的提单，当我方备齐议付单据于2010年1月4日向银行议付交单时，银行以我方单据已过期为由拒付货款。请问：银行的拒付是否有理？为什么？

第七章

国际货物运输保险

在国际贸易中,货物由卖方运到买方的整个运输、装卸和储存过程中,随时都可能会遇到难以预料的因自然灾害或意外事故而导致的损失,货物运输保险就是为了使这些损失能得到一定的补偿而采取的一种措施。国际货物运输保险,是指以对外贸易货物运输过程中的各种货物作为保险标的的一种保险,属于财产保险的一种。其具体做法是:被保险人或投保人在货物装运以前,估定一定的投保金额(即保险金额),向保险人或承保人(即保险公司)订立货物运输保险合同,在被保险人向保险人交付约定的保险费后,保险人根据保险合同的规定,对货物在运输过程中发生承保责任范围内的损失给予经济上的补偿。

第一节 海洋运输货物保险承保的范围

【导入习题 7.1】

我某外贸公司以 CFR 条件进口 4 000 吨钢管,向某保险公司投保了某基本险。钢管在上海港卸下时发现有 500 吨生锈。经查,生锈的 500 吨钢材中:(1) 200 吨钢管在装船时就已生锈,但由于钢管外表有包装,装船时没有被船方检查出来;(2) 100 吨钢管因在海上遇到暴风雨,受到水渍而致生锈;(3) 100 吨钢管因船舶在途中搁浅,船底出现裂缝,海水浸湿而致生锈;(4) 100 吨钢管因为航行途中曾遇雨天,通风窗没有及时关闭而被淋湿致生锈。试分析导致上述各项损失的原因,以及各损失是否属于基本险的承保责任范围。

在国际货物运输保险中,保险人是按照不同险别所承保的风险造成的损失和费用来承担赔偿责任的。风险、损失、费用和险别之间却有着紧密的联系。其中,海洋货物运输保险承保的范围,包括海上风险所造成的损失和费用以及外来风险所引起的损失。

一、海上风险与损失、费用

1. 海上风险（Perils of Sea）

海上风险也叫海难，是指海上发生的自然灾害和意外事故。

（1）自然灾害：是指由于自然界变异引起破坏力量所造成的现象，如恶劣气候、雷电、海啸、地震、洪水等人力不可抗拒的灾害。

（2）海上意外事故：特指运输工具在运输过程中遭受的意外事故，如搁浅、触礁、沉没、互撞、与流冰或其他物体碰撞以及失踪、爆炸等意外原因造成的事故。

2. 海上损失

海上损失简称海损，是指被保险货物在海运过程中，由于海上风险所造成的损坏或灭失。海损可分为全部损失和部分损失，其中部分损失又可分为共同海损和单独海损这两类。

（1）全部损失（Total Loss）。

全部损失简称全损，是指被保险货物遭受全部损失。全损又可分为实际全损和推定全损。

① 实际全损，是指被保险货物完全灭失或完全变质，或货物实际上已不可能归还被保险人。

② 推定全损，是指货物发生保险事故后，实际全损已经不可避免，或者为了避免发生实际全损所需支付的费用与继续将货物运抵目的地的费用之和超过保险价值。发生推定全损后，必须将货物的残余价值委付给保险公司，保险公司才按全损给予赔偿。

（2）部分损失（Partial Loss）。

部分损失是指被保险货物的损失没有达到全部损失的程度。凡不属于实际全损和推定全损的损失为部分损失。部分损失又可分为共同海损和单独海损这两类。

① 共同海损（General Average, G. A），是指载货的船舶在海运途中遇到自然灾害或意外事故，威胁到船、货的共同安全，为了解除这种威胁，维护船、货的安全或者使航程得以继续完成，由船方有意识地采取某些合理措施所作出的某些特殊牺牲或支出的额外费用。

构成共同海损必须具备的条件：第一，船方在采取紧急措施时，必须确有危及船、货的共同危险存在，而不是主观臆测的；第二，船方采取的措施，必须是为了解除船、货的共同危险，有意地、合理地采取的；第三，所做出的牺牲是特殊性质的，支出的费用是额外的，且做出的牺牲和支出的费用是有效果的。

发生共同海损后，凡属共同海损范围内的牺牲和费用，均可通过共同海损理算，由有关获救受益方（即船方、货方和运费收入方）根据获救价值按比例分摊。这种分摊，称为共同海损分摊。

② 单独海损（Particular Average, P. A），是指在共同海损以外的，仅涉及船舶或货物所有人单方面利益、并由受损者单独负担的损失。

例如，在整个运输中，有面粉、机器设备、钢材三种货物，途中遇到暴风雨，海水进入船舱，海水浸泡了部分面粉，使其变质。面粉的损失只是使面粉一家货主的利益遭受影响，跟同船所装的其他货物的货主和船东利益无关，因而属于单独海损。

单独海损只包括货物本身的损失，不包括费用损失。

3. 海上费用

货物遭受保险责任范围内的事故，除了能使货物本身受到损毁之外，还会产生费用方面的损失，即海上费用，这种费用，保险人也给予赔偿。

（1）施救费用（Sue and Labor Charges）。是指货物在遭受承保责任范围内的灾害事故时，被保险人或其代理人或其受让人，为了减少损失，采取了各种抢救和防护措施而支付的费用。但如果可以施救而未处理，保险公司则拒绝赔偿。

（2）救助费用（Salvage Charges）。是指货物在遭受承保责任范围内的灾害事故时，由保险人和被保险人以外的第三者采取了有效的救助措施，获救成功后，由被救方付给救助人的一种报酬费用。

二、外来风险和损失

外来风险（Extraneous Risks）和损失，是指由于海上风险以外的各种外来原因所造成的风险和损失，包括下列两种类型：

（1）一般外来风险和损失。通常是指偷窃、短量、破碎、雨淋、受潮、受热、发霉、串味、沾污、渗漏、钩损和锈损等。

（2）特殊外来风险和损失。由于军事、政治、国家政策法令和行政措施等原因所致，如战争、罢工、拒收、交货不到等。

【小知识】 对被保险人故意的不法行为所造成的损失和费用，运输途中的自然损耗以及货物本身特点和内在缺陷所造成的货损等，这些损失不属于保险公司承保的范围，保险公司不予负责。

【经典案例分析】

海损案

我国某贸易公司出口一批货物，从天津新港驶往新加坡，在航行途中船舶货舱起火，大火蔓延到机舱，船长为了船、货的共同安全，决定采取紧急措施，往舱中灌水灭火。火虽被扑灭，但由于主机受损，无法继续航行，于是船长决定雇用拖轮将货船拖回天津新港修理，检修后重新驶往新加坡。事后调查，这次事件造成的损失有：①1 000箱货烧毁；②300箱货由于灌水灭火受到损失；③主机和部分甲板被烧毁；④拖船费用；⑤额外增加的燃料和船长、船员工资。上述各项损失从性质来看，各属于什么海损？

分析：①1 000箱货烧毁；③主机和部分甲板被烧毁是单独海损；②300箱货由于灌水灭火受到损失；④拖船费用；⑤额外增加的燃料和船长、船员工资是共同海损。

【课堂活动7.1】

构成共同海损的条件有哪些？

第二节 海洋运输货物保险条款

【导入习题7.2】

我国G公司以CIF价格条件引进一套英国产检测仪器，因合同金额不大，合同采用简式标准格式，保险条款一项只简单规定"保险由卖方负责"。仪器到货后，G公司发现其中一个部件变形影响其正常使用，后经商检局检验认为是运输途中部件受到震动、挤压造成的。G公司于是向保险代理索赔，保险公司认为此情况属"碰损、破碎险"承保范围，但G公司提供的保单上只保了"协会货物条款"（C）险，没保"碰损、破碎险"，所以无法赔付。G公司无奈只好重新购买此部件，既浪费了金钱又耽误了时间。试分析造成G公司损失的原因及适于投保的保险险别。

一、中国海洋运输货物保险条款

中国保险条款（China Insurance Clauses, CIC）是中国人民保险公司根据我国保险业务的实际需要，并参照国际保险市场的惯例制定的。根据运输方式的不同，中国保险条款又可分为海洋运输货物保险条款、陆上运输货物保险条款、航空运输货物保险条款、邮包运输货物保险条款等。根据中国人民保险公司（PICC）《海洋运输货物保险条款》的规定，海洋运输货物保险包括基本险和附加险的责任范围、保险责任起讫、除外责任等内容。

（一）基本险的责任范围

基本险又叫主险，是指可以独立投保的险别。依据承保的不同责任及范围，又分为平安险、水渍险和一切险三种。

1. 平安险（Free from Particular Average FPA）

平安险的英文原意是"单独海损不赔"，但随着保险业的发展，早已名不副实。平安险的责任范围如下：

（1）被保险的货物在运输途中由于恶劣气候、雷电、海啸、地震、洪水等自然灾害造成整批货物的全部损失或推定全损。

（2）由于运输工具遭到搁浅、触礁、沉没、互撞，与流冰或其他物体碰撞以及失火、爆炸等意外事故所造成的货物全部或部分损失。

（3）只要运输工具已经发生搁浅、触礁、沉没、焚毁等意外事故，不论该意外事故发生之前或者以后曾在海上遭受恶劣气候、雷电、海啸等自然灾害所造成的部分损失。

（4）在装卸或转船时由于一件或数件甚至整批货物落海所造成的全部或部分损失。

（5）被保险人对遭受承保责任内的危险的货物采取抢救、防止或减少货损的措施所支付的合理费用，但以不超过该批被毁货物的保险金额为限。

（6）运输工具遭遇海难后，在避难港由于卸货引起的损失，以及在中途港或避难港由于卸货、存仓和运送货物所产生的特殊费用。

（7）共同海损的牺牲、分摊和救助费用。

（8）运输契约中如订有"船舶互撞责任"条款，根据该条款的规定应由货方偿还船方的损失。

平安险通常适用于大宗、低值、粗糙的无包装货物，如废钢材、木材、矿砂等。

2. 水渍险（With Average or With Particular Average, WA or WPA）

水渍险的英文原意是"负责单独海损"，其承保责任范围包括：

保险公司除担负上述平安险的各项责任外，还对被保险货物由于恶劣气候、雷电、海啸、地震、洪水等自然灾害所造成的部分损失负赔偿责任。

水渍险通常适用于易损坏或易生锈但不影响使用的货物，如五金板、钢管、旧机床、旧汽车等。

3. 一切险（All Risks）

一切险的责任范围：保险公司除担负平安险和水渍险的所有责任外，还对被保险货物在运输途中由于一般外来原因而遭受的全部或部分损失，也负赔偿责任。

一切险的承保责任范围是三种基本险别中最大的一种，它是平安险、水渍险加一般附加险的总和。适合价值较高、可能受损因素较多的货物。

（二）附加险的责任范围

附加险是指不能单独投保、只能附加于主险投保的险别。主险因失效、解约或满期等原因效力终止或中止时，附加险效力也随之终止或中止。

1. 一般附加险

一般附加险不能作为一个单独的项目投保，而只能在投保平安险或水渍险的基础上，加保一种或若干种一般附加险。一般附加险主要包括：偷窃提货不着险、淡水雨淋险、渗漏险、短量险、钩损险、污染险、破碎险、碰损险、生锈险、串味险和受潮受热险等。

2. 特殊附加险

（1）战争险和罢工险。根据国际保险市场的习惯做法，一般将战争险与罢工险同时承保。如果投保了战争险又需加保罢工险，保险公司不再另行收费。

（2）其他特殊附加险。包括交货不到险、进口关税险、舱面险、拒收险、黄曲霉素险以及我国某些出口货物运至港澳存仓期间的火险等特殊附加险。

（三）保险责任起讫期限

保险的责任起讫，是指保险人对被保险货物承担保险责任的有效时间。

基本险的责任起讫期限通常采用国际保险业惯用的"仓至仓条款"（Warehouse to Warehouse Clause，W/W），是指保险人的承保责任从被保险货物运离保险单所载明的起运地发货人仓库开始，直至该项货物被运抵保险单所载明的目的地收货人仓库或被保险人用作分配、分派或非正常运输的其他储存处所时为止。但是，自货物从目的港卸离海轮时起算满60天，不论被保险货物有无进入收货人仓库，保险责任均告终止。

战争险的责任起讫不采用"仓至仓条款"，仅限于水上危险，即被保险货物在保险单所载明的装运港装上海轮或驳船时开始，直到在保险单所载明的目的港卸离海轮或驳船时为止。如果货物不卸离海轮或驳船，则保险责任最长延至货物抵达目的港之当日午夜起算满15天为止。如在中途转船，则不论货物在当地卸载与否，保险责任以海轮抵达该港或卸货地点的当日午夜起算满15天为止，待货物再装上续运的海轮时，保险公司仍继续负责。

（四）保险公司的除外责任

（1）被保险人的故意行为或过失所造成的损失。
（2）属于发货人责任所引起的损失。
（3）在保险责任开始前，被保险货物已存在的品质不良或数量短差所造成的损失。

（4）货物的自然损耗、本质缺陷、特性以及市价跌落、运输延迟所引起的损失或费用。
（5）战争险和罢工险条款所规定的责任范围和除外责任。

二、伦敦保险协会货物保险条款

伦敦保险协会制定的"协会货物条款"（Institute Cargo Clauses, ICC）在国际保险业务中有着广泛的影响。目前，世界上大多数国家在海上保险业务中直接采用"协会货物条款"，或在制定本国保险条款时参考或部分参考采用了该条款。在我国以 CIF 或 CIP 术语成交的出口交易中，如外商要求按"协会货物条款"投保，我出口企业和保险公司一般也可接受。

"协会货物条款"（Institute Cargo Clauses, ICC）最早制定于 1912 年，后来经过修订，新条款于 1982 年 1 月 1 日公布、1983 年 4 月开始使用。新条款包括以下险别：

（1）协会货物（A）险条款（Institute Cargo Clauses, ICC（A）），承保的风险相当于一切险，但其责任范围大于一切险。包括了对海盗行为造成的损失以及对第三方的恶意损害的赔偿，还新增加了对浪击落海、海水湖水进入船舱、集装箱赔偿的条款。

（2）协会货物（B）险条款（Institute Cargo Clauses, ICC（B）），承保的风险与水渍险相差无几，但其责任范围小于水渍险。

（3）协会货物（C）险条款（Institute Cargo Clauses, ICC（C）），承保的风险与平安险相差不大，但责任范围小于平安险。

此外还有协会战争险条款、协会罢工险条款、恶意损害险条款。除恶意损害险条款外，其他险都可以单独投保。

【经典案例分析】

平安险赔偿案

2009 年 3 月，我国某经营进出口业务的 A 公司与大连某海运公司签订了运输 1 000 件丝绸衫到马赛的协议。合同签订后，A 公司又向保险公司就该批货物的运输投保了平安保险，3 月 20 日，该批货物装船完毕后起航。3 月 25 日，装载该批货物的轮船在海上突遇罕见的大风暴，船体严重受损，于 3 月 26 日沉没。4 月 20 日，A 公司向保险公司就该批货物索赔，保险公司以该批货物由自然灾害造成损失为由拒绝赔偿。于是，A 公司向法院起诉，要求保险公司偿付保险金。问：本案中，保险公司是否应负赔偿责任？

分析：保险公司应负赔偿责任。根据中国人民保险公司海洋运输货物保险条款的规定，平安险对自然灾害所造成的部分损失一般不予负责，除非运输途中发生搁浅、触礁、沉没及焚毁等意外事故；但对自然灾害所造成的全部损失应负责赔偿。本案中，A 公司投保的是平安险，而所保的货物在船又因风暴（属于自然灾害）沉没时全部灭失，发生了实际全损。故保险公司所提出的理由不成立，保险公司对此应负赔偿责任。

【课堂活动 7.2】

我方按 CIF 条件对外发盘，请问投保下列险别是否妥当？不妥之处请予以更正并说明缘由。

(1) 一切险、锈损险、串味险。
(2) 平安险、一切险、偷窃提货不着险、战争险、罢工险。
(3) 水渍险、受潮受热险。
(4) 包装破碎险、钩损险、战争险、罢工险。

第三节　其他运输方式下的货运保险

一、陆上运输货物保险

陆上运输货物保险是承保以火车、汽车等运输工具进行货物运输的保险。基本险别包括陆运险和陆运一切险两种。

1. 陆运险责任范围

陆运险（Overland Transportation Risks）的责任范围：车辆碰撞、倾覆和出轨、路基坍塌、桥梁折断、道路损坏以及火灾和爆炸等意外事故，雷电、洪水、地震、火山爆发、暴风雨以及霜雪冰雹等自然灾害使运输途中的货物造成的全部或部分损失。

2. 陆运一切险的责任范围

陆运一切险（Overland Transportation All Risks）的责任范围除上述陆运险责任外，还包括由于一般外来原因所造成的短少、偷窃、渗漏、碰损、破碎、钩损、雨淋、生锈、受潮、受热、发霉、玷污等全部或部分损失。

陆运险的承保责任范围同海运水渍险相似；陆运一切险的承保责任范围同海运一切险相似。上述责任范围，均适用于铁路和公路运输，并以此为限。

陆运险与陆运一切险的责任起讫，也采用"仓至仓"责任条款。

二、航空运输货物保险

空运货物保险的基本险别有航空运输险和航空运输一切险。

1. 航空运输险的责任范围

航空运输险（Air Transportation Risks）的责任范围包括被保险货物在运输途中遭受雷电、火灾、爆炸等自然灾害，飞机遭受碰撞、倾覆、坠落、失踪、战争破坏以及被保险物由于飞机遇到恶劣气候或其他危难事故而被抛弃等等意外事故所造成的全部或部分损失。

2. 航空运输一切险的责任范围

航空运输一切险（Air Transportation All Risks）除包括航空运输险的各项责任外，还包括被保险货物由于一般外来原因所造成的全部或部分损失。

航空运输险和航空运输一切险的责任起讫也采用"仓至仓"条款。

三、邮包运输货物保险

邮包运输实际上属于"门到门"运输，在长途运送过程中可能遭受自然灾害、意外事故以及各种外来风险。邮政包裹运输保险包括邮包险（Parcel Post Risks）和邮包一切险（Parcel Post All Risks）两种基本险。其责任起讫是，自被保险邮包离开保险单所载起运地点寄件人的处所运往邮局时开始生效，直至被保险邮包运达保险单所载明的目的地邮局发出通知书给收件人的当日午夜起算满15日为止，但在此期限内，邮包一经递交至收件人处所，保险责任即告终止。

【资料卡】 陆运、空运、邮包运输的货物，在投保基本险之一的基础上，均可加保附加险。加保办法同海运货物类似，如投保的是一切险，只能加保特殊附加险；如加保了战争险又需加保罢工险，不再另收保险费。

【课堂活动7.3】

根据教材内容，列表归纳海运货物保险、陆运货物保险、空运货物保险、邮包运输货物保险的基本险的险别及其责任起讫期限。

第四节 货物运输保险实务

在国际货物买卖中，由哪一方负责投保，由价格条件确定。如按 FOB 条件和 CFR 术语成交，保险由买方办理；如按 CIF 或 CIP 术语成交，则保险由卖方办理。办理货运保险的程序如图7.1所示。

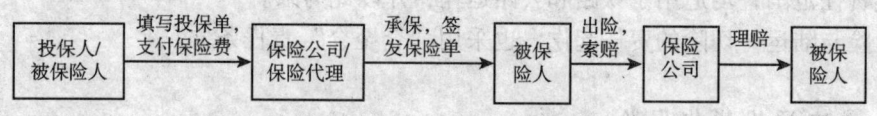

图7.1 货运保险流程

一、填写投保单，支付保险费

1. 填写投保单

投保单的内容，主要包括被保险人的名称和地址、被保险货物的品名和存放地点、运输标志、数量及包装、保险金额、运输工具名称、开航日期及起讫地点、投保险别、投保日期及签章等。

填写投保单时，关于投保险别应按合同规定办理。如果合同上没有明确规定投保险别，则应参考货物性质、包装、用途、运输工具、运输路线、运输季节、货物残损规律等因素加以确定。

2. 支付保险费

保险费是保险金额与投保险别的保险费率之乘积。保险费率分为"一般货物费率"和

"指明货物加费费率"两种。前者是指一般商品的费率，后者系指特别列明的货物（如某些易碎、易损商品）在一般费率的基础上另行加收的费率。

（1）确定保险金额。

保险金额，是指投保人与保险公司之间实际投保和承保的金额，是保险费的计收依据，是投保人或其受让人索赔和保险人理赔的最高限额。它一般是 CIF（或 CIP）价加成 10% 的金额，公式如下：

$$保险金额 = CIF(CIP)价 \times (1 + 投保加成率)$$

（2）计算保险费。

$$\begin{aligned}保险费 &= 保险金额 \times 保险费率 \\ &= CIF(CIP)价 \times (1 + 投保加成率) \times 保险费率 \\ &= CFR/[1 - 保险费率 \times (1 + 加成率)] \times (1 + 投保加成率) \times 保险费率 \\ &= (FOB + 运费)/[1 - 保险费率 \times (1 + 加成率)] \times (1 + 投保加成率) \times 保险费率\end{aligned}$$

二、取得保险单证

交付保险费后，投保人取得保险单证（Insurance Policy）。保险单既是保险公司对被保险人的承保证明，也是保险公司和被保险人之间的保险契约，它具体规定了保险公司和被保险人之间的权利和义务。在货物遭受损失后，保险单证是被保险人索赔的依据，也是保险公司理赔的主要依据。在国际贸易中，保险单证是可以转让的。

常用的保险单证有：保险单（大保单）、保险凭证（小保单）、联合凭证（对港澳）、预约保险单（分批装运时）。

三、保险索赔和理赔

按《2000 通则》D 组包含的 5 种价格术语成交的合同，视情况由买方或卖方办理索赔。索赔应当在保险有效期内提出并办理，否则保险公司可以不予办理。根据我国《海洋运输货物保险条款》，海运货物的索赔期限，从被保险货物运抵目的港全部卸离海轮之日起算，最多不超过两年。索赔时被保险人注意事项：分清责任；及时通知保险公司；采取合理的施救措施；备妥索赔的依据等。

保险公司的理赔方式有两种：不论损失程度和计免赔率。对有些运输途中容易发生破碎或短少的瓷器、玻璃制品、矿砂等，保险公司在赔付时一般有计免赔率的规定。有时投保人要求取消这种免赔率，即不论损失程度多少都赔，保险公司也可接受，不过要加收保险费。

四、合同中的保险条款

保险条款的内容主要包括保险投保人、保险公司、保险险别、保险金额和保险单的约定等事项。

（1）保险投保人的约定。每笔交易的货运保险由谁办理，取决于买卖双方约定的交货条件和使用的贸易术语。

（2）保险公司和保险条款的约定。我国在按 CIF 或 CIP 条件出口时，合同中通常订明"由卖方向中国人民保险公司投保，并按该公司的保险条款办理"。

（3）保险险别的约定。按 CIF 或 CIP 条件成交时，买卖双方约定的险别通常为平安险、水渍险、一切险三种基本险别中的一种。但有时也可根据货物情况加保一种或若干种附加险。

（4）保险金额的约定。按 CIF 或 CIP 条件成交时，根据保险习惯做法，保险金额一般都是按 CIF 价或 CIP 价加成计算，即按发票金额再加一定的百分率（通常是加一成）。

（5）保险单的约定。卖方投保时，通常还规定卖方应向买方移交保险单。如被保险的货物发生承保范围内的风险损失，买方可凭保险单向保险公司索赔。此外，还应明确不同保险条款的生效日期。

【经典案例分析】

蘑菇罐头运往装运地途中受损案

我国某外贸公司向日、英两国商人分别以 CIF、CFR 价格出口蘑菇罐头，有关被保险人均办理了保险手续，这两批货物自起运地仓库运往装运地的途中均遭受了损失。问：这两笔业务中，各自由谁办理了货运保险手续？该货物的风险与责任分别由谁来承担？保险公司是否给予赔偿？请说明理由。

分析：这两笔业务中，与日本商人的交易由卖方办理货运保险手续；与英国商人的交易由买方办理货运保险手续。两笔交易中的风险与责任均由卖方承担。保险公司对于"与日本商人的交易"的货损应该给予赔偿，因为 CIF 条件下由卖方投保，保险合同在货物启运地（仓库）启运后已生效；保险公司对于"与英国商人的交易"的货损不会给予赔偿，因为 CFR 条件下由买方投保，保险合同在货物越过船舷前尚未生效。

【课堂活动7.4】

我国某出口企业以 50 美元/袋 CIF 新加坡出口某商品 1 000 袋，货物出口前，由我方向中国人民保险公司投保水渍险、串味险及淡水雨淋险；水渍险、串味险及淡水雨淋险的保险费率分别为 0.6%、0.2% 和 0.3%，按发票金额 110% 投保。问：该批货物的投保金额和保险费各是多少？

作　业

一、识记概念

单独海损、共同海损、施救费用、救助费用、仓至仓条款、保险金额

二、解答问题

1. 在海运货物保险中，保险公司承保的风险、损失与费用有哪些？
2. 共同海损与单独海损有何区别？

3. ICC（A）险与我国保险条款一切险有哪些区别？

4. 简述买卖合同中保险条款的主要内容。

三、实训练习

1. 我国某企业出口手工具一批至香港特区，货价1 000港元，运费70港元，加一成投保一切险和战争险，一切险费率为0.25%，战争险费率为0.03%。试计算投保金额和保险费应是多少？

2. 某轮船载货后，在航行途中不慎发生搁浅，事后反复开倒车，强行起浮，但船上轮机受损并且船底划破，致使海水渗入货舱，造成货物部分损失。该船行驶至邻近的一个港口船坞修理，暂时卸下大部分货物，前后花费了10天时间，增加支出各项费用，包括员工工资。当船修复后装上原货起航后不久，A舱起火，船长下令对该舱灌水灭火。A舱原载文具用品、茶叶等，灭火后发现文具用品一部分被焚毁，另一部分文具用品和全部茶叶被水浸湿。试分别说明以上各项损失的性质，并指出在投保CIC何种险别的情况下，保险公司才负责赔偿？

3. 我国某出口公司按CIF条件成交货物一批向中国人民保险公司投保了水渍险，货物在转船过程中遇到大雨，货到目的港后，收货人发现货物有明显的雨水浸渍，损失达70%，因而向我方提出索赔。问：我方能接受索赔吗？谁应承担货物损失？

4. 我国某外贸公司进口散装化肥一批，曾向保险公司投保海运一切险。货抵目的港后，全部卸至港务公司仓库。在卸货过程中，外贸公司与装卸公司签订了一份灌装协议，并立即开始灌装。某日，由装卸公司根据协议将已灌装成包的半数货物堆放在港区内铁路边堆场，等待铁路转运至他地以交付不同买主；另一半留在仓库尚待灌装的散货，因受台风袭击，遭受严重湿损。外贸公司遂就遭受湿损部分向保险公司索赔。问：保险公司需要赔偿该损失吗？为什么？

第八章

货款的结算

在国际贸易中,支付货款是买方的主要义务,而收取货款则是卖方的基本权利。货款的收付属于国际结算范畴,主要涉及结算工具和结算方式,是买卖双方磋商的重要内容和进出口合同的一项主要条款。

第一节 结算工具

【导入习题 8.1】

1. 国际结算是指（   ）。
   A. 国际贸易结算   B. 国际非贸易结算
   C. 国际间实物的交割   D. 国际间货币的收付
2. 国际货款收付的结算工具有（   ）。
   A. 货币   B. 支票   C. 汇票   D. 本票

结算工具又称支付工具,包括现金和票据。在当前国际货款的收付中,绝大多数采用非现金结算方式,即使用票据作为结算工具。票据是国际通行的结算和信贷工具,是可以流通转让的债券凭证。票据主要包括汇票、本票和支票三种,在国际货款结算中,以汇票使用为最多。

一、汇票（Bill of Exchange, Draft）

（一）汇票的含义与内容

汇票（汇票样单参见附录四）是出票人签发的,要求付款人在见票时或者指定日期无条件支付确定金额给收款人或持票人的票据。即,是一方向另一方签发的一张无条件的书面支付命令。各国票据法对汇票要项的规定不完全相同,一般认为汇票必须具备下列八项:写明汇票（Exchange）字样,适当的文字表明无条件的支付命令,一定的货币和金额（包括大写和小写），出票的日期和地点，付款的地点和期限，受票人（即付款人），受款人（即收款人），出票人签字。

（二）汇票的种类

根据出票人、承兑人、付款时间及有无随附单据的不同，汇票可分为以下四类：

（1）按出票人不同，分为商业汇票（Commercial Draft）和银行汇票（Banker's Draft）。

商业汇票是指企业或个人向企业、个人或银行签发的汇票。银行汇票是指银行对银行签发的汇票，一般多为光票。

（2）按承兑人的不同，分为商业承兑汇票（Commercial Acceptance Draft）和银行承兑汇票（Banker's Acceptance Draft）。商业承兑汇票是指企业或个人承兑的远期汇票，托收方式中使用的远期汇票即属于此种汇票；银行承兑汇票是指银行承兑的远期汇票，信用证中使用的远期汇票即属于此种汇票。

（3）按付款时间不同，分为即期汇票（Sight Draft，Demand Draft）和远期汇票（Time Draft，Usance Draft）。

即期汇票是指持票人提示时付款人立即付款的汇票；远期汇票是指在未来的特定日期或一定期限付款的汇票。远期汇票的付款时间主要有以下四种规定方法：

① 见票后若干天付款（at…days after sight）（业务中最常见）；
② 出票后若干天付款（at…days after date）；
③ 提单签发日后若干天付款（at…days after date of bill of lading）；
④ 指定日期付款（fixed date）。

（4）按有无附属单据的不同，分为光票（Clean Draft）和跟单汇票（Documentary Draft）。

光票是指不附带货运单据的汇票，常用于运费、保险费、货款尾数及佣金的收付；跟单汇票是指附带提单、装箱单等货运单据的汇票。除了人的信用外还有物的保证，商业汇票一般是跟单汇票。

（三）汇票的使用

汇票的使用就是汇票的处理手续，主要包括出票、提示、承兑、付款、背书、拒付与追索等。

1. 出票（Issue）

出票是指指出票人签发汇票并将其交给收款人的行为。

2. 提示（Presentation）

提示是指持票人向付款人出示汇票，要求承兑或付款的行为。提示分为两种：

（1）承兑提示：持远期汇票要求付款人承诺到期付款的提示。
（2）付款提示：持即期汇票或到期的远期汇票要求付款人付款的提示。

3. 承兑（Acceptance）

承兑是指远期汇票付款人在持票人作承兑提示时，明确表示同意按出票人的指示承担到期付款责任的行为。具体做法是由付款人在汇票的正面写上"承兑"字样，注明承兑日期并签字，随后将汇票交还持票人。

4. 付款（Payment）

付款是指即期汇票的付款人和远期汇票的承兑人在接到付款提示时，履行付款义务的行为。

5. 背书（Endorsement）

背书是转让票据权利的一种法定手续，即持票人在汇票背面签上自己的名字或再加上受让人的名字，并把汇票交给受让人的行为。背书的方式主要有三种：

（1）限制性背书：即不可转让背书。

（2）空白背书：也称不记名背书，票据背面只有背书人名称而无受让人签名。此类背书只凭交付即可转让。

（3）记名背书：指汇票背面既有背书人签名，又有被背书人签名。这种背书受让人可继续背书将汇票转让。

贴现是指远期汇票承兑后，持票人在汇票到期前经过背书转让给银行或贴现公司兑换现款，银行或贴现公司从票面金额中扣贴现利息后付给持票人余款的行为。汇票的贴现实际上是汇票的买卖。

6. 拒付与追索

拒付（Dishonor）也称退票，是指持票人提示汇票要求承兑或付款时遭到拒绝承兑或付款的行为。破产、死亡、避而不见等，也属此范围。

追索权（Right of Recourse）是汇票遭到拒付时，持票人对背书人、出票人及其他票据债务人行使请求偿还汇票金额、利息及费用的权利。

二、本票

本票（Promissory Note）是指出票人签发的，承诺自己在见票时无条件支付确定金额给收款人或者持票人的票据。本票的基本内容有：确定的金额、收款人名称、出票日期、出票人签章。

本票按出票人的不同分为一般本票和银行本票。出票人是企业或个人的称为一般本票或商业本票，一般本票有即期和远期之分；出票人是银行的称为银行本票，它只有即期。

三、支票

支票（Cheque Check）是指出票人签发的，委托银行在见票时无条件支付确定金额给收款人或持票人的票据。支票的出票人按照签发的支票金额承担向持票人付款的责任。支票的基本内容有：确定的金额、付款人名称、出票日期、出票人签章。

支票分为一般支票、划线支票、记名支票、不记名支票、保付支票和银行支票共六种形式。

汇票、银行本票、支票的区别参见表8.1。

【资料卡】

表 8.1　　　　　　　　　汇票、银行本票、支票的区别

比较项	票据性质	当事人	付款期限	承兑手续	票据责任
汇票	委托支付票据	出票人、付款人、收款人	即期和远期	远期汇票需要办理承兑	承兑前由出票人负责，承兑后由承兑人负主要责任
银行本票	自付或承诺票据	出票人（付款人）、收款人	即期	不需要承兑	出票银行负责
支票	支付票据	出票人、付款人、收款人	即期	不需要承兑	出票人负责

【课堂活动 8.1】

1. 可区分为即期和远期的票据有（　　）。
   A. 汇票　　　　　　B. 本票　　　　　　C. 支票
2. 一张汇票，可以是一张（　　）。
   A. 即期汇票　　　　　　　　　　　　B. 跟单汇票
   C. 商业汇票　　　　　　　　　　　　D. 银行承兑汇票
3. 汇票抬头的写法有三种，具体有（　　）。
   A. 限制性抬头　　　　　　　　　　　B. 指示性抬头
   C. 记名抬头　　　　　　　　　　　　D. 持票人或来人抬头
4. 远期汇票付款期限的规定方法有（　　）。
   A. 见票即付　　　　　　　　　　　　B. 见票后若干天付
   C. 出票后若干天付　　　　　　　　　D. 提单日后若干天付
5. 本票与汇票的区别在于（　　）。
   A. 前者是无条件支付承诺，后者是无条件的支付命令
   B. 前者的票面当事人为两个，后者则有三个
   C. 前者在使用过程中无需承兑，后者则有承兑环节
   D. 前者的主债务人不会变化，后者的主债务人因承兑而发生变化

第二节　结算方式

【导入习题 8.2】

下列国际贸易结算方式中，属于顺汇的有（　　），逆汇的有（　　）；属于商业信用的有（　　），银行信用的有（　　）。
　　A. 汇付　　B. 托收　　C. 信用证　　D. 银行保函
　　E. 备用信用证　　F. 国际保理

国际贸易货款的结算方式涉及信用、付款时间和付款地点等问题，目前所使用的结算方式

主要有汇付、托收和信用证,此外还有银行保函、备用信用证、保理业务等新型结算方式。汇付、托收属于商业信用,其余属于银行信用。本节将介绍除信用证外的各种结算方式。

一、汇付(Remittance)

(一)汇付的含义及当事人

汇付又称汇款,是指付款人主动委托所在国银行(信汇、电汇)或其他途径(票汇),将款项交付给收款人的结算方式。在汇付方式下,结算工具(委托通知或汇票)的传送方向与资金的流动方向相同,因此称为顺汇。

汇付业务通常有四个当事人:

汇款人——即付款人。合同中的买方或其他经贸往来中的债务人。

汇出行——即汇出款项的银行。买方所在地银行。

汇入行——即解付汇款的银行。汇出行的代理行,卖方所在地银行。

收款人——合同中的卖方或其他经贸往来中的债权人。

(二)汇付的种类

1. 电汇(Telegraphic Transfer,T/T)

电汇是指汇出行以电报、电传或SWIFT(全球银行金融电讯协会)等电讯手段向汇入行发出付款委托的一种汇款方式。

2. 信汇(Mail Transfer,M/T)

信汇是指汇出行以航空信函向汇入行发出付款委托的一种汇款方式。业务中较少使用。

3. 票汇(Remittance by Banker's Demand Draft,D/D)

票汇是指以银行即期汇票作为支付工具的汇款方式。

票汇与信汇、电汇不同的地方:票汇的汇入行无须通知收款人取款,而由收款人向汇入行取款;这种汇票背书后可以转让,而电汇、信汇的付款委托书则不能转让流通。

(三)汇付业务程序

电汇、信汇业务程序如图8.1所示。

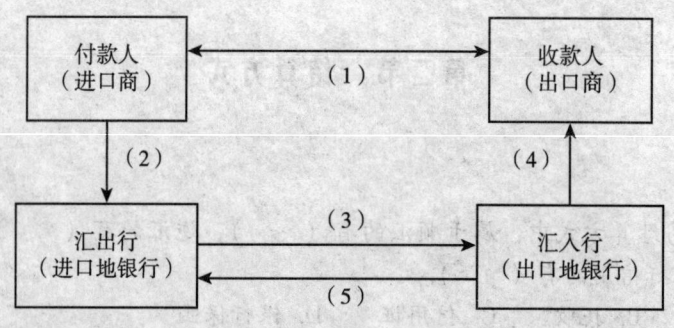

图8.1 电/信汇业务程序

说明：
（1）进出口双方订立合同，规定采用电/信汇方式结算。
（2）汇款人向当地银行提交电/信汇申请书并交款付费。
（3）汇出行根据电/信汇申请书内容，采用SWIFT或加押电传（一般按SWIFT格式）缮制报文，通知汇入行付款。
（4）汇入行核对密押以证实该报文确为汇出行所发后，将汇入金额收入收款人账户，通知收款人汇款已到并收取收款人收据。
（5）汇入行向汇出行发出付讫借记通知。

（四）汇付的使用

利用汇付方式结算货款，银行只提供服务、不提供信用，卖方在发货后能否顺利收回货款、买方在预付货款后能否顺利收到符合合同规定的货物，部分取决于对方的信用，因此属于商业信用。汇付的风险较大，但结算简单、迅速，费用低。汇付主要用于预付货款、货到付款及货款尾数、佣金、运费的结算，在采用分期付款和延期付款的交易中也较多使用到汇付方式。

1. 预付货款（payment in advance）

这是指进口商在订货时或交货前汇付货款的办法。进口商为减少预付风险，可采用凭单付汇（remittance against documents）的方法，即，进口商先将货款汇给出口地银行，并指示其凭出口商提供的指定单据和装运凭证付款。这种方式，可使进口商避免卖方收款后不交货的风险；而出口商只要在货款被撤销前按规定发货、交单，也可及时收取货款。

2. 货到付款（payment after arrival of the goods）

这是指进口商在收到货物后立即或一定时期后汇付货款的方法。常用于寄售业务。另外，在空运条件下，为适应空运到货迅速的特点，进口商可采取凭卖方发货通知汇付货款的做法。

【经典案例分析】

装运后T/T收汇失败案

广东A出口公司与俄罗斯B进口公司签订了一份五金产品的CIF合同，两个40'FCL。合同约定分两次等量装运，两次交货的间隔时间为30天，付款方式为在装运后30天内T/T付款，出口商收齐货款后将单据用快递邮寄给进口商供其提货。A公司将第一个货柜按时装运出口。30天后，A公司催B公司支付货款，同时按约定时间间隔发出第二个货柜。B公司先是推脱过几天付款，后又称其为代理商，正催促其委托人付款。A公司继续催B公司付款，但B公司开始回避，并最后索性不再接听A公司的去电或回复任何邮件。货到目的港两个月后，A公司见催收无果，只得联系船公司将货物运回。由于货物在目的港滞留太久，造成大量的滞港费用，加上来回的运费和进出口国家的清关费用，使A公司遭受巨大的损失。

分析：在国际贸易中，出口商先发货、进口商后付款是常见做法，出口商发货后因此很容易处于风险之中。

（1）信用风险。对出口方来说，无任何风险的汇款方式为随订单付现，其他付款方式都或多或少有一定的风险。即使是装运前电汇，如果进口商不及时付款，出口商将陷入尴尬境地：一是合同规定的装运期已过；二是出口方已备好货，如不装运将转为库存，影响资金的周转和经济利益的实现。如采用装运后付款，如果进口商以降价或拒付为要挟而不及时赎单，最终出口商将不得不接受进口商的要求，从而造成巨额损失。到付的风险更是不用说了。

（2）出口商与资信情况不很了解的客户进行交易，最好不要采用装运后付款的方式，而应采用装运前付款的方式，或至少采用部分在装运前付款的方式，从而抑制进口商拒付的发生。对与俄罗斯、伊朗、非洲等高风险国家或地区开展贸易往来的，最好采用信用证结算或预付，否则应采取一定的措施以降低风险，如投保出口信用保险、续做保理业务等。

（3）本案例中出口商的不可取之处还在于，出口商在没有收妥第一笔货款之前，因单方面考虑交货期原因而将第二个货柜的货物贸然装运出去。在商业信用的结算方式下，出口商应争取分批装运、分批收款，收妥前一单货款后，才能将第二单货物装运出去。

【课堂活动8.2】

电放提单后的 T/T 收汇案

我国某公司一位业务员与国外客户商定，货款结算使用美元电汇支付。货物发出后十余天，该公司业务员收到客户电汇付款的银行收据传真件，当即书面指示船公司将货物电放（凭提单正本影印件提货）给提单上的通知人，客户将货提走，货款却未到账。经查客户在银行办理了电汇付款手续后，取得银行收据，马上传真给卖方，并要求立即电放货物，在拿到卖方给船公司的电放指示附件后，即去银行撤销了这笔电汇付款，造成了该公司8万美元的损失。请同学结合本案例及上文经典案例分析，尝试归纳出出口商在汇付中面临的风险情况。

二、托收（Collection）

（一）托收的含义及当事人

托收是指出口商委托银行向进口商收款的一种支付方式。主要涉及四个当事人：委托人（出口商）、托收行（出口地银行）、代收行（进口地银行）、付款人（进口商）。

（二）托收的种类

1. 光票托收

光票托收是指出口商只开汇票，不随附货运单据的托收。用于小额样品、货款尾数及其他费用的收付。

2. 跟单托收

跟单托收是指出口商将汇票连同货运单据一起交给银行委托代收货款的方式。可分为付款交单和承兑交单。

（1）付款交单。

付款交单（Documents Against Payment，D/P）是指出口商的交单以进口人的付款为条件。

①即期付款交单（D/P at sight）：指进口人见票时立即付款，领取货运单据。

②远期付款交单（D/P after sight）：指进口人见票时承兑，待汇票到期时，付清货款领

取货运单据。

（2）承兑交单。

承兑交单（Documents Against Acceptance，D/A）是出口商的交单以进口人的承兑为条件。即进口人承兑汇票后即可领取货运单据，待汇票到期时再付款。

（三）跟单托收的程序

跟单托收的程序如图8.2所示。

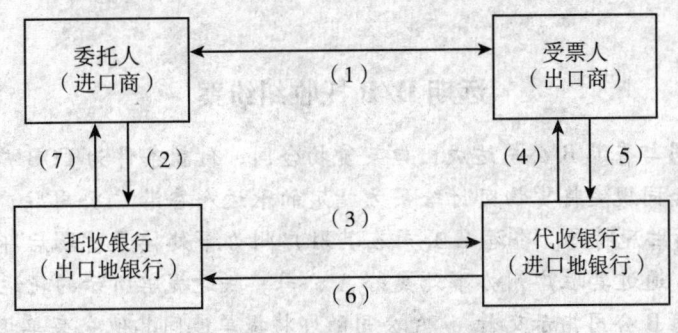

图8.2 跟单托收程序

说明：
（1）进出口双方订立合同，规定采用跟单托收方式结算。
（2）出口商发货后填写托收委托书（告知托收行如何处理该笔交易及发生问题时应采取的措施），连同货运单据一并交给托收行，委托其代收货款。
（3）托收行收到托收指示和单据后，检验单据与托收指令是否相符，确保单据没有遗漏后，将托收委托书连同汇票、单据寄代收行，委托其代为收款。
（4）代收行收到汇票和单据后，及时向进口人提示。
（5）如果是即期汇票，进口人立即付款，取得单据；如果是远期汇票，进口人立即承兑。
（6）代收行收到货款后，拨付托收行。
（7）托收行收到货款转交出口人。

（四）托收应当注意的问题

使用托收方式时，进口商可以获得不用垫付资金的好处；但出口商面临的风险和负担是多重的，其能否收回货款完全取决于进口商的信用，而且资金至少要占压从出售货物到收回货款这段时间。然而在市场竞争日益激烈的情况下，为推销商品和扩大出口，出口商有时也不得不采用这种方式；各国银行为助本国出口商一臂之力，也纷纷采取了相应的措施和办法，如出口保理、出口押汇等，以帮助出口商融通资金并提高其在国际市场的竞争能力。

在采用托收方式对外出口时，出口商要做好以下几项调查工作：
（1）了解进口商的资信情况，经营能力和经营作风等情况。
（2）争取使用CIF或CIP价格成交，原则上由出口商办理保险。

（3）严格按合同规定装运货物、制作单据，以防被进口商找到借口拒付货款。

（4）明确付款到期日，了解进口国有关规定和做法。比如，北欧、拉美许多国家习惯把"单到"付款或承兑视为"货到"付款或承兑，出口商应对此明确作出相应规定。

（5）明确当事人权利、义务和责任，了解国际商会《托收统一规则》（URC522）的主要内容。

（6）拒付前后的措施。在进口地找妥代理人，一旦遭到拒付，可以委托代理人代办货物存仓、保险、转售或回运手续。

【经典案例分析】

远期 D/P 托收纠纷案

广州某 A 公司与香港 B 公司达成出口某货物合同，付款条件为 FOB 广州，D/P 见票后 60 天，A 公司按合同规定将货物交付给买方指定的承运人香港 C 公司驻广州办事处，并由该公司负责运往荷兰鹿特丹。香港 C 公司在其驻广州办事处接管货物后即签发联合运输提单正本一式三份，通过其驻广州办事处交给 A 公司。联运提单所示的托运人为 A 公司，并载明货物"凭香港 B 公司指示交付"。A 公司随即将提单连同其他全套单据委托广州的银行收款。因 B 公司到期拒不付款，接受银行委托的香港代收行只得将全套单据通过银行退回 A 公司。A 公司经向香港 C 公司查询货物下落时才获悉，C 公司已按联运提单所载"凭香港 B 公司指示交付"的文字，将从香港把货物运至鹿特丹的船公司出具的正本提单交给香港 B 公司，货物也早已被荷兰的收货人凭香港船公司的提单提走。A 公司遂以承运人无单放货为由，在广州法院对 C 公司提起诉讼，并要求赔偿全部损失，法院判决支持原告的全部理由和请求。但是，由于 C 公司已宣告破产清理，驻广州办事处早已停业，而 B 公司在不久前也已倒闭歇业，A 公司要追回损失事实上已无可能。

分析：这是一起收货人与承运人相互勾结共同欺诈我出口方的案件。使用 D/P 付款方式签订 FOB 出口合同，对出口方来说存在很大的风险。

（1）出口方最好不要采用远期付款交单方式。且有的国家的银行当收到其他银行寄来的载明按远期付款交单的托收指示时，习惯上均在付款人承兑汇票后即将单据交给付款人，也就是把 D/P 改作了 D/A 处理。本案中 B 公司对代收行先做出承兑，实际上是装模作样迷惑我方；等汇票 60 天到期后，代收行再去找 B 公司要求其付款时为时已晚，出口方落得钱、财两空。

（2）在使用 D/P 付款方式签订 FOB 出口合同时，要采取相应的防范措施：认真调查贸易伙伴的资信，例如本案中的诈骗套路，曾被同一伙香港人多次用来诈骗国内不同出口商；国外代收行最好不由进口人指定，至少事先征得托收行的同意；卖方最好预收一定的押金，金额用 D/P AT SIGHT 支付；在提单"CONSIGNEE"一栏中加注"to ORDER of SHIPPER"或"to ORDER of…BANK"等，加强出口方对进口方和承运人的约束；续做国际保理或出口信用保险，加强事前控制风险；等等。

【课堂活动8.3】

承兑交单项下产生的欠款案

1999 年春交会，广东某进出口公司（以下称广东公司）与埃及 Hussein 公司建立了业务关系，Hussein 公司向广东公司订购了近 3 万美元的货物，双方同意以信用证方式结算。初次合作较为愉快，广东公司及时收回了货款。之后，Hussein 公司继续向广东公司订购货物，货物总值达 26 万美元。这次，Hussein 公司提出了 D/A60 天的付款方式，广东公司因急于开发市场，接受了这个付款要求。货物发出后，广东公司及时议付单据，Hussein 公司承兑了汇票并接受了货物。可是汇票到期之日，该公司拒绝付款。广东公司催收一年后，Hussein 公司以货物质量有问题、不符合当地市场需求、货物仍未售出等为由，坚决拒付货款。广东公司委托东方国际保理中心追讨货款，Hussein 公司被迫承认早已售完货物，但因经营管理不善已近关门倒闭的边缘，根本无法偿还对广东公司的欠款。请结合本案例及上文经典案例分析，尝试归纳出出口商在托收中面临的风险情况。

三、银行保函与备用信用证

（一）银行保函

1. 银行保函的定义

银行保函（Banker's Letter of Guarantee L/G）是指银行开立的担保履行某项义务并承担经济赔偿责任的书面承诺文件。实际上是银行以自己的信用代替客户的信用向受益人提供担保。银行签发保函前，都会要求客户签署对等（反向）保障函，即同意偿还银行根据保证文件已经付出的金额。

2. 银行保函的当事人

委托人——保函的申请人，一般是合同的债务人。

担保人——保函的开立人，一般是银行。

受益人——通过保函取得赔偿的人。

3. 银行保函的种类

银行保函不仅用于货物买卖，而且更多地用于国际经济合作业务中。

（1）投标保函（Tender Guarantee）。是指银行应投标人的申请向招标人（受益人）发出的保证书。担保金额一般为项目金额的 2%~5%。

（2）履约保函（Performance Guarantee）。履约保函在货物进出口业务中使用时，可分为进口履约保函和出口履约保函。前者是指银行对进口人必须付款所做的保证，后者是银行对出口人必须交货所做的保证。

（3）还款保函（Repayment Guarantee）。又称预付款保函或定金保函。是指银行应合同一方的申请，向另一方开立的保证书。

（二）备用信用证

1. 备用信用证的定义

备用信用证（Standby L/C），又称担保信用证或保证信用证。是指开证行根据开证申请人的请求向受益人开立的承担某项义务的凭证。

【资料卡】 备用信用证是在有些国家禁止银行开立保函的情况下，开证申请人违约时受益人取得补偿的一种方式。使用备用信用证时，可选择适用《国际备用信用证惯例》（ISP98），即国际商会第 590 号出版物。

2. 备用信用证与保函的异同

相同点：法律当事人基本相同，都可以提供担保，都具有第一性、独立性、单据化等特点。

不同点：备用信用证比银行保函操作程序更简单；到期地点可在开证行所在地还可在受益人所在地；不受任何其他合约的约束；付款方式灵活多样。

3. 备用信用证与跟单信用证的异同

相同点：都是独立的支付文件，开证行承担第一性付款责任，凭规定的单据符合信用证条款而付款。

不同点：前者在申请人违约时使用，后者在受益人履约时使用；前者可适用于货物以外的多方面交易，后者只用于货物的买卖；前者只凭受益人提供的开证申请人的违约证明付款，后者凭符合信用证条款的单据付款。

四、国际保理

国际保理即国际保付代理，简称保理（Factoring）。它是指在托收、赊账（Open Account）等情况下，保理商（Factor）向出口商提供的一项包括对买方资信调查、百分之百的风险担保、催收应收账款、财务管理以及融通资金等内容的综合性金融服务。

出口保理的一般做法是：出口商发货后，把合同副本和发票副本提交给保理商，在约定的时间内，如90天，进口商如未履行付款义务，保理商将对出口商付款。保理商一经付款，就获得了出口商的一切权利，可以强制进口商付款、也可以诉诸法庭。保理商在提供保收服务的同时也可提供资金融通。保理业务主要是针对承兑交单（D/A）、赊销（O/A）而设计的一种综合性金融服务，当结算方式是承兑交单或赊销时，出口商可续做保理业务来防范收款风险。

第三节　信用证

【导入习题8.3】

下列结算方式中，有助于解决出口商发货后的收款风险的有（　　），银行承担第一性付款责任的有（　　）。

　　A. 汇付　　B. 托收　　C. 信用证　　D. 银行保函
　　E. 备用信用证　　F. 国际保理

一、信用证的概念、作用和性质

信用证（Letter of Credit, L/C）是指开证行根据申请人的请求，向受益人开立的有一定金额的在一定期限内凭规定单据在指定的地点支付的书面保证。信用证实质上是银行代表其客户（买方）向卖方有条件地承担付款责任的凭证。

信用证具有银行的保证作用，使买卖双方免去了互不信任的顾虑。对卖方来说，装运后，凭规定的单据即可向银行取得付款；对买方来说，付款即可得到货运单据，通过信用证条款控制卖方。同时，信用证还具有融通资金作用，可用于进出口押汇，以缓解资金紧张矛盾。因此，在国际贸易结算业务中，信用证被广泛采用，特别是初次交易的双方对此更为青睐。

信用证与汇付和托收相比，银行的服务有了质的飞跃，不仅提供服务，还提供信用和资金融通，属于银行信用。但是，信用证的使用也有其不完善的地方，如买方不按时、按要求开证，故意设陷阱，使卖方无法履行合同，甚至遭受降价、拒付、收不回货款的损失；卖方制作假单据使之与信用证相符，骗取买方货款；信用证费用较高，业务手续烦琐，审证、审单技术性较强，稍有失误就会造成损失等。因此，在买方市场的情况下，买方更愿意使用非信用证支付方式。

二、信用证的特点

（1）开证行承担第一性付款责任，进口商只承担第二性付款责任。
（2）信用证是一项独立的文件，一经开出就独立于合同以外。
（3）信用证是纯单据业务。各有关方面处理的是单据，而不是与单据有关的货物或服务。只要"单证一致"、"单单一致"，银行就必须付款。

【课堂活动8.4】
我国广东某出口公司收到国外客户通过开证行开来的不可撤销信用证一份，并已按来证要求装货出运；但尚未将单据交广州中行议付之前，突然收到开证行通知，称开证申请人已经倒闭，为此开证行不再承担付款责任。试问：我出口公司应如何处理？为什么？

三、信用证的当事人

基本当事人有三个：开证申请人、开证行、受益人。此外还有通知行、保兑行、议付行、付款行、偿付行等。
（1）开证申请人（Applicant）。又称开证人（Opener），申请开证的人，一般是买方。
（2）开证行（Opening Bank，Issuing Bank）。开立信用证的银行，一般是进口地银行。
（3）受益人（Beneficiary）。有权使用信用证的人，一般是卖方。
（4）通知行（Advising Bank；Notifying Bank）。受开证行委托，将信用证转递给受益人的银行，一般是出口地银行。
（5）议付行（Negotiating Bank）。根据开证行的授权买入或贴现受益人提交的符合信用证规定的票据的银行。
（6）付款行（Paying Bank；Drawee Bank）。开证行的付款代理，代开证行验收单据并付款，有权向受益人追索。
（7）偿付行（Reimbursement Bank）。它也是开证行的付款代理，但它不负责审单，只是代替开证行对议付行和付款行进行偿付的银行。
（8）保兑行（Confirming Bank）。应开证行请求在信用证上加具保兑的银行，它具有与开证行相同的责任和地位。
（9）转让行（Transferring Bank）。应受益人的委托，将信用证转让给信用证的受让人即第二受益人的银行。它一般为通知行、议付行、付款行或保兑行。

【课堂活动 8.5】

我某出口企业收到国外开来的不可撤销信用证一份，由设在我国境内的某外资银行通知并加保兑，我出口企业在货物装运后，正拟将有关单据交银行议付时，突然接到该外资银行通知，由于开证银行已宣布破产，该行不承担对该信用证的议付或付款责任，但可接受我出口公司委托，向买方直接收取货款。对此，我方应如何处理为好？请简述理由。

四、信用证的结算程序

（一）开证、通知

（1）买卖双方订立合同。
（2）进口商申请开立信用证。
（3）开证行开立信用证。
（4）通知行通知出口商信用证开到。

（二）交单、付款

（1）出口商审证、发货、交单。
（2）议付行议付、索偿。
（3）开证行或其指定银行向议付行偿付。
（4）进口商付款、赎单、提货。

跟单信用证程序如图 8.3 所示。

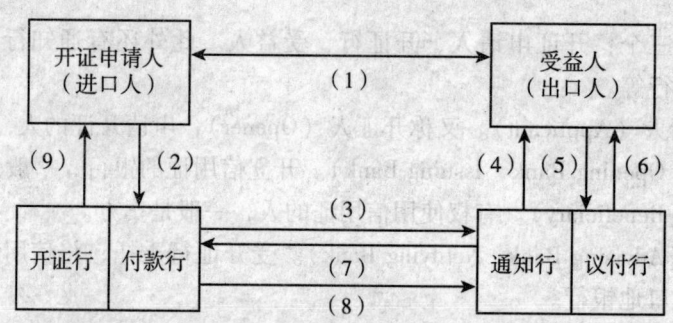

图 8.3　跟单信用证程序

说明：

（1）进出口双方订立合同，规定采用跟单信用证方式结算。

（2）进口商向当地银行提出申请，依照合同填写开证申请书，并交纳押金或提供其他保证，请求开证。

（3）开证行根据申请书的内容，向出口商开出信用证，并寄交出口商所在地分行或代理行（通知行）。

（4）通知行核对印鉴无误后，将信用证交出口商。

（5）出口商审证无误后，按信用证规定装运货物，并备齐全套货运单据及开出汇票，在信用证规定的期限内，送请议付行议付。

（6）议付行按信用证条款审核单据无误后，按汇票金额扣除利息，把货款垫付给出口商。

（7）议付行将汇票和货运单据寄开证行（或其指定的付款行）索偿。

（8）开证行（或付款行）核对单据无误后，偿付货款给议付行。

（9）开证行通知进口商付款赎单。

五、信用证的开立形式

1. 信开本

信开本是指开证银行采用印就的信函格式开立的信用证，开证后以航空邮寄送通知行。这种形式现已很少使用。

2. 电开本

电开本是指开证行使用电报、传真、SWIFT等电讯方法将信用证条款传达给通知行的信用证。电开本又可分为简电本、全电本和SWIFT信用证。其中SWIFT信用证是指通过SWIFT系统开立并予以通知的信用证。所谓SWIFT，即"环球银行间金融电信协会"（Society for Worldwide Interbank Financial Telecommunication），于1973年在比利时布鲁塞尔成立。该组织设有自动化的国际金融电讯网，协会成员银行可以通过该电讯网办理信用证业务以及外汇买卖、证券交易、托收等。

六、信用证的内容（参见附录四信用证样本）

不同银行开出的不同格式的信用证，其主要内容基本一致，一般都包括下列几项：

（1）对信用证本身的说明：信用证的类型、信用证号码、开证日期、信用证金额、受益人、开证申请人、开证银行、通知银行、有效期、到期地点、交单期限、开证文句及对付方式等。

（2）对汇票的说明：出票人、付款人、付款期限和出票条款。

（3）对单据的说明：商业发票、提单、保险单、产地证明书等单据的名称、内容和份数。

（4）对货物的说明：品名、规格、数量、包装及单价。

（5）对运输的说明：装运期限、起运地和目的地、运输方式、可否分批装运和转运等。

（6）其他：特别条款、开证行对议付行的指示、背批议付金额条款、索汇方法和寄单方法、开证行付款保证、惯例适用条款、开证行签字等。

七、信用证的种类

（一）跟单信用证与光票信用证

（1）跟单信用证（Documentary Credit）。是指开证行凭跟单汇票或仅凭单据付款的信用证。

(2) 光票信用证（Clean Credit）。是指开证行仅凭不附单据的汇票付款的信用证。

（二）不可撤销信用证和可撤销信用证

(1) 不可撤销信用证（Irrevocable L/C）。是指信用证开出后，在有效期内未经受益人及有关当事人同意，开证行不得单方面修改和撤销的信用证。

(2) 可撤销信用证（Revocable L/C）。是指信用证开出后，不必征得受益人或有关当事人同意，开证行有权随时撤销的信用证。

（三）保兑信用证和不保兑信用证

(1) 保兑信用证（Confirmed L/C）。是指开出的信用证，由另一家银行保证对符合信用证条款规定的单据履行付款义务的信用证。

(2) 不保兑信用证（Unconfirmed L/C）。是指开出的信用证没有经另一家银行保兑的信用证。

（四）即期信用证和远期信用证

(1) 即期信用证（Sight L/C）。是指开证行或付款行收到符合规定的跟单汇票后，立即付款的信用证。

(2) 远期信用证（Usance L/C）。是指开证行或付款行收到符合规定的单据后，不立即付款，而是待信用证到期日时再付款的信用证。远期信用证又可分为：

① 承兑信用证（Acceptance L/C）。是指以开证行作为远期汇票付款人的信用证。

② 延期付款信用证（Deferred Payment Credit）。是指受益人不用开具汇票，开证行保证货物装船后或收单后若干天付款的信用证。

（五）可转让信用证和不可转让信用证

(1) 可转让信用证（Transferable L/C）。是指信用证规定受益人（第一受益人）可以将使用信用证的权利转让给其他人（第二受益人）的信用证。信用证只能转让一次，但允许第二受益人将信用证重新转让给第一受益人。

(2) 不可转让信用证（Non-transferable L/C）。不允许受益人将使用信用证的权利转让给他人，并未注明"可转让"者，即为不可转让信用证。

（六）循环信用证（Revolving L/C）

循环信用证是指信用证被全部或部分使用后，其金额又恢复到原金额，可再次使用，直至规定的次数或规定的总金额用完为止的信用证。

(1) 按时间循环信用证。指受益人在一定的时间内可多次支取信用证规定的金额。

(2) 按金额循环信用证。指受益人金额议付后，仍恢复到原金额，可再次使用，直至用完规定的总金额为止。恢复到原金额的具体做法有以下三种：

① 自动循环。指每期用完一定金额后，信用证可自动恢复到原金额。

② 非自动循环。指每期用完一定金额后，须接到开证行通知才能恢复到原金额。

③ 半自动循环。指每期用完一定金额后，在若干天内若开证行未提出中止循环的通知，信用证即自动恢复至原金额。

（七）对开信用证（Reciprocal L/C）

对开信用证是指两张信用证的开证申请人互以对方为受益人而开立的信用证。第一个证的受益人就是第二个证（回头证）的开证申请人。两证金额大致相等。两证可同时互开，也可先后开立。

（八）对背信用证（Back to Back L/C）

对背信用证又称转开信用证，是指受益人要求原证的通知行或其他银行以原证为基础，另开的一份内容相似的新信用证。

（九）预支信用证（Anticipatory L/C）

预支信用证是指开证行授权通知行，允许受益人在装运交单前预支货款的信用证。这是进口商通过银行开立给出口商的一种以出口贸易融资为目的的信用证。预支货款的条款常用红字打出，所以也称"红条款信用证"（Red Clause L/C）。

（十）付款信用证（Payment L/C）、承兑信用证（Acceptance L/C）和议付信用证（Negotiation L/C）

付款信用证是指开证行指定某一银行付款的信用证。一般不需要出具汇票，凭受益人提交的单据付款。

承兑信用证是指开证行指定某一银行承兑的信用证。即当受益人向指定银行开具远期汇票并提示时，指定银行即行承兑，并于汇票到期日履行付款。

议付信用证是指开证行允许受益人向某一指定银行或任何银行交单议付的信用证。通常在单证相符的情况下，银行扣除垫付利息和手续费后，即将款项付给受益人。它包括公开议付和限制议付两种，有即期和远期之分。我国出口业务中大多使用议付信用证。

八、《跟单信用证统一惯例》

《跟单信用证统一惯例》（Unifoum Customs and Practice for Documentary Credits，UCP），由国际商会于1933年公布。该惯例对信用证有关当事人的权利和义务、信用证条款的规定以及信用证操作规则都作了明确的解释，为世界各国商人所接受，因此成为国际贸易界人士参照执行的国际惯例。随着国际经济的不断发展变化，国际商会适应时代要求先后对其进行了多次修改，目前最新的版本是已于2007年7月1日实施国际商会第600号出版物，即《跟单信用证统一惯例》600号（简称《UCP600》）。

【经典案例分析】

信用证"暂不生效"条款案

有一家意大利银行开出的信用证规定，该证只有再收到意方进口许可证的通知后才生效,而这种生效还需经开证申请人的授权(THIS CREDIT IS NOT OPERATIVE, IT WILL BECOME OPERATIVE AS SOON AS THE APPLICANT OBTAINS THE ITALIAN IMPORT LICENSE, WE SHALL ADVISE YOU OF THE RECEIPT OF IMPORT LECENSE AFTER WHICH DATE THE CREDIT WILL BECOME VALID)。

分析:该证虽标有不可撤销信用证的字样,但在实际运作中却与可撤销信用证毫无不同。因为开证申请人自始至终都控制着整笔交易,而受益人则完全处于被动地位。

这种带有未生效条款的信用证,即为软条款的信用证。通常可分为以下几种情况:开证行不通知、不发修改书等不生效,开证申请人不出具某种证书或收据、不来验货、不通知船公司船名等不生效,还常伴有要求出口商支付5%甚至更高履约金的字样。其中不少是证外合同中早就规定好了的。因为信用证不生效,即无法出运货物,而一旦这期间货物的国际市场价格下跌或有其他对开证申请人不利的因素,申请人就会趁机拒发生效通知,使信用证无法生效,从而最终使受益人不能及时提交完整的出口单据给议付行寄单索汇,也使开证行自行免除跟单信用证项下的付款责任。而期间那些5%甚至更高的履约金及佣金早已落入中介人或开证申请人囊中,此时,作为出口公司则既遭受了损失,又吃了哑巴亏。

在信用证分为撤销和不可撤销两大类的同时,实际上还存在着第三类表面为不可撤销、事实上却附有大量软条款的信用证。这种所谓软条款的信用证(SOFT CLAUSE L/C),事实上就是开证行可以随时随地自行免责的信用证。就目前国际间运作实务来看,软条款信用证的来势较猛,其实是一种欺诈。

第四节 支付条款及各种结算方式的综合运用

【导入习题8.4】

贸易合同中的支付条款,其主要内容包括( )。
A. 付款时间　　B. 付款地点　　C. 支付金额
D. 支付方法　　E. 支付条件

一、合同中的支付条款

在制定支付条款时,要在确保安全收汇、利于扩大贸易和资金周转的前提下,根据不同的客户、商品和市场,结合价格和汇率风险等因素进行综合考虑,选择适宜的结算方式。支付条款的主要内容包括付款的时间、地点、金额、方法及条件等。比如,若贸易双方同意以信用证方式支付,则必须将所开信用证的有关事项在合同中加以明确,包括开证时间以及信用证的种类、类型、金额、付款日期、有效期、到期地点等。

二、选择结算方式时的考虑因素

(1) 客户信用。事先做好对国外客户的信用调查,以便根据具体情况选用适当的结算方式。比如,在出口业务中,一般可采取跟单信用证方式;必要时也可争取以预付货款方式支付;对信用好的客户还可选择手续比较简单、费用较少的付款交单的托收方式;对一般客户则要慎用承兑交单或赊账交易方式。

（2）经营意图。例如，出口商在货物畅销时可提高售价，还可选择对己最有利的结算方式；而在货物滞销或竞争激烈时则可降低售价，而且在结算方式上也需作必要的让步。

（3）贸易术语。不同贸易术语所对应的交货方式和运输方式，适用于不同的结算方式。仍以出口商为例，在使用CIF、CFR等象征性交货的贸易术语时，可选择跟单信用证或付款交单方式收款；但在使用EXW这种属于实际交货的贸易术语时，以及在使用FOB、FCA这种由进口商安排运输方式的贸易术语时，一般都不宜采用托收的收款方式。

（4）货运单据。例如，海运提单或可转让的多式联运提单均为物权凭证，出口商在将提单交付进口商之前完全可以控制货物，故可使用信用证和托收方式结算货款；而航空、铁路或邮运的运输单据均非物权凭证，除非单据上的收货人是银行，否则都不宜做托收。

三、不同结算方式的选用

一笔交易通常只选择一种结算方式。但由于不同结算方式都各有利弊，为了加速资金周转和避开贸易风险，结算方式的综合使用已成为一种新的发展趋势。

（一）信用证与汇付相结合

这是指大部分货款采用信用证支付，余额用汇款方式进行结算。

（二）信用证与托收相结合

这是指部分货款用信用证支付，余额用托收方式结算。

（三）预付定金与跟单托收相结合

这是指进口商预付部分货款或一定比率的定金后，出口商发运货物，并从货款中扣除已收款项、将余额委托银行采用付款交单方式托收。如果进口商不付款，出口商可将货物运回，并从已收款中扣除运费等损失费用。

（四）备用信用证与跟单托收相结合

这是指出口商采用托收方式收款，同时要求进口商开立以卖方为受益人的备用信用证作为付款担保。一旦进口商拒付货款，出口商可凭进口商违约证明向开证行要求偿付。

（五）D/A与即期D/P相结合

这是指在加工装配业务中，有时来料、来件与成品分别作价，这时加工方进口料件，采用D/A付款；成品出口，采用即期D/P收款。

（六）远期L/C和即期L/C相结合

这是指在加工贸易中，加工方进口料件，采用远期信用证付款；成品出口，采用即期信用证收款，这种方法也称"对开信用证"。

（七）预支信用证与即期付款信用证相结合

这是指在加工贸易中，加工方进口料件，采用即期付款信用证支付；出口成品采用预支信用证收款。这种办法，便于委托方向加工方融通资金，躲避外汇管制，还可简化结算手续。

（八）汇付、保函、信用证三者相结合

在成套设备、大型机械产品和交通工具（如飞机、船舶）等的贸易中，由于货物生产周期较长、成交金额较大，进口方往往要求按工程进度和交货进度分若干期付款，即采用分期付款、延期付款方式。在这种情况下，一般采用汇付、保函、信用证相结合的结算方式。

（1）分期付款（Progression Payment）。指买方预付部分定金，其余货款根据商品制造或交货进度分若干期支付，在货物交付完毕时付清货款。在分期付款中，产品投产前，买方可采用汇付方式，先交部分货款作为定金，付出定金之前，买方往往要求卖方提供银行保函以保证按时交货，否则退回定金。其余货款，分期支付，买方开立不可撤销信用证即期付款。

（2）延期付款（Deferred Payment）。是指买方预付部分定金后，大部分货款在交货后相当长一段时间内分期采用远期信用证支付。延期付款其实是卖方给予买方的信贷。

【经典案例分析】

开证延误纠纷案

我某出口公司与外商就某商品按 CIF 即期信用证付款条件达成一项数量较大的出口合同，合同规定 11 月装运，但未规定具体开证日期，后来因该商品市场价格趋降，外商便拖延开证。我方为防止延误装运期，从 10 月中旬起多次电催开证，终于使外商在 11 月 16 日开来了信用证。但由于该商品开证太晚，使我方安排装运发生困难，遂要求对方对信用证的装运期和有效期进行修改，分别推迟一个月。但外商拒不同意，并以我方未能按期装运为由，单方面宣布解除合同，我方也便就此作罢。试分析：我方如此处理是否得当？

分析：我方处理不当，应吸取的教训有：

（1）合同中未就信用证开证日期作出明确规定显然不妥。

（2）按惯例，即使合同未规定开证期限，买方也应于装运期前开到信用证，买方未能及时开证，我方应保留索赔权。

（3）对于外商以我方未能按时装运为由单方面宣布解除合同我方不能就此作罢，因为买方未能按时开证违约在先，我方应索赔。

【课堂活动 8.6】

在一笔交易中，我方作为出口商要求以不可撤销的即期信用证付款，对方提出按即期 L/C 和即期 D/P 各 50% 方式支付。怎么办？

作 业

一、识记概念
汇票、汇付、托收、付款交单、承兑、银行保函、备用信用证、国际保理、信用证

二、解答问题
1. 常见的结算方式有哪几种？
2. 信用证和托收都是通过银行办理货款的收付，为什么这两种方式的性质不同？
3. 试述信用证各当事人之间的权利和义务。

三、实训练习
1. 我国 M 公司向香港 G 商出售货物一批，价格条件为 CIF 香港，付款条件为 D/P 见票后 30 天。M 公司同意 G 商指定的香港汇丰银行为代收行。M 公司在合同规定的装船期限内将货物装船，取得清洁提单后，随即出具汇票连同提单、商业发票等委托中国银行通过香港汇丰银行向 G 商收取货款，5 天后所装货物安全运抵香港，因当时该商品的行情看涨，G 商凭信托收据向汇丰银行借取提单提货，并将部分货物出售。不料，因到货过于集中，货物价格迅速下跌，G 商遂以缺少保险单为由，在汇票到期时拒绝付款，你认为 M 公司应如何处理此事，请说明理由。

2. 我某出口公司按 CIF 条件，凭不可撤销议付信用证方式向某外商出售货物一批。该商按合同规定开来的信用证经我方审核无误。我出口公司在信用证规定的装运期限内将货物在装运港装上开往目的港的海轮，并在装运前向保险公司办理了货物运输保险。但装船后不久，海轮起火爆炸沉没，该批货物全部灭失。外商闻讯后来电表示拒绝付款。你认为，我出口公司应如何处理？并根据《INCOTERMS 2000》和《UCP600》说明理由。

3. 某外贸专业公司从国外某商行进口一批钢材，货物分两批装运，不可撤销信用证支付，每批分别由中国银行开立一份信用证。第一批货物装运后，卖方在有效期内向银行交单议付，议付行审单后，即向中行索偿货款，随后中行对国外货款作了偿付。我方在收到第一批货物后，发现货物品质不符合同，因而要求开证行对第二份信用证项下的单据拒绝付款，但遭到中行拒绝。中行这样做是否有理？

4. 某公司以 CIF 鹿特丹条件与外商成交，出口一批货物，按发票金额 110% 投保一切险及战争险。售货合同的支付条款只简单填写 "Payment by L/C"（信用证方式支付）。国外来证条款中有如下文句 "payment under this credit will be made by us only after arrival of goods at Rotterdam"（该证项下的款项在货到鹿特丹后由我行支付）。卖方审证时未发现此问题，未洽对方改证。我外贸公司交单结汇时，银行也未提出异议。不幸 60% 的货物在运输途中被大火烧毁，船到目的港后开证行拒付全部货款。对此应当如何处理？

第九章

检验、索赔、不可抗力和仲裁

第一节 货物的检验

【导入习题9.1】

判断所收发货物的品质、数量和包装等是否符合合同要求,可以参考以下单证(　　)。
A. 装箱单　　B. 提单　　C. 检验证书　　D. 受益人证明

一、货物检验的意义及合同中的检验条款

货物检验(Commodity Inspection),是指专门的进出口商品检验机构和其他指定的检验机构,依照法律、法规或进出口合同的规定,对进出口商品的品质、数量、包装及安全性能等进行各种分析和测量,并出具检验证书的活动。

在国际贸易中,货物经过长途运输,经常发生残损、短少甚至灭失等现象,这样就需要一个公正的、具有商品专业知识的第三者,对货物进行检验或鉴定,以查明货损原因,确定责任归属,以利货物的交接和交易的顺利进行。因此,货物检验是国际贸易中不可缺少的重要环节,是买卖双方交接货物、结算货款、处理索赔和理赔的重要依据。

检验条款是国际贸易合同中的一项重要条款。检验条款的主要内容包括检验时间和地点、检验机构、检验标准和方法、检验证书的种类以及复验的时间、地点和机构。订立检验条款应注意以下问题:检验条款应与其他条款相互衔接,防止相互矛盾;应明确、具体规定检验标准和方法,以便分清责任;要明确规定复验期限、地点和机构。

二、货物检验的时间和地点

检验时间和地点的确定,其实就是检验结果以哪一方提供的检验证书为准的确定,直接关系到贸易双方的切身利益。在国际贸易中,关于检验时间和地点的做法主要有以下三种规定。

1. 在出口国检验

(1) 工厂检验，即产地检验。

(2) 装船前或装运时在装运港（地）检验。

这两种规定办法从根本上否定了买方对货物的检验权，对买方极为不利。

2. 在进口国检验

(1) 目的港卸货时检验。检验货物的质量与数量。

(2) 用户所在地检验。检验各项内容，主要适用于需要安装调试进行检验的成套设备、机电仪表以及在卸货口岸开件检验后难以恢复原包装的商品。

这两种规定办法从根本上否定了卖方对货物的检验权，对卖方极为不利。

3. 在出口国检验，进口国复验

指在装运地的检验机构验货后出具检验证书，作为卖方收取货款的出口单据之一，但不作为买方收货的最后依据。货到目的地后的一段时间内，买方有权请求合同规定的检验机构进行复验，出具复验证明。复验中如果发现到货品质、重量或数量与合同规定不符且属于卖方责任，买方可在规定时间内凭复验证明向卖方提出异议和索赔，甚至拒收货物。

这种规定办法较公平合理，照顾到了买卖双方的利益，因而在国际贸易中被广泛采用。

三、货物检验的机构

国际上的商品检验机构，有官方的，也有民间私人或社团经营的。有些国家的官方商品检验机构只对特定商品（粮食、药物等）进行检验，如美国食品和药物管理局（FDA）。国际贸易中的商品检验主要由民间机构承担，民间商检机构具有公证机构的法律地位，比较著名的有：瑞士通用公证行（SGS）、英国英之杰检验集团（IITS）、日本海事鉴定协会（NKKK）、新日本鉴定协会（SK）、美国安全试验所（UL）、美国材料与试验学会（ASTM）、加拿大标准协会（CSA）、国际羊毛局（IWS）等。

外国检验机构经批准也可在我国设立分支机构，在指定范围内接受进出口商品检验和鉴定业务。

我国进出口商品检验主要由国家质量监督检验检疫总局（简称国家质检总局，State Administration for Entry-Exit Inspection and Quarantine of People's Republic of China）及其各省、自治区、直辖市的出入境检验检疫局承担。此外，还有各种专门从事药品的质量检验，计量器具的量值检定，锅炉压力容器的安全监督检验，船舶、飞机的适航检验已经核承压设备的安全检验等官方检验机构。中国检验认证（集团）有限公司（CCIC）是中国加入WTO后成立的一家以"检验、鉴定、认证、测试"为主业的跨国检验认证机构。我国商检机构还和一些国外检验机构（如SGS）建立了委托代理关系和合资检验机构（如OMIC）。

四、货物检验的类型、标准、方法和程序

货物检验有两种类型。一是法定检验，是指国家出入境检验检疫机构及其他指定的检验机构根据国家的法律、行政法规的规定，对《中华人民共和国进出口商品检验法》规定的

进出口商品或有关的检验事项，按照国家技术规范实行强制性的检验或检疫。二是商业检验，即公证鉴定，是指检验检疫机构根据贸易关系人（进出口双方，收发货人，运输、保险契约的有关各方）的申请或国外检验机构的委托，按照贸易合同中规定的质量、数量和包装等条款的要求，办理进出口商品鉴定并签发各种鉴定证书。

货物检验的方法主要有感官检验、化学检验、物理检验、微生物检验等。检验程序为：①报验（Application for Inspection）。进出口商向商检机构申请检验，填写报验申请单，同时提交合同、信用证、成交样品及其他必要的资料。②抽样（Sampling）。除委托检验外，商检机构一般不接受现场检验、鉴定，应按规定的方法和比例抽取样品待检。③检验（Inspection）。商检机构应在认真研究待检项目和合同或信用证的规定后，明确检验的依据、内容、标准和方法，然后对抽样进行检验。④签证（Visa）。法定检验签发"出/入境货物通关单"，公证鉴定业务签发"检验证书"或"检验情况通知单"。

五、检验证书

检验证书（Certificate of Inspection）是指进出口商品检验机构检验、鉴定货物后出具的证明性文件。

（一）检验证书的作用

(1) 买卖双方交接货物的依据。
(2) 货物通关及征免关税的凭证。
(3) 计收货物运输费用的依据。
(4) 出口商议付货款的有效证件。
(5) 索赔、仲裁及诉讼的凭证。

（二）检验证书的种类

(1) 品质检验证书。
(2) 重量或数量检验证书。
(3) 兽医检验证书。
(4) 卫生/健康证书。
(5) 消毒检验证书。
(6) 熏蒸检验证书。
(7) 残损检验证书。
(8) 积载鉴定证书。
(9) 财产价值鉴定证书。
(10) 船舶检验证书。
(11) 生丝品质及公量检验证书。
(12) 产地证明书。
(13) 舱口检视证书、监视装/卸载证书、舱口封识证书、油温空距证书、集装箱监装/拆证书。

（14）价值证明书。
（15）货载衡量检验证书。
（16）集装箱租箱交货证书、租船交船剩水/油重量鉴定证书。

六、复验的时间和地点

复验，是指买方对到货拥有的复验权。买方对到货的复验，既不是强制性的，也不是接受货物的前提条件，复验与否由买方自理。如果复验，则应在合同中将复验的期限、地点和机构等规定清楚。一般来说，复验的期限就是买方索赔的期限。买方只有在规定的期限内行使其权利，索赔才有效，否则无效。

【经典案例分析】

买方复验权被排除案

某进出口合同中的检验条款规定："以装运地检验报告为准"。但货到目的地后，买方发现货物与合同规定不符，经当地商品检验机构出具检验证书后，买方可否向卖方索赔？为什么？

分析：不一定。"以装运地检验报告为准"表明：卖方对交货后货物所发生的变化不承担责任，实际上排除了买方的复验权。除非买方能证明，他所收到的与合同规定不符的货物是由于卖方的违约或货物的固有瑕疵所造成的。

【课堂活动9.1】

转售货物的检验索赔案

我出口公司A向新加坡公司B以CIF新加坡条件出口一批土特产品，B公司又将该批货物转卖给马来西亚公司C。货到新加坡后，B公司发现货物的质量有问题，但B公司仍将原货转销至马来西亚。其后，B公司在合同规定的索赔期限内凭马来西亚商检机构签发的检验证书，向A公司提出索赔要求。请问：①假设订约时我A公司不知该货物要转销马来西亚，我A公司应如何处理，为什么？②假设订约时我A公司已知该货物要立即转运马来西亚，我A公司应如何处理，为什么？

第二节 货物的索赔

【导入习题9.2】

当买方发现所收到的货物的品质、数量、包装等有问题时，可能的索赔对象有（　　）。
　　A. 卖方　　B. 运输方　　C. 保险公司　　D. 其他

一、违约责任的归属

合同一经成立，当事人各方即受合同的约束。任何一方不履行合同义务或未按合同规定履行合同义务均构成违约。对违约的处理，各国的法律和《公约》所规定的办法不尽一致，但概括起来主要有三种办法，即要求实际履行、损害赔偿和撤销合同。

(一) 英国法的规定

英国法把合同条款划分为要件（Condition）和担保（Warranty）两类。要件是指合同中的主要条件；担保是指合同中的一些次要条件。通常把商品的质量、数量和交货时间、付款条件视为要件，而把与商品无直接联系的一些次要条款视为担保。

英国法对违约的处理规定为以下几项：

(1) 违反要件，受害方有权解除合同，并要求损害赔偿。

(2) 违反担保，受害方不能解除合同，只能要求损害赔偿。

(3) 受害方有权把违反要件作为违反担保处理，即只要损害赔偿，不主张解除合同。

(4) 如果合同有相反规定或受害方已做了某些行为，例如，货物品质不符合规定，按违反要件规定，本可主张解除合同，但如买方已接受了货物或做了某些与货物所有权相抵触的行为，那就只能要求损害赔偿。

(二)《联合国国际货物销售合同公约》的有关规定

《联合国国际货物销售合同公约》把违约分为根本性违约（Fundamental Breach）和非根本性违约（Non-fundamental Breach）两类。根本性违约是指"一方当事人违反合同的结果，如使另一方当事人蒙受损害，以致实际上剥夺了他根据合同规定有权期待得到的东西，即为根本违反合同"。《公约》规定，如果一方当事人根本违反合同，另一方当事人有权撤销合同并要求损害赔偿。否则只能要求损害赔偿，不能解除合同。

英国对违约的划分是从合同条款本身来判断的，《公约》却是从违约的后果及其严重性来确定的。

(三) 我国《合同法》的规定

1. 违约构成要件

(1) 有违约行为。包括不履行，迟延履行，不当履行以及拒绝履行，也包括全部不履行或部分不履行。

(2) 无免责事由。如有免责事由，行为人不负违约责任。

违约责任以有效合同为前提，不以损害有无为要件。违约行为的主体必须是合同当事人，只要无免责事由，违反合同规定即构成违约行为。

2. 免责事由

(1) 违约方遭遇不可抗力。

(2) 受损害方自己有过失。

(3) 合同中事先约定的免责事由。

3. 承担违约责任的方式

采取以继续履行合同为主、赔偿为辅的救济原则，在继续履行合同的基础上，支付违约金或赔偿损失。

【经典案例分析】

水果短量遭拒收案

我国某公司向匈牙利出口水果一批,支付办法为货到验收后付款。货到经买方验收后发现水果总重量缺少10%,而且每个水果的重量也低于合同规定,匈牙利商即拒绝付款,也拒绝提货。后来水果全部腐烂,匈海关向中方收取仓储费和水果处理费共5万美元。问中方应如何办?

分析:根据《公约》,(1)首先应查明短量是属于运输途中的正常损耗还是中方违约。(2)如属于中方违约,则应分清是根本性违约还是非根本性违约。(3)如不属于根本性违约,匈方无权退货及拒付货款,只能要求减价或赔偿损失。(4)即使属于根本性违约,匈方虽可退货,但应负责妥善保管货物,并可对鲜活商品代为转售,以尽量减轻货物损失。如匈方未尽到妥善保管的义务,须对此承担责任。(5)本案短量10%,且每个水果的重量不符合合同,中方有一定责任,可按上述第(3)点来处理。

二、索赔与理赔处理实务

(一)索赔与理赔的产生

索赔(Claim)是指受损的一方,根据合同或法律规定,向违约方提出赔偿要求。而违约的一方对索赔进行处理,即为理赔(Claim Settlement)。索赔和理赔是一个问题的两个方面。对受损方而言,叫作索赔;对违约方而言,称为理赔。

索赔是处理违约的一种最常见的补救措施。此外,还可以采取如退货、更换、修理、减价、延迟履行、替代履行、解除合同等办法。按照一般规定,在采取其他补救措施时,不影响受损害方提出索赔的权利。但受损害方提出索赔时可否同时要求解除合同,则要视违约的具体情况而定。

索赔案件的发生,主要有以下原因:(1)卖方违约。如不交货,不按时交货,不按合同规定的品质、数量、包装等条件交货,或提供的单据与合同和信用证的规定不符等。(2)买方违约。如不按时开证,不按时付款赎单,无理拒收货物,或在买方负责运输的情况下不按时派船或签订运输合同等。(3)买卖双方均有违约行为。这可能是由于合同中有关条款的内容规定不明确,致使双方理解或解释不统一;又或在履约过程中,双方当事人对有关国际惯例以及对方国家的有关法规及习惯做法不了解等。

(二)索赔与理赔应注意的问题

1. 索赔方需注意的问题

(1)确定索赔对象。查明违约的责任归属,索赔对象或为交易中的对方,或为承运人或保险公司。

(2)遵守索赔期限。必须在合同规定的期限内索赔;如合同未作规定,买方行使索赔权利的最长期限为实际收到货物起不超过两年。

(3)确定索赔金额。根据合同预先的规定或实际损失情况,确定索赔的项目和金额。

(4)备齐索赔单证。包括提单、发票、保险单、装箱单、磅码单、商检机构出具的货损检验证书(或船长签署的短缺残损证明)以及索赔清单。

2. 理赔方应注意的问题

（1）对方索赔理由是否充足、属实。

（2）对方索赔证件和有关文件是否齐全、清楚、有无夸大损失等。

（3）合理确定赔付办法，如赔付部分货物、退货、换货、补货、修整、赔付一定金额、对索赔货物给予价格折扣或按残损货物百分比对全部货物降价等办法。

三、合同中的索赔条款

国际货物买卖合同的索赔条款有两种规定方式，一种是异议和索赔条款（Discrepancy and Claim Clause）；另一种是罚金条款（Penalty Clause）。

（一）异议和索赔条款

异议和索赔条款一般是针对卖方交货品质、数量或包装不符合合同规定而订立的，主要内容包括索赔的依据和索赔的期限等，有的合同还规定索赔金额和索赔办法。即使合同中未订立索赔条款，一旦发生违约，受害方有权根据法律主张适当的索赔，任何一方都不能以合同未作出明确规定而拒绝理赔。

1. 索赔依据

索赔依据是指索赔时应提供的证据及出证机构。索赔依据包括法律依据和事实依据。法律依据是指合同和法律规定，当事人在对违约事实提出索赔时，必须符合有关国家法律的规定。事实依据是指违约的事实、情节及其证据，是提出索赔要求的客观基础。

2. 索赔期限

索赔期限是指索赔方提出索赔的有效时限。索赔期限的规定方法有两种，即法定索赔期和约定索赔期。法定索赔期是指合同适用的法律所规定的期限；约定索赔期是指买卖双方在合同中规定的期限。索赔期限一般不宜过长，也不宜规定得太短。索赔期限起算日期的规定方法有：（1）货物到达目的港后××天起算；（2）货物到达目的港卸离海轮后××天起算；（3）货物到达买方营业场所或用户所在地后××天起算；（4）货物经检验后××天起算。

（二）罚金条款

罚金条款亦称违约金条款或罚则，是指在合同中规定，如一方未履约或未完成履约，其应向对方支付一定数额的约定罚金，以弥补对方的损失。罚金就其性质而言是违约金。一般适用于卖方拖延交货、买方拖延接货和延迟开立信用证等情况。罚金大小视延误时间长短而定，并规定最高的罚款金额。违约方被罚后仍须履行合同，否则还要承担由于不能履约而造成的各种损失。

罚金起算日期的计算方法有两种：一种是交货期或开证期终止后立即起算；另一种是规定优惠期，即在合同规定的有关期限终止后再宽限一段时间，在优惠期内免于罚款，待优惠期届满后再起算罚金。

【资料卡】　关于合同的罚金或违约金条款，各国的法律有不同的规定。如大陆法系国家的法律承认并予以保护，而英美法系国家的法律则一般不承认罚金。我国《合同法》规定，合同中约定的违约金,视为违反合同的损失赔偿,但是,约定的违约金过分高于或低于违反合同所造成的损失时,当事人可以请求人民法院或者仲裁机构予以适当减少或增加。

【经典案例分析】

二手设备进口索赔失败案

某年11月,某公司与香港一公司签订了一份进口香烟生产线合同。设备是二手货,共18条生产线,由A国某公司出售,价值100多万美元。合同规定,出售商保证设备在拆卸之前均在正常运转,否则更换或退货。设备运抵目的地后发现,这些设备在拆运前早已停止使用,在目的地装配后也因设备损坏、缺件,根本无法马上投产使用。但是,由于合同规定如要索赔需商检部门在"货到现场后14天内"出证,而实际上货物运抵工厂并进行装配就已经超过14天,无法在这个期限内向外索赔。这样,工厂只能依靠自己的力量进行加工维修。经过半年多时间,花了大量人力物力,也只开出了4条生产线。请对此案进行评析。

分析:该案例的要害问题是合同签订者把引进设备仅仅看做订合同、交货、收货几个简单环节,完全忽略了检验、索赔这两个环节的重要性。特别是索赔有效期问题,合同质量条款订得再好,如果索赔有效期订得不合理,质量条款就成为一句空话。大量事实说明,外商在索赔有效期上提出不合理,往往表明其质量上存在问题,需要设法掩盖。如果我们只满足于合同中形容质量的漂亮辞藻,不注意索赔条款,就很可能发生此类事故。

【课堂活动9.2】

小五金工具生锈索赔案

我某出口公司以CFR条件对德国出口一批小五金工具。合同规定货到目的港后30天内检验,买方有权就检验结果提出索赔。我出口公司按期发货,德国客户也按期凭单支付了货款(支付方式为汇付)。可半年后,我出口公司收到德国客户的索赔文件,称上述小五金工具有70%已锈损,并附有德国某内地检验机构出具的检验证书。对德国客户的索赔要求,我公司应如何处理?

第三节 不可抗力

【导入习题9.3】

在国际贸易中,一方一旦违约,是否一定要承担相应的违约责任?即使是因为遭遇地震或战争等才不得已违约?

一、不可抗力事故的认定与处理

(一)不可抗力事故的认定

不可抗力(Force Majeure),又称人力不可抗拒,是指合同签订以后,不是由于任何一方当事人的过失或疏忽,而是发生了当事人不能预见、不能预防、不能避免和不能克服的事故，以致不能履行或不能如期履行合同，遭受意外事故的一方可以免除履行合同的责任或延期履行合同。

不可抗力事故应具备以下条件：(1) 发生在合同成立之后；(2) 不是由于合同当事人的过失或疏忽所造成的；(3) 其发生及其所造成的后果是当事人所不能预见、不能预防、不能避免和不能克服的。

不可抗力事故的范围有：

(1) 自然力事故。是指人类无法控制的自然界力量所引起的灾害，如水灾、火灾、风灾、旱灾、雨灾、冰灾、雪灾、雷电和地震等。

(2) 社会力事故。包括政府行为事件和社会异常事件。政府行为事件是指合同成立后，政府当局发布了新的法律、法规和行政禁令等，致使合同无法履行；社会异常事件是指战争、罢工、暴动、骚乱等事件，给合同履行造成障碍。

并非所有自然原因和社会原因引起的意外事故都属于不可抗力。为防止当事人任意扩大或缩小不可抗力事故的范围，贸易双方需要在合同中对不可抗力条款作出明确具体的规定。

(二) 不可抗力事故的处理

1. 解除合同或变更合同

变更合同是指由一方当事人提出并经另一方当事人同意，对原订合同的条件或内容作适当的变更修改，包括延期履行、分期履行、替代履行和减量履行。至于究竟是解除合同还是变更合同，应视不可抗力事故对履行合同的影响程度及合同中对不可抗力事件的具体规定而定。一般原则是：如果不可抗力事故的发生使合同履行成为不可能，则可解除合同；如果不可抗力事故只是暂时阻碍了合同履行，只能采用变更合同的办法。

2. 免责的有效期间

《公约》规定，不可抗力事故的免责"对障碍存在的期间有效"。如若合同未经双方同意宣告无效，则合同关系继续存在，一旦履行障碍消除，双方仍须继续履行合同义务。

3. 通知和证明

我国《合同法》规定："当事人一方因不可抗力不能履行合同的，应当及时通知对方，以减轻可能给对方造成的损失，并在合理期限内提供证明。"即，不可抗力事故发生后，不能履约的一方必须及时通知另一方，并提供必要的证明文件，并在通知中提出处理意见，否则不予免责并自负后果。

二、合同中的不可抗力条款

(一) 不可抗力事故的规定办法

(1) 概括式。例如："由于不可抗力的原因，致使卖方不能部分或全部装运或延迟装运合同货物，卖方对于这种不能装运或延迟装运本合同货物不负有责任。"

(2) 列举式。例如："由于战争、地震、火灾、水灾、雪灾、暴风雨的原因，致使卖方不能全部或部分装运或延迟装运合同货物，卖方对于这种不能装运或延迟装运本合同货物不负有责任。"

（3）综合式。例如："如因战争、地震、火灾、雪灾、暴风雨或其他不可抗力事故，致使卖方不能全部或部分装运或延迟装运合同货物，卖方对于这种不能装运或延迟装运本合同货物不负有责任。"

三种方式中，概括式较为笼统，列举式难于兼容，唯综合式明确具体，因而较多采用。

（二）不可抗力事故发生后通知对方的期限与方式

按照惯例，如果发生不可抗力事故并且事故已经影响到合同履行时，遭受不可抗力事故的一方应及时向对方发出通知，并提供必要的证明文件，且在通知中应提出处理的意见。例如，"一方遭受不可抗力事件之后，应以电报或电传方式，并应在15天内以航空挂号信提供事故的详细情况及其对合同履行影响程度的证明文件。"

（三）不可抗力事件的出证机构

在国外，出具证明的机构通常是事故发生地的商会或公证机构或政府主管部门。在我国，则由中国国际贸易促进委员会（即中国商会）出具证明文件。

【经典案例分析】

遇洪水请求免交货案

中国从阿根廷进口普通豆饼，交货期为8月底，拟转售欧洲。然而，4月份阿商原定的收购地点发生百年未遇洪水，收购计划落空。阿商要求按不可抗力处理，免除交货责任，请问中方该怎么办？

分析：合同如无特殊约定，本合同应适用《公约》（中、阿均为缔约国）。（1）依《公约》有关规定，阿方发生的事件不构成不可抗力，因为事件的后果不是不可克服的。豆饼属种类货，可以替代，合同不要求特定的产地，阿商应从其他地区或国家购买后交货，尤其是从发生洪水到交货尚有4个月时间可供阿方购货；（2）阿方如拒不履约，中方可按阿商交货时间从国际市场上补进，然后向阿商索取差价和损害偿金。

【课堂活动9.3】

遇战争延期接货案

我国某进出口公司与英国某公司以FOB价签订一份的进口合同，装货港为伦敦。合同签订后不久，英方通知我方货已备妥，要求我方按时派船接货。然而，在我方安排的船舶前往英国港口途中，突然爆发中东战争，苏伊士运河被封锁，禁止一切船舶通行，我方船舶只好改变航线绕道好望角航行，增加航行近万公里，到达装运港时已过装运期。这时，国际上的汇率发生变化，合同中的计价货币英镑贬值，英方便以我方未按时派船接货为由，要求提高货物价格，并要求我方赔偿由于延期接货而产生的仓储费。对此，我方表示不能接受，双方遂发生争议。如你是我方派出的代表，将如何处理这个问题？

第四节 仲 裁

【导入习题9.4】

在合同履行过程中，买卖双方常会因各种原因产生纠纷，此即争议。解决争议的办法可能有（　　）。

　　A. 协商　　　　　　B. 调解　　　　　　C. 诉讼　　　　　　D. 仲裁

由于各国政治、经济、文化及自然条件等诸多因素的变化和影响，贸易双方在合同履行过程中发生争议是难以避免的。妥善解决对外贸易争议，不仅关系到国家和企业的权益与对外声誉，而且关系到双方的切身利益。解决争议的方式主要有协商（Consultation，Negotiation）、调解（Conciliation）、诉讼（Litigation）和仲裁（Arbitration）等。其中仲裁是解决国际商务纠纷的重要方式。

一、仲裁概述

（一）仲裁及仲裁机构

仲裁（Arbitration）又称公断，是指买卖双方在争议发生之前或之后，签订书面协议，自愿将争议交给双方同意的仲裁机构进行裁决，以解决争议的一种方式，且裁决是终局性的。

仲裁具有灵活性、保密性、终局性和裁决易于得到执行等优点。仲裁的优势在于其程序简便、结案较快、费用开支较少，能独立、公正和迅速地解决争议，给予当事人以充分的自主权。

仲裁机构是指受理案件并作出裁决的机构。一种是临时机构，这是指由争议双方共同指定的仲裁员自行组织而成的临时仲裁法庭；另一种是常设机构，这是指根据一国的法律或者有关规定设立的、有固定名称地址、仲裁员设置和具备仲裁规则的仲裁机构。

世界上很多国家、地区和一些国际性、区域性组织都设有从事国际商事仲裁的常设机构，这些机构一般是民间组织，如国际商会仲裁院、英国伦敦仲裁院、英国仲裁协会、美国仲裁协会、瑞典斯德哥尔摩商会仲裁院、瑞士苏黎世商会仲裁院、日本国际商事仲裁协会以及中国香港国际仲裁中心等。

我国的涉外仲裁机构为中国商会下设的中国国际经济贸易仲裁委员会（又称中国国际商会仲裁院）和中国海事仲裁委员会。中国国际经济贸易仲裁委员会是世界上主要国际商事仲裁机构之一，总会设在北京，在上海、深圳设有分会。中国海事仲裁委员会总部设在北京，在上海设有分会。

（二）仲裁协议

仲裁协议是指贸易双方同意将争议以仲裁方式解决而签订的协议，有书面和口头两种形式。在我国，解决国际贸易争议的仲裁协议必须是书面的。

1. 书面仲裁协议的形式

（1）合同中的仲裁条款（Arbitration Clause）。是指争议发生之前就已经在合同中订立的，同意将可能发生的争议提交仲裁裁决的条款。

（2）提交仲裁的协议（Submission，Arbitration Agreement）。是指争议发生之后订立的，同意将已经发生的争议提交仲裁裁决的协议。

（3）援引（Reference）式仲裁协议。是指争议发生之前或之后，通过援引方式达成的仲裁协议，即同意有关争议按照某公约中的仲裁条款所述内容进行仲裁。

2. 仲裁协议的作用

（1）约束双方自愿以仲裁方式解决争议。
（2）授予仲裁机构对仲裁案件的管辖权。
（3）排除法院对于争议案件的管辖权。

二、合同中的仲裁条款

进出口合同中的仲裁条款通常包括仲裁范围、仲裁地点、仲裁机构、仲裁规则和程序、仲裁裁决的效力等内容。

（一）仲裁范围

仲裁范围是指当事人提交仲裁解决的争议范围，也是仲裁庭依法管辖的范围。

（二）仲裁地点

仲裁地点是指仲裁所选择的地点。在我国对外贸易合同中，通常有三种规定方法：（1）力争规定在我国仲裁；（2）如争取不到在我国仲裁，可以选择在被诉方所在国仲裁；（3）规定在双方同意的第三国仲裁。

（三）仲裁机构

仲裁机构可以是常设仲裁机构，也可以是临时仲裁机构。

（四）仲裁规则

仲裁程序与规则是指进行仲裁的程序和具体做法，包括如何提交仲裁申请，如何进行答辩，如何指定仲裁员，如何组成仲裁庭，如何进行仲裁审理，如何作出裁决及如何交纳仲裁费等。通常，选择在哪个仲裁机构仲裁，就应遵守哪个机构的仲裁规则。

（五）裁决的仲裁效力

仲裁效力是指仲裁机构所作的裁决对双方当事人是否有约束力，是否是终局性的，以及能否向法院上诉要求变更裁决等。多数国家都规定，仲裁裁决具有终局效力，对双方均具有约束力，任何一方都不得向法院起诉要求变更。

（六）仲裁费用

仲裁费用由败诉方承担，但也可由仲裁庭酌情决定。

【小知识】　对上述仲裁条款六个方面内容的文句结构表达，中国国际经济贸易仲裁委员会向中国外经贸界推荐如下："凡因执行本合同所发生的或与本合同有关的一切争议，双方应通过友好协商办法解决，如果协商不能解决，应提交××国××地××仲裁机构，并根据其仲裁程序规则进行仲裁，仲裁裁决是终局的，对双方都具有约束力，仲裁费用由败诉方负担。"

【经典案例分析】

损失严重的仲裁胜诉案

2000年5月14日，我国某进口公司与英国某公司签订两份进口合同。共订购贵金属8 000公吨，均以FOB价格条件成交，交货口岸由卖方选择。成交后我方多次去电要求对方指定装运港及通知货物备妥待运日期，以便我方派船接运货物，但由于市场价格上涨，英镑贬值，对方一方面对我方要求避而不答，致使我方无法派船接货；另一方面又要求我方提高货价、推迟交货期。我方不同意提价，但同意推迟交货，并对交货期作了调整。此后对方仍未执行合同，遂发生了争议。经过两年多的交涉，问题仍未解决，我方根据仲裁条款的规定，向中国国际经济贸易仲裁委员会申请仲裁。仲裁庭裁决对方赔偿我方差价损失569 600英镑，并由卖方承担仲裁费人民币4万元。仲裁裁决生效后，我方发现对方已采取转移财产、与母公司脱离关系等手法，宣告破产清理，并将剩下的几万英镑财产提交破产清单，致使我方虽然获胜，但已无法取得全部补偿而遭受巨大损失。

分析：（1）本案例中，当我方发现市场价格上涨、英镑贬值，英方对我方接货要求避而不答、又要求我方提高货价、推迟交货期时，就应及时警惕英方可能违约。

（2）此争议我方虽仲裁获胜，但由于我方申请仲裁的时间过晚（两年多后），致使英方得以在两年间采取转移财产、与母公司脱离关系等手法，宣告破产清理，致使我方无法取得全部补偿而遭受巨大损失。

【课堂活动9.4】

仲裁转起诉案

我某外贸公司与某外商签订一份出口合同，合同中订有仲裁条款，仲裁地点为北京，后来发生交货品质纠纷，外商不愿到北京仲裁，于是在当地法院起诉，当地法院向我外贸公司寄来传票。请问我公司应如何处理？

作　业

一、识记概念

商品检验、法定检验、商检证书、违反要件、违反担保、根本性违约、非根本性违约、索赔与理赔、不可抗力、仲裁

二、解答问题

1. 解决争议的办法有哪些？
2. 进出口商品为什么要检验？关于检验时间和地点有哪些规定做法？
3. 检验证书的作用是什么？
4. 举例说明什么是根本性违约和非根本性违约。
5. 何谓索赔与理赔？合同中的索赔条款有哪几种规定方法？各有哪些用途和内容？
6. 什么是不可抗力？如何认定不可抗力事件？如何处理不可抗力事件？
7. 什么是仲裁？仲裁有哪些特点？
8. 书面仲裁协议有哪几种形式？仲裁协议的作用有哪些？

三、实训练习

1. 某合同商品检验条款中规定以装船地商检报告为准。但在目的港交付货物时却发现品质与约定规格不符。买方经当地商检机构检验并凭其出具的检验证书向卖方索赔，卖方却以上述商检条款拒赔。卖方拒赔是否合理？

2. 买方在订单上订明购买 10 000 台电风扇，但信用证上误订成 1 000 台，并注明"as per order No.456"。在这种信用证的数量与订单不符的情况下，买方会不会拒付？出口商应如何处理？

3. 我国某公司向某国出口一批冻鸡，到货后买方在合同规定的索赔有效期内向我方提出品质索赔，索赔金额达数十万元人民币，约占合同金额的半数以上。买方附来的证件有：①法定商品检验证，注明该商品有变质现象（表面呈乌黑色，实际上为一小部分乌皮鸡），但未注明货物的详细批号，也未注明变质货物的数量与比例。②官方化验机构根据当地某食品零售商店送验的食品而做出的品质变质证明书。我方未经详细分析就函复对方同意赔偿。试分析我方对此案处理的不当之处（注：此批冷冻食品中，我方误装了一小部分乌皮鸡，价值千余元）。

4. 国内某公司向银行申请开立信用证，以 CIF 条件向法国采购奶酪 3 公吨，价值 3 万美元，提单已经收到，但货轮到达目的港后却无货可提。经查，该轮在航行中因遇暴风雨袭击，奶酪被水浸泡，船方将其弃于海中。于是我方凭保险单向保险公司索赔，保险公司拒赔。请问：保险公司能否拒赔？我方应向何方索赔？

5. 我国某研究所与日商签订了一项进口合同，欲引进一台精密仪器，合同规定 9 月份交货，但到了 9 月 15 日，日本政府宣布：该仪器属于高科技产品，禁止出口，自宣布之日起 15 日生效。后日方来电，以不可抗力为由要求解除合同。问：日方的要求是否合理？我方应如何处理较为妥当？

6. 中国技术进出口总公司与挪威 Z 公司达成一笔合同，购买 9 000 多吨钢材。1985 年 3 月 14 日，卖方首先向中技总公司发出电传称"货物已在装运港备妥待运"，要求买方开出信用证。买方于 4 月 19 日通过中国银行上海分行开出以卖方为受益人，金额为 2 295 000 美元的不可撤销信用证。卖方随即将全套单证提交中方公司，提单上载明钢材数量为 9 161 吨。同年 6 月 1 日，中国银行上海分行根据提单和发票将货款 2 290 000 美元付给了卖方。然而事实证明，卖方根本没有将钢材装船，向买方提交的提单、钢材质量检验证书、重量证书和装箱单等单证都是伪造的。买方在经过多次催促交涉没有结果的情况下，遂向上海中级人民法院提起侵权诉讼。上海中级人民法院认为被告（卖方）负有侵权的民事责任，判决原告中技总公司胜诉。卖方对此不服，向上海市高级人民法院上诉，其理由之一是："双方签订的购销钢材合同中有仲裁条款，原审法院无管辖权。"你认为上海市高级人民法院可能会怎样审判？请说明理由。

第三篇 进出口合同的签订与履行

　　合同的签订与履行是国际贸易实务课程的核心环节。本篇主要对交易前的准备工作、交易磋商的一般环节、进出口合同的签订及履行作了全面的阐述。其中，重点讲解了交易磋商环节中发盘和接受应具备的条件和效力，书面合同的形式及主要内容，以及进出口合同的履行程序。合同的履行涉及很多环节和部门，把所涉及的各个部门和环节有机地结合起来是合同履行的关键所在。进口合同的履行和出口合同的履行是一个问题的两个方面，本篇就货、证、船、款四个环节的履行程序，从进口和出口两个方面作了详细阐述。通过对本篇知识的学习，使学生掌握交易磋商、签订合同以及合同履行的程序、方法和技巧，以便在未来的实际工作中加以运用。

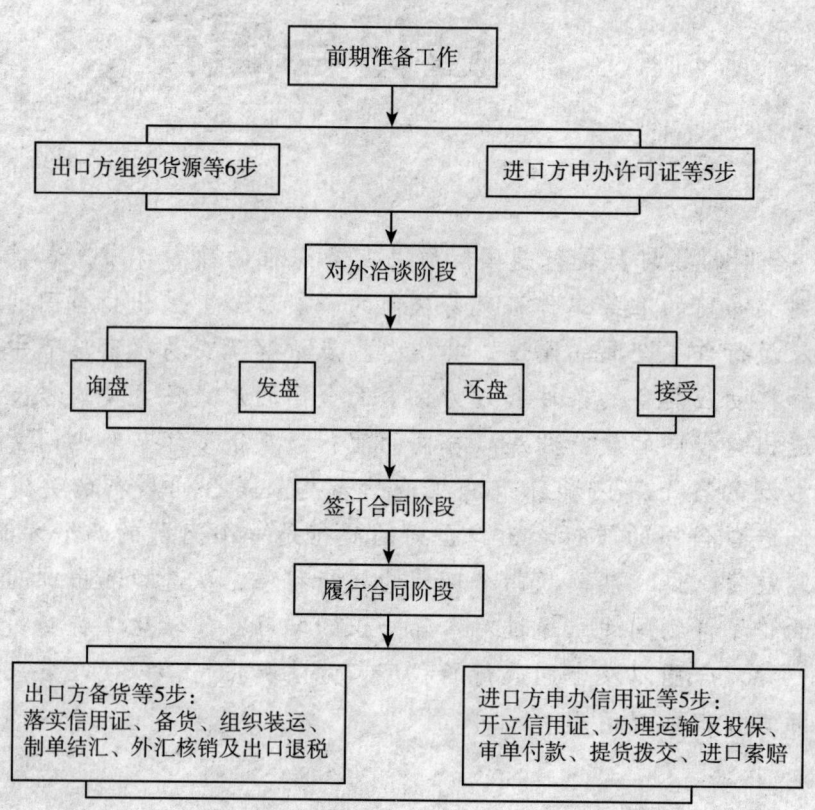

进出口业务流程图

第十章

交易磋商与合同签订

第一节 交易前的准备工作

【导入习题 10.1】

贸易双方在洽商前,是否各自需要一些前期准备工作?为什么?

国际市场情况错综复杂、变化多端,为了顺利达成交易,进出口双方在洽商交易前,应该掌握一些必要的商业信息,如国际市场的规律、竞争对象的情况、国外消费者的喜好、本企业经营的优势和劣势、进出口经营之道、进出口对本企业经营产生的作用和影响等,并在此基础上制订相应的进出口经营方案。市场调研、配额投标及许可证的申领、进出口经营方案的制订等构成交易前的准备工作。

一、市场调研

市场调研是指对于与商品和服务销售问题有关的资料进行系统的收集、记录和分析。市场调研收集的信息是经营者比较、分析问题,找出差距,制定下一步决策的依据。

(一) 市场调研的内容

1. 出口市场调研

出口市场调研主要包括对出口产品、目标市场、国外客户、销售渠道及竞争者的调研。

(1) 出口产品:熟悉自身经营产品的质量、价格、设计、生产、交货期及法律保护等情况。

(2) 目标市场:调查目标市场对产品的质量要求、供求关系、销售价格、法律规定、贸易壁垒、文化背景及外汇管制等情况。

(3) 国外客户:即进口商,了解其支付能力、经营能力、经营范围和经营作风。

(4) 销售渠道:具体表现为销售机构和个人及其建立的销售网络,应合理选择中间商。

（5）竞争者的状况：知道谁是竞争者，掌握竞争者的产品特性、经营战略、经营方法、促销手段、销售渠道以及是否有不正当竞争行为，掌握竞争者对自己产品的评价等。

2. 进口市场调研

进口市场调研，主要包括对市场行情以及出口商资信的调研。

（1）**市场行情**：需要长期积累，其中比较重要的是一些价格资料，如当前成交的价格、交易所价格、拍卖行价格及招投标价格等。

（2）**出口商资信**：主要调查出口商的资本、能力、品格（Character），力求全面。

（二）市场调研的渠道

开展市场调研，可通过实际业务中的接触和交往活动考察客户，掌握当地市场情况；通过举办交易会、展览会、技术交流会及学术讨论会，接触和倾听客户对产品的反映，掌握产品发展动态及国际市场行情；通过有关国家的商会、银行、驻外机构、咨询公司和各国民间贸易组织了解客户的资信、销售渠道及经营范围等；从国内外有关专业性报刊和各种行业名录中了解客户并物色潜在客户；通过向目标市场国家的律师咨询，了解相关的法律、法规情况，等等。

二、进出口配额投标和进出口许可证的申领

目前，我国配额出口商品主要采取招标办法确定，配额数量根据上年度配额商品出口数量和市场需求而定。中标企业凭中标证书和成交合同到发证机关（外经贸厅、局、委员会）领取出口许可证。出口配额当年有效，一般情况下为"一批一证制"（也有例外），有效期3个月，在有效期内只能报关使用一次。

我国对一些进口商品也采用进口许可证制度。进口许可证的管理范围为：（1）国家限制进口的商品；（2）国家批准开办的寄售、代销、租赁业务等所需进口的货物；（3）购买外籍在华开办的展销会的样品（属国家限制的样品）；（4）经商务部批准，厂矿企业自行购置的生产急需商品和电器仪器零件，及价值超过500美元的货物；（5）补偿贸易、承揽工程禁止进口的商品、物资，以及来料、来件加工装配业务所进口的原料、零件和加工的成品因特殊需要转入国内销售的部分；（6）外国人赠送的超过300美元以上的物品；（7）根据国家规定，其他需要领取进口许可证的物品；（8）经国家批准的中外合资经营企业所需的物资，国内不能供应的，可委托有关外贸公司向国外订购，也可在该企业经营范围内自行进口并申领进口许可证。

三、进出口经营方案的制订

进出口经营方案是指在市场调研基础上，对市场信息进行筛选、分析、归纳，结合本企业的经营战略目标、企业本身特点，综合内外可控制与不可控制因素制订的行动方案。

无论是出口或进口，对于大宗商品或重点营销的商品，通常是逐个制订经营方案；而对于中小商品，则制订内容简单的价格方案。经营方案有文字和表格两种形式。

一份完整的进出口经营方案，其内容包括这些方面：计划概要；市场营销现状分析；机

会与问题分析；目标；市场营销策略；预计盈亏核算；行动方案；控制措施。

【经典案例分析】

准备工作欠缺致交易失败案

美国客户 A 商来到中国南方某厂洽购一批设备，客人先去厂房查验设备并不时地询问产品的质量、规格及生产情况，对我方产品表示了极大的兴趣，决定当日下午举行会谈。双方开始会谈时气氛良好，美国客户将他们的要求作了详细的介绍，厂方代表对此作了相应的答复并发出报盘。客户对我方所报价格非常惊讶，同时指出韩国同类设备拥有的优点及低廉的报价，希望厂方予以解释。遗憾的是厂方代表对该设备的主要竞争者——韩国产品的情况却一无所知，回答不了客户的提问。在接下来的询问中，客户更为吃惊，厂方代表竟然不清楚客户购买我方 40 台设备所需的生产时间。无奈之中，客户拂袖而去。

分析：中国南方某厂在与美商磋商时，对国际市场行情、竞争对手、自营产品等都缺乏了解，即交易前的准备工作做得很不到位，导致本应达成的交易失之交臂。

第二节 交易磋商

【导入习题 10.2】

贸易商在做好交易前的准备工作后，其与目标客户进行洽商的形式、内容和过程会是怎样的呢？

在国际货物贸易中，交易双方就买卖商品的有关条件进行协商以期达成交易的过程，称为交易磋商（business negotiation），又称贸易谈判。

一、交易磋商的形式与内容

交易磋商的形式可分为口头和书面两种。口头磋商是指谈判桌上面对面的谈判，适合谈判内容复杂、涉及问题较多的交易；书面磋商则指通过信件、电报、电传及传真等通信方式来洽谈交易。应注意的是，通过传真或电子邮件达成交易的，应以信函补寄正本文件或另行签订书面合同，以掌握合同成立的可靠证据。

交易磋商的内容，即买卖合同中的各项交易条款，包括品名、品质、数量、包装、价格、装运、保险、支付以及商检、索赔、不可抗力和仲裁等。

二、交易磋商的程序

在国际货物买卖合同的商订过程中，磋商程序主要包括四个环节：询盘、发盘、还盘和接受。其中发盘和接受是达成交易必不可少的两个环节。

（一）询盘（inquiry）

这是指交易的一方打算购买或出售某种商品，向对方询问买卖该项商品的有关交易条件，或者就该项交易提出带有保留条件的建议。询盘的内容包括商品的品质、规格、数量、包装、价格、装运等基本交易条件。根据询盘人的不同地位，询盘可分为两种：一是买方询盘，又称"邀请发盘"；二是卖方询盘，又称"邀请递盘"。

【例10.2.1】飞鸽牌自行车请报盘。

【例10.2.2】可供1 000辆飞鸽牌自行车5月份装运请递盘。

在实际业务中，询盘只是探询交易的可能性，所以不具有法律上的约束力，也不是每笔业务的必经程序。

（二）发盘（offer）

发盘是交易的一方（发盘人），向另一方（受盘人）提出购买或出售某种商品的各项交易条件，并愿意按照这些条件与对方达成交易、订立合同的一种肯定表示。

根据发盘人的不同地位，发盘可分为两种：一是由卖方发盘，又称"售货发盘"；二是由买方发盘，又称"购货发盘"（即"递盘"）。

【例10.2.3】兹发盘美加净牙膏货号101纸箱每箱6打每罗32英镑CIF伦敦12月装运即期不可撤销信用证付款。

在实际业务中，发盘对发盘人具有法律的约束力，即在发盘有效期内，发盘人不得随意撤销或修改其内容。如果在发盘有效期内受盘人表示接受发盘，发盘人必须承担按发盘条件与对方订立合同的法律责任。发盘是交易磋商必经的一个环节。

根据《公约》的解释，发盘的相关要领如下。

1. 发盘的构成条件

构成一项发盘应具备三个条件：

（1）发盘要有特定的受盘人。受盘人可以是一个，也可以是一个以上，可以是自然人，也可以是法人，但必须特定化。

（2）发盘的内容必须十分确定。即应在发盘中明确货物名称、数量和价格。

（3）发盘应表明订约的意旨。即发盘人必须表明受其约束，发盘一旦被接受，双方可按发盘的内容订立合同。

（4）发盘应传达到受盘人。发盘只有在被送达到受盘人时才生效。

【资料卡】发盘的有效期，是指受盘人接受发盘的有效时限，也是发盘人受发盘约束的期限。它不是构成发盘的必要条件。发盘的有效期可以不作明确规定，则发盘应在合理时间内接受有效；但由于国际上对"合理时间"并无统一规定，容易引起纠纷，所以在实际业务中通常明确规定发盘的有效期。其规定方法主要有两种：规定最迟接受的期限、规定一段接受的期限。

2. 发盘的生效和撤回

发盘在送达受盘人时生效，在送达之前对发盘人没有约束力。

发盘的撤回是指在发盘送达受盘人之前，发盘人取消发盘、以阻止其生效的行为。这就要求发盘人要以更快的通讯方式将撤回的通知送达受盘人或与发盘同时到达。

3. 发盘的撤销

发盘的撤销是指在发盘送达受盘人并生效后，发盘人取消发盘、以阻止其继续生效的行为。

发盘可以撤销的前提，是撤销通知必须在受盘人发出接受通知以前送达受盘人。以下几种情况发盘不得撤销：①发盘中写明了发盘的有效期，或以其他方式表明发盘是不可撤销的；②受盘人有理由信赖该发盘是不可撤销的，并已本着对该发盘的信赖采取了行动，如寻找用户、组织货源等。

4. 发盘的失效

发盘的失效，是指发盘的法律效力消失，即发盘人不再受发盘的约束，受盘人失去接受该发盘的权利。造成发盘失效的情况有：（1）发盘超过规定的有效期，或在未规定有效期的情况下超过合理时间；（2）受盘人拒绝或还盘；（3）发盘被撤回或撤销；（4）发盘人发盘后，遭遇不可抗力事故；（5）发盘人或受盘人在发盘被接受前丧失行为能力或被宣告破产等。但若丧失行为能力的自然人的监护人愿意承认该发盘的效力，则该发盘仍然有效。

（三）还盘（counter offer）

还盘是指受盘人对发盘内容不完全同意而提出修改或变更的表示。

【例 10.2.4】你方 2 日电还盘 30 英镑 CIF 伦敦限 8 日我方时间复到有效。

还盘是对发盘中的条件进行添加、限制或其他更改的答复，属于新的发盘，对原发盘人无约束力，双方也不能据此成立合同。受盘人的答复，在实质上若变更了原发盘的条件，就构成对原发盘的拒绝，并构成还盘。新的受盘人又可以对还盘进行还盘，这被称为再还盘。一项交易的达成往往经过若干次的反复还盘，但还盘并不是每一笔交易磋商的必经环节。

（四）接受（acceptance）

接受是指受盘人接到对方的发盘或还盘后，同意对方提出的条件，愿意与对方达成交易、订立合同的一种表示。接受与发盘一样，一经作出也就承担了与对方订立合同的法律责任，接受是交易磋商的最后一个环节，是交易磋商的必经环节。

【例 10.2.5】你方 6 日电接受。

1. 构成有效接受的条件

（1）接受必须由特定的受盘人作出。

（2）接受必须表示出来。缄默与不行动本身不等于接受，接受必须以声明或行为表示出来，声明是指以口头或书面形式表示接受；行为是指根据发盘的意思或依据当事人之间已有的约定或当事人之间以往所确立的习惯做法和惯例所做出的行为，而非任意的行为。

（3）接受的内容必须与发盘相符。一项有效的接受必须是同意发盘提出的所有交易条件；只接受其中的部分内容，或对发盘提出实质性的修改，或提出有条件的接受，均不能构成接受，只能视为还盘。但是，如果受盘人在表示接受时，对发盘内容提出某些非实质性的添加、限制或更改，如要求增加装箱单、原产地证等单据的份数时，则此项接受能否构成有效接受取决于发盘人是否同意。

（4）接受必须在发盘的有效期内送达发盘人。发盘通常都规定了有效期，有效期既是对发盘人约束的期限，又是受盘人接受发盘的期限。超过有效期的接受无效。如果发盘中未规定有效期，则在合理时间内接受为有效。

【资料卡】　　逾期接受，又称迟到的接受，是指受盘人发出的接受通知超过发盘人规定的有效期，或发盘中未明确规定有效期而超过合理时间才送达发盘人的接受。《公约》规定：（1）逾期接受原则上不具有法律效力，发盘人不受其约束；（2）如果发盘人愿意按照逾期接受与对方达成交易，他必须迅速通知受盘人；（3）因邮递原因导致的逾期接受原则上仍有接受的法律效力；（4）若发盘人不愿意按照因邮递原因产生的逾期接受与对方达成交易，他也必须迅速通知受盘人。可见，逾期接受是否有效的关键在于发盘人的态度。

2. 接受的生效和撤回

作为一般规则，接受必须传达到发盘人才生效。无论传送方式是什么，大陆法系的国家和《公约》都采用"到达生效"原则。但对于信件或电报传送方式，英美法系国家实行"投邮生效"原则，即当信件投邮或电报交发，接受即告生效。此外，对口头发价必须立即接受；若以行为表示接受，则接受于该项行为做出时生效。

《公约》规定，接受发出后可以撤回，但必须保证撤回的通知在接受到达之前送达发盘人或者二者同时到达；而按照英美法的规定，接受不存在撤回问题。

【经典案例分析】

配额长裤搭售非配额短裤的贸易磋商案

我国某纺织品贸易公司业务员张某与美国一家服装进口公司购货代理约翰先生就有关服装进出口生意进行磋商。约翰先生看好我方服装做工，但主要想购买一些配额产品（长裤），于是向我方咨询是否有长裤配额。张某并未直接答复是否有配额，而是反过来询问其有关产品的一系列问题，如面料、规格、颜色、款式、数量及交货期等。约翰先生告知："我要牛仔裤，5种规格，6种颜色，交货期在6~7月间。至于数量，首先要看您有多少配额？"张某转念一想立刻回应道："如果您还有其他非配额品种一起做，我可以给您一些长裤配额。"约翰先生问道："如果用全棉灯芯绒，3种规格，6种颜色，普通5袋装，每打价格是多少？"张某答道："我们首先考虑您是否能做非配额品种，如棉麻裤。因为您知道，配额数量是很有限的，若要扩大贸易，须积极开拓非配额市场及非配额品种。"约翰先生答应回去联系一下客户，两天后再谈，张某也表示将配额给他保留两天。两天后，约翰先生告知张某，他联系到一位做棉麻短裤的用户，今年订1.5万打，明年继续订货。张某询问道："如果我们公司一时没有棉麻料，可否做进料加工？"约翰答道："可以，请报一下工缴价。"价格报出后，约翰先生认为很高。但张某讲："我要给您一些配额品种，您知道今年的长裤配额是多么紧俏啊！"约翰问道："您给我多少长裤配额？"张某答道："4 000打。"约翰说："太少了。"张某讲："如果您同意工缴费，我还可以给您增加一些配额。"约翰说："3 000打配额，我可以同我的老板商量一下价格。"张某道："很抱歉，我只能给您增加1 000打配额，这也是我对您的让步了。但是，长裤每打价格要42美元，CIF纽约。"约翰先生恳请增加配额数量，至于价格问题他再考虑一下。张某则希望他将两个品种的价格同时核算，并从长远利益上统一考虑。第二天，约翰先生说不能接受非配额的工缴费，张某坚持已给他5 000打配额，并且明年仍会有一部分给他；而约翰先生则坚持已给张某1.2万打的非配额裤，双方各执己见。最后，约翰先生说："我还没拿到老板想得到的配额数，怎么交差呢？"张某一听此话，说："好吧，为了我们长期合作，我将工缴费每打减少0.3美元,这已是最后让步,且要求您在明年继续做非配额品种,好吧?"约翰仍不死心,还要再降0.10美元。张某讲:"那我们就无法继续讨论了。"约翰想了想,说:"好吧,我就冒着被老板开除的危险同意您的价格吧。"最后双方草签合约,交易磋商圆满结束。

分析:(1)交易磋商以订立合同为目的,磋商的效果决定了交易的成败和合同质量的高低,因此交易磋商是外贸业务活动中最重要的环节。它不仅要求业务员要具备良好的素质、高度的责任心和踏实的工作作风,而且还要掌握诸如市场的调研、娴熟的谈判技巧、磋商的基本程序等外贸知识。一笔交易的达成要经过多方的努力,知己知彼,善于掌握对方的基本要求并结合我方的根本利益,有理有据有方法地选择相应的对策,才能立于不败之地。

(2)本案例中,我出口公司的谈判代表抓住买方对配额产品的迫切需求心理,迫使其增加非配额产品的进口,使我方在谈判中占据了主动地位,得以达成交易并草签质量较高的合同。

【课堂活动10.1】

进口磋商急于开证案

我国某外贸企业向国外咨询某商品,不久接到外商6月20日的发盘,有效期至6月26日。我方于6月22日电复:"如果把单价降低3美元,可以接受。"对方没有答复。后因用货部门要货急切,又鉴于该商品行市看涨,且认为对方的发盘有效期尚未到期,随即于6月25日又去电表示同意对方6月20日发盘提出的各项条件,并且通过银行向对方开立了信用证。请分析:交易是否成立?我方开出信用证是否妥当?为什么?

第三节 合同的签订

【导入习题10.3】

贸易双方经过询盘、发盘、还盘,直至一方表示接受后,是否就意味着合同已完全成立?

一、合同有效成立的条件

经过交易磋商,一方的发盘或还盘被对方有效接受后,就算达成了交易,双方之间就有了合同关系。实际业务中,一般还会再签订一份书面合同,将各自的权利和义务用书面形式加以明确。

合同如果要受到法律的保护,还需具备一定的条件,比如:当事人必须在自愿和真实的基础上达成协议,采取欺诈、胁迫手段订立的合同无效;当事人必须具有订立合同的行为能力,未成年人、精神病患者等不具备行为能力的人订立合同无效;合同必须有对价和合法的约因,即合同的互为有偿性和目的的合法性;合同的标的和内容必须合法,以非法经营的产品为基础订立的合同不受法律保护;合同的形式必须符合法律规定的要求等。

合同的订立应符合以下要求:合同要简明、合理、合法;合同的法律条款要完备;合同的商业条款要准确、完整、明确。

二、书面合同的签订

（一）书面合同的意义

书面合同是合同有效成立的证据；是履行合同的依据；有时是合同生效的条件。

（二）书面合同的形式

书面合同的形式主要有：正式合同（Contract）、确认书（Confirmation）、协议（Agreement），也可采用备忘录（Memorandum）、订单（进口商用）等。其中正式合同是书面合同中内容最详细、条款最具体、格式相对稳定的一种形式，主要用于大宗业务；而确认书则是一种简式合同，与正式合同具有同等效力，主要用于小批量业务；协议一般与合同同义，但也可以是初步性质的合同；备忘录是指进行交易洽商时用来记录洽商内容、以备今后核查的文件；订单是指进口商或实际买家拟制的货物订购单。

（三）书面合同的内容

书面合同的内容一般由下列三部分组成：

（1）约首或前言。合同的序言部分，通常载有合同的名称和编号、订约的日期和地点、当事人的名称和地址等。

（2）本文。即合同条款，是合同的主体部分，载有商品的名称、品质、数量、包装、单价、运输、保险、支付方式、商检、索赔、不可抗力、仲裁等内容。

（3）约尾。一般列明订约的时间、地点（涉及准据法）及双方当事人签字等项内容。

【经典案例分析】

设备进口先拟合同后生效案

1980年，我国某市某餐具厂与美国某有限公司商定签订一项设备进口合同，外商未携带设备的详细清单，只有简单介绍。但外商所提出的条件比较优惠，符合我方条件。外商急于签约，并表示先签订合同，回国后立即寄来设备清单。但是，设备的详细清单是签订合同的重要基础，因为它规定了设备的品种、数量、规格和价格等重要内容，如果总的价格在合同中订明并生效，外商寄来的设备清单却与谈判不符，我方将毫无办法。为此，我方考虑到此外商在世界上有较好的声誉和有达成交易的诚意，该合同内容对我方也极为有利，故而提出这种办法，先拟合同后生效，在合同中加上一条生效规定，写明合同于卖方寄交设备清单、并经买方确认签字之日起生效。对此建议，外商欣然接受，买卖成交。

分析：本案例合同中的主要问题是基本条款不健全，因外方没有将表示合同标的物的品种、数量、质量和价格等内容的设备清单提交给我方，按照我国法律规定，缺少主要条款的合同是无效的。因此，案例中双方当事人订立的不是一项合同，仅是附生效条件的协议，只有当对方寄来设备清单并经我方签字确认后才能算是合同成立。我方坚持在确认清单后再签合同的主张是正确的；在外方强烈要求后，我方最后采取的变通做法也是无可挑剔的，因为增加的生效条款实际上已将合同能否生效的主动权牢牢地掌握在我方手中。

【课堂活动10.2】

磋商协议未经确认案

我国某商务公司与某外商磋商进口一台四色胶印机，经往来电传磋商，已就合同的基本条款初步达成协议，但我方在表示接受的电传中提出"以签订确认书为准"的要求，随后，外商拟就合同书电传我方，并要求我方予以确认。但由于某些条款的措辞尚待进一步商讨，同时又发现该种机器市场价格趋降，我方因此未即时给予答复。外商又连续电催我方迅速开证，我方拒绝开证。问：合同是否已成立？我方公司的行为是否违反合同，是否应承担违约责任？

作 业

一、识记概念

市场调研、进出口经营方案、交易磋商、发盘、接受、正式合同

二、解答问题

1. 交易磋商一般要经过哪些环节？哪些环节是必不可少的？
2. 一项有效的发盘必须具备哪些条件？
3. 一项有效的接受必须具备哪些条件？
4. 没有具体规定有效期的发盘可否为对方接受并订立合同？为什么？
5. 发盘在哪些情况下失效？
6. 合同有效成立主要应具备哪些条件？

三、实训练习

1. 日本泡泡糖市场年销售额约为740亿日元，其中大部分被"劳特"所垄断，其他企业想挤进该市场谈何容易。但江崎糖业公司并不畏惧，他们对市场进行了周密的调查分析后，发现"劳特"有四点不足：①以成年人为对象的泡泡糖市场正在扩大，但"劳特"的重点在儿童市场上；②"劳特"的产品主要是果味形泡泡糖，而现在消费者的需求正在多样化；③"劳特"多年来一直生产单调的条板状泡泡糖，缺乏新样式；④"劳特"产品价格是110日元，顾客购买时需多掏10日元的硬币，往往感到不便。江崎公司分析后决定，以成年人泡泡糖市场为目标市场，并制定了相应的市场营销策略，不久后便推出了功能型泡泡糖四大产品：司机用泡泡糖，使用了高浓度薄荷和天然牛黄，以强烈的刺激消除司机的困倦；交际型泡泡糖，可清洁口腔，祛除口臭；体育用泡泡糖，内含多种维生素，易于消除疲劳；轻松型泡泡糖，通过添加叶绿素，可以改变人的不良情绪。同时，他们又设计了精良的包装和造型，价格定为50日元和100日元两种，避免了找零钱的麻烦。功能型泡泡糖问世后，立即席卷全日本，不仅挤进了"劳特"独霸的市场，而且占领了一定的市场份额（从0升至25%），当年销售额达175亿日元。试分析其成功的经验。

2. 法商于9月5日向我国某外贸公司发盘，供售某商品一批，有效期到9月10日，我公司于9月6日收到该项发盘。法商在发出发盘后，发现该项商品行情趋涨，遂于9月6日以加急电报致电我公司要求撤销其要约。我公司于9月7日收到其撤销通知，认为不能同意其撤销发盘的要求，2小时后，我公司回电法商，完全同意其9月5日发盘内容，法商收到我接受通知的时间是9月8日，请问：此接受是否有效？简述理由。

3. 我国某外贸公司向美商发去电子邮件，发盘供应某农产品1 000公吨，并列明"牢固麻袋包装"（PACKED IN SOUND GUNNY BAGS）。在发盘有效期内，美商复电称"接受，装新麻袋装运"（ACCEPTED, SHIPMENT IN NEW GUNNY BAGS）。我方收到上述复电后，即着手备货。数日后该农产品国际市场价格猛跌，美商来电称"我方对包装条件做了变更，你方未予确认，合同并未成立"。而我外贸公司则坚持合同已经成立，于是双方对此发生争执。你认为此案应如何处理？试简述理由。

第十一章

进出口合同的履行

合同的履行是进出口贸易实务部分的核心环节。合同的履行既是经济行为,又是法律行为,任何一方不按合同规定办事,都构成违约,必须承担相应的法律责任;信誉的建立和维护是通过对合同的切实履行来实现的。合同的履行涉及很多环节和部门,把所涉及的各个部门和环节有机地结合起来是合同履行的关键所在,而每一个环节的流程将起着十分重要的作用。进口合同的履行和出口合同的履行是一个问题的两个方面,本章围绕货、证、船、款四个环节展开讨论,重点介绍了开证/审证、审单/结汇、进口索赔等内容。

第一节 出口合同的履行

【导入习题 11.1】

合同签订后,在合同履行过程中,出口方应承担的基本义务是什么呢?

买卖合同一经有效成立,卖方即应履行合同规定的义务,以换取约定的货款。根据《联合国国际货物销售合同公约》的规定,卖方应承担的基本义务为交付货物,移交一切与货物有关的单据并转移货物的所有权;同时还要督促对方按照合同规定履行支付货款和收取货物的义务。

我国对外签订的出口合同,一般按 CIF 或 CFR 条件成交并按信用证方式付款。履行这类合同涉及诸多环节和手续,主要包括备货、催证、审证、改证、租船订舱、报关、报验、投保、装船、制单结汇等工作环节。下面以 CIF 成交、凭信用证方式付款、属于法定检验的出口合同为例,介绍出口合同履行的基本过程(见图 11.1)。

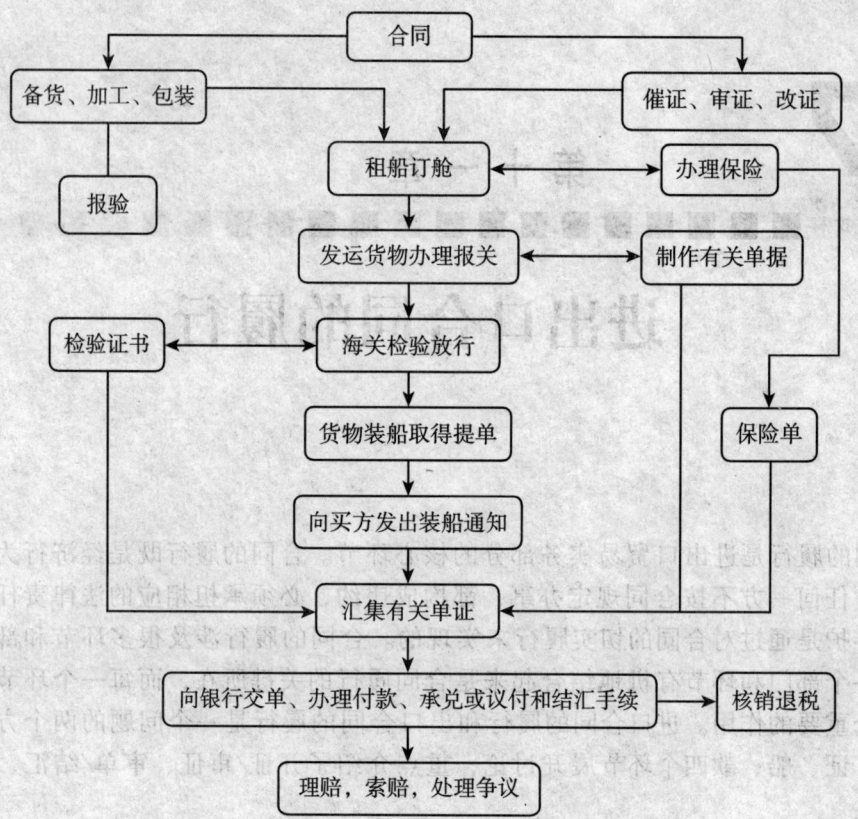

图 11.1　CIF、L/C 方式下出口合同履行图

一、备货

备货也叫排产，是指出口方根据合同和信用证的规定，按时、按质、按量地准备好应交货物的工作。主要包括两个环节：向生产加工及仓储部门或国内工厂下达联系单或购销合同，安排货物的生产、收购等事宜；向专门的机构办理有关单据的签证和认证等手续。备货流程为：筹资→安排生产→货物包装→刷制唛头→办理签证和认证。

（一）安排货物的生产与收购

合同签订后，在进口方准备开立信用证的同时，出口商开始备货，即向有关部门下达联系单。对仓库有现货的，通知仓库按合同提取规定数量的商品，进行整理、加工和包装；需要临时生产的，通知厂方安排生产，并进行整理、包装和落实交货期。具体注意事项有以下几点：

第一，货物品质必须与合同规定一致。品质低于或高于合同规定都不妥当，会导致实际货物与单证不一致，给买方清关造成麻烦，从而遭受买方拒付风险。

第二，货物品质标准要改技术标准为用户标准，改生产标准为贸易标准。

第三，货物的数量、包装必须与合同规定一致。

第四，货物备妥时间应与信用证装运期限相适应。

第五，卖方对货物要有完全的所有权并不得侵犯他人权利。

（二）办理出口签证和认证

1. 办理许可证

对属于我国出口许可证管理目录中的商品，应办理出口许可证，包括计划配额、一般许可证或主动配额出口许可证等；对输往国家、地区有配额限制的商品，应办理配额出口许可证。一般应事先向有关外贸主管部门申办。

2. 办理产地证

产地证的全称是原产地证明书，是一种证明货物原产地或制造地的证件。对享受普惠制待遇的商品应办理普惠制产地证，一般由国家出入境商品检验检疫局签发；对享受其他关税优惠待遇的商品或某些配额商品应办理普通产地证，一般由中国国际贸易促进委员会（亦称中国国际商会）或国家出入境商品检验检疫局签发。

3. 办理商检证书

对属于法定检验或合同中明确规定要求经过检验的商品，要在货物备妥后向国家出入境商品检验检疫局或其他商检机构申请报验，领取检验证书或货物通关单；属于公证鉴定业务的，则可根据合同的规定向有关检验机构申请报验并出具检验证书。出口报验实施"先报验（预检），后报关"的通关模式。预检程序为：填写预检报验单；预检合格后领取"出口商品检验换证凭单"或"出口商品预验结果单"；正式出口时，在有效期内逐批向检验检疫局申请办理换证或放行手续，并在两单的登记栏内对货物数量予以登记核销。

二、落实信用证

（一）催证

应根据备货情况及时函陈合同开证时间和备货与装运所需时间，并告知对方及时开证。

（二）审证

信用证审核的依据是买卖合同及《跟单信用证统一惯例》的规定。主要审核四个方面：（1）信用证内有无对我歧视或我国不能接受的条款，开证行资信是否可靠；（2）如果双方签署过贸易和支付协定，还要审核信用证内容于与该协定是否矛盾；（3）对安全、迅速收汇是否有影响；（4）信用证条款与合同规定是否一致，我们在实际执行中有无困难。通常由银行和出口单位共同承担审证任务，银行着重审核开证行的政治背景、资信能力、付款责任和索汇路线等，出口单位则着重审核信用证与合同是否一致。审证的基本原则是信用证条款比合同条款严格时，应当提出修改；而当信用证的规定比合同条款宽松时，可以不要求修改。业务中常以我方能够做到又不影响收取外汇为准，决定是否修改信用证。

1. 银行审证要点

来证是否符合我国的对外政策；开证行的资信；信用证的真伪；索汇路线是否可靠。

2. 出口单位审证要点

信用证的性质和种类是否与合同规定相符；开证申请人和受益人的名称、地址是否与合同相符；信用证中的商品名称、规格、数量、包装是否与合同中的规定一致；信用证中的金额、币种、付款期限规定是否与合同一致；信用证中的装运期、有效期和到期地点是否与合同一致、我方是否有能力接受；信用证中的装船与分批装运条款、保险条款以及选港费等费用的支出是否与合同一致、我方能否接受；信用证所列的单据与出票条款是否与合同一致、我方能否接受；信用证责任条款及其他特殊条款也应认真对待。

（三）改证

审证发现问题后，必须要求客户改证；并在收到银行改证通知书后，才能对外发货。改证流程为：卖方审证→函电要求买方改证→买方通知开证行改证→开证行改证并转交通知行→通知行再将已改信用证转交卖方。

三、组织装运

（一）托运

托运是指出口企业或货运代理根据货量大小，向船公司洽商租船或订舱事宜。我国进出口货物多采用班轮运输。出口托运流程如图 11.2 所示。

图 11.2　出口托运流程

（二）出口报关

出口报关是指货物出运之前，出口企业如实向海关申报货物情况，交验规定的单据文件，办理接受海关监管事宜的行为。海关通过审核单据、查验货物、办理征税、结关放行等步骤，在装货单或运单上加盖放行章后，出口商才可装船出运。

办理报关手续也叫通关。无论是出口货物，还是进口货物、转运货物，一旦进入一国海关关境或国境，都必须向海关申报并办理海关规定的各项手续，否则货物不能放行。我国已实现电子通关，出口企业可以通过"中国电子口岸"的"报关申报系统"在网上办理申报手续。其流程为：网上预录入→报送单证→陪同查验→缴纳税费→结关放行。具体如下：

（1）网上预录入：指报关员通过"中国电子口岸"的报关申报系统进行网上录入、申报、打印报关单，以及网上查询海关回执等操作，提前办理出口申报手续。

（2）报送单证：指报关员打印报关单后，连同其他单证送交出境地海关，海关对提交的单证进行审核。

（3）陪同查验：指出口企业报送单证后，由报关员陪同海关工作人员到货物存放的现场进行查验。

(4) 缴纳税费：指货物查验无误后，报关员代表企业向海关缴纳出口关税。

(5) 结关放行：指缴纳税费后，出口企业按时将货物装运离境。

【小知识】　出口报关所需单证有：商业发票、装箱单、装货单或运单；海关认为必要时应提交的贸易合同、产地证明和其他有关单证；出口收汇核销单、出口许可证（需要时）和其他批准文件；国家主管部门签发的检验、检疫批准证明（如出境货物通关单）；减税或免税的证明文件。

（三）出口投保

出口企业订妥舱位、货物装船之前，如属于出口方负责运输保险的情况（CIF、CIP 等），应按照合同规定的要求办理货物运输保险事宜。投保流程为：投保→承保→背书→索赔，具体如下（见图11.3）。

(1) 投保：出口公司根据合同及信用证的规定，在备齐货物并已确定装运日期及运输工具后，按约定的保险险别和保险金额，到保险公司正确填写保险单及交纳保险费，为出口货物投保。

(2) 承保：保险公司接受出口公司的投保，同时向出口公司出具保险单及保险凭证。

(3) 背书：出口公司通过银行向进口企业交单时，出口公司在保险单的背面做必要的背书，以便将保险单项下的保险利益转让给进口公司。

(4) 索赔：进口公司收货后，一旦发现进口货物在运输途中发生了承保风险造成的损失，就可以凭保险单向保险公司索赔。

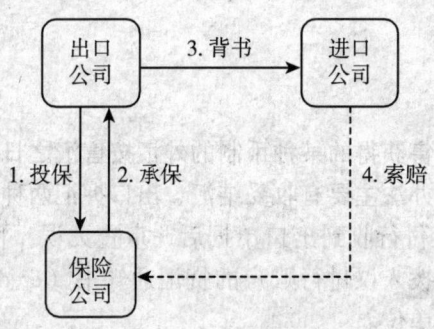

图11.3　出口投保流程

（四）装船

装船前，出口单位或货运代理凭盖有海关放行章的装货单与港方仓库、货场和理货人员（代表船方）办妥交接手续，分清货、港、船三方的责任。货物装船后立即向收货人发装船通知（Shipping Advice），以便对方准备付款、赎单、办理进口报关和接货手续。如为FOB、CFR术语，及时发出装船通知更为必要，因为对方要凭此办理保险业务。

四、制单结汇

货物装运后，出口单位按照信用证规定，缮制各种单据，在信用证规定的交单有效期内，递交银行办理结汇手续。

(一) 制单

制单是指出口方按照信用证或合同的规定,制作凭以向银行议付货款或通过银行向进口方收款的单据。结汇单据主要有:汇票、发票、装箱单、提单、保险单、产地证、装船通知及受益人证明等。对结汇单据的一般要求,是做到"正确、完整、及时、简明、整洁"。

正确:制作的单据只有正确,才能够保证及时收汇。单据应做到单证一致和单单一致。此外,单据与货物也应一致。这样,单据才能真实地代表货物,以免发生错装错运事故。

完整:必须按照信用证的规定提供各项单据,不能短少。单据的份数和单据本身的项目,如产地证明书上的原产国别、签章以及其他单据上的货物名称、数量等内容,都必须完整无缺。

及时:应在信用证的有效期内及时交单,以便银行早日寄单,按时收汇。此外,在货物出运之前,应尽可能将有关单据送交银行预审,如发现差错,可以提前改正,或与国外买方联系修改信用证,避免在货物出运后不能收汇。

简明:单据的内容,应按信用证要求和国际惯例填写,力求简明,切勿加列不必要的内容,以免弄巧成拙。

整洁:单据的布局要美观、大方,缮写或打印的字迹要清楚,单据表面要清洁,对更改的地方要加盖图章。有些单据的主要项目,如金额、件数、重量等,一般不宜更改。

各种单据的含义、内容以及缮制的具体要求,此处不详述(参看附录六)。

(二) 结汇

1. 结汇方式

结汇是指将出口货物销售获得的某种币制的外汇按售汇之日中国银行外汇牌价的买入价卖给银行。我国出口结汇的办法主要有收妥结汇、出口押汇两种。

(1) 收妥结汇。是指议付行收到出口单据后,审查无误,将单据寄交国外付款行索取货款,待收到付款行将货款拨入议付行账户的贷记通知书(credit note)时,再按当日外汇牌价,折成人民币拨给出口单位。

(2) 出口押汇。又称买单结汇,是指议付行在审单无误的情况下,按信用证条款买入出口单位的汇票和单据,从票面金额中扣除从议付日至收到票款之日的利息,将余款按议付日外汇牌价折成人民币,拨给出口单位。押汇是真正意义上的议付。

2. 结汇单据出现"不符点"时的结汇办法

实际业务中,凭 L/C 成交出口的货物,如货物运出后发现单证不符,而由于时间的限制,无法在 L/C 有效期内做到单证相符,可采取的变通方法是:

(1) 表提。也称担保结汇。即信用证受益人在提交单据时出现单证不符,主动向议付行书面提出单、证不符点,要求银行凭受益人出具的保函付款。保函担保日后遭到买方拒付时,一切后果由受益人承担。

(2) 电提。电提又称电报提出,即在单证不符情况下,议付行先向开证行去电(电报或电传),列明单、证不符点,待开证行同意后再将单据寄出。如买方不同意不符点,卖方可及时处理运输中的货物。

(3) 跟单托收。当议付行不同意上述两种办法时,出口单位只能采用托收方式收款。

五、出口收汇核销和出口退税

（一）出口收汇核销

出口收汇核销是指以出口货物的价值为标准，核对每笔出口业务是否有相应的外汇或货物收回国内的一种监管措施。其目的在于确保收汇，并防止出口单位高报出口价格骗税。

我国出口企业可以通过"中国电子口岸"的"出口收汇系统"和"企业管理系统"办理出口收汇核销，其流程为：核销备案→网上领单→口岸备案→网上交单→收汇核销。具体如下：

（1）核销备案：出口单位取得出口经营权后，应到海关办理"中国电子口岸"入网手续，办理"中国电子口岸"企业法人IC卡和"中国电子口岸"企业操作员IC卡。

（2）网上领单：用企业操作员卡在网上申领核销单。

（3）口岸备案：企业操作员在网上输入口岸代码，进行企业备案。

（4）网上交单：在办理核销之前，企业操作员在网上发行交单。

（5）收汇核销：在网上交单后，到外管局办理书面核销。核销所需单据有：出口收汇核销单、报关单、收汇水单及出口发票等。

（二）出口退税

出口退税是指一个国家为了扶持和鼓励本国商品出口，对已装运出口的货物，将其已缴纳的国内税款部份或全部退还给出口企业的一种制度。其作用在于使出口企业及时收回投入经营的流动资金，加速资金周转，降低出口成本，提高企业经济效益。

1. 退税的基本条件

必须是离境的出口货物；必须是财务上作出口销售处理的货物；必须是属于增值税、消费税征税范围的货物。

2. 出口商品的退税率

出口商品的退税率具体分为17%、15%、13%、6%、5%五档。一般来说，加工程度越高的商品，退税率越高。

3. 退税凭证

（1）增值税专用发票（税额抵扣联）或普通发票。

（2）税收（出口货物专用）缴款书或"出口货物完税分割单"。

（3）出口销售发票和销售明细账。

（4）出口货物报关单（出口退税联）。

（5）出口收汇核销单（出口退税专用）。

4. 退税程序

我国出口企业可以通过"中国电子口岸"的"出口退税系统"在网上办理出口退税业务，其流程为：退税登记→领单→网上交单→退税审核→退税。

六、出口业务善后处理

(一) 业务善后函

(1) 买方或开证行接受单据时的善后处理：可以对双方已作的努力表示感谢，对增进双方的了解表示高兴；也可展望未来，希望能继续扩大合作等。

(2) 遭到买方或开证行拒付时的善后处理：应弄清每一笔拒付的背景情况，采取相应的对策。此时措辞应诚恳、委婉，以赢得买方的谅解。

(二) 对违约的处理

(1) 索赔。适用于国外买方未按合同规定履行义务时，如未按时开证、未按时付款等。

(2) 理赔。适用于我方交货的品质、数量、包装等不符合合同规定、买方有权复验并向我方提出索赔时。要认真研究分析对方所提索赔理由是否充分、情况是否属实、是否确因我方违约而使对方遭受损失；仔细审核对方所提出的索赔证件和有关文件是否符合合同规定及有关事实；合理确定赔付办法，可选择赔付部分货物、退货、换货、修整、赔付一定金额等不同办法。

【经典案例分析】

贸然发货遭拒付案

我国某卖方与国外某买方签订了一份出口合同。合同规定买方应于当年1月30日以前开来信用证，卖方于2月15日以前装船。买方于1月28日开来信用证，有效期到2月10日。考虑到信用证很快到期而装运仓促间无法完成，卖方电请信用证延至2月20日。买方电报同意改证。卖方于2月16日装船完毕，持全套单据向银行办理议付时却遭银行拒付，理由是信用证已过期。事后与买方进行交涉，发现买方已人走楼空。

分析：我方在出口合同履行过程中，轻信买方电报改证承诺，未等改证到达就贸然发货，结果遭到拒付，给自己造成损失。

【课堂活动11.1】

提高品质交货遭拒付案

我国某出口公司与国外成交红枣一批，合同与来证均要求交付三级品，但发货时才发现三级红枣库存已空，于是改以二级品交货。并在发票上加注"二级红枣仍按三级计价"。当时正赶上国际市场价格大幅度下浮，买方拒收货物，我方遭受巨大损失。试评述此案。

第二节 进口合同的履行

【导入习题11.2】

合同签订后，在合同履行过程中，进口方应承担的基本义务是什么呢？

买卖合同依法订立后,买方即应履行合同规定的义务,以换取约定的货物。根据《联合国国际货物销售合同公约》的规定,买方应承担的基本义务为支付货款和收取货物;同时还要督促对方按照合同规定履行其交货、交单和转移货物所有权的义务。

我国进口业务,多数按 FOB 价格条件成交,使用信用证支付方式。在此条件下的合同履行程序是:开立与修改信用证,租船或订舱与催装,办理货运保险,审单与付款,报关与提货,报验与拨交货物等,可能还涉及进口索赔、理赔工作。下面以 FOB 条款、信用证付款方式成交、属于法定检验的进口合同为例,介绍进口合同履行的基本过程(见图11.4)。

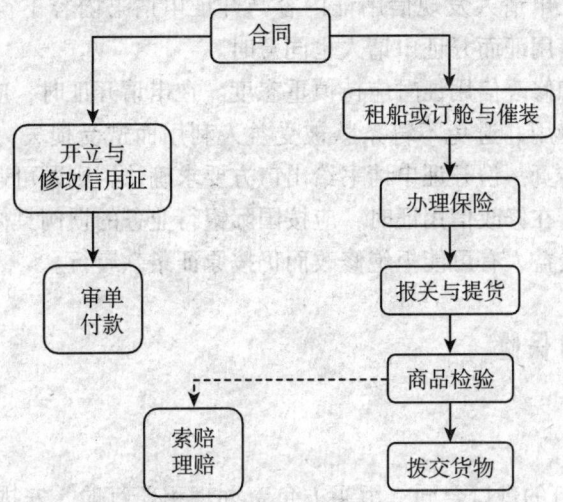

图 11.4　FOB、L/C 方式下进口合同履行

一、开立与修改信用证

(一)开立信用证

进口合同签订后,进口方应按照合同规定的时间,向当地经营外汇业务的银行办理开证手续。进口方在向开证行申请开立信用证时,应填写开证申请书,连同所需相关文件送交开证行。开证行对其审核无误后,根据有关规定收取开证押金和开证手续费,按照开证申请书的要求开立信用证,采用惯例方式寄送通知行。

开证申请书是开证申请人对开证行的付款指示,开证行开立信用证的依据,也是开证申请人和开证行之间的契约文件,具有法律效率,它规定了开证申请人与开证行的责任。通常要求进口企业在申请书上明确签字并加盖公章。一般情况下,开证申请书都由银行事先印就,以便申请人直接填制。开证申请书通常一式两联,申请人除填写正面内容外,还须签具背面的"开证申请人承诺书"。

【资料卡】　《UCP600》规定,开证申请书的内容必须完整明确,但不应罗列过多细节,以免造成混淆和误解。开证申请书包括两个部分:第一部分是信用证的内容,包括受益人名称地址、信用证金额、汇票内容、货物描述、运输条件、所需单据和类份数、信用证的交单期、信用证的到期日和地点等;第二部分是申请人对开证行的声明,其内容通常固定印在开证申请书上,包括承认遵守"UCP600"的规定,保证向银行支付信用证项下的货款、手续费、利息及其他费用等。

申请开证时，要合理掌握开证的时间，不宜太早、也不宜过迟。太早会增加开证费用，虚占进口用汇额度；过迟则有可能由于传递等原因造成延期开证的违约后果，并有可能为日后对方违约和免责提供了口实。

（二）修改信用证

信用证开出后，开证申请人可能向开证行递交修改申请书，要求开证行修改信用证。修改的原因有两类：开证申请人发现信用证内容与开证申请书内容不符，或情况发生了变化等；受益人提出修改信用证而开证申请人也同意时。

进口企业在开立和修改信用证时应持慎重态度。在申请开证时，应做到开证申请书与合同相符，以避免增加费用并避免不符条款被受益人利用而遭受损失；在信用证正式开立之前，进口企业最好先传真一份开证申请书给出口方要求确认，则既可避免改证麻烦又有利于双方取信并达成一致。在修改信用证时，应按国际银行业务的惯例具体办理，应注意修改内容的正确并应考虑到受益人有可能拒绝修改而仍按原证条款履行。

二、安排运输和保险

（一）租船订舱

采用 FOB 术语签订的进口合同，由买方负责办理租船订舱，安排船只到对方口岸接运货物。在实际业务中，订舱工作通常是委托货运代理公司向船公司或船公司的代理人或直接向船公司或其代理人办理。买方办妥订舱手续后，应及时将船名、船期等通知卖方，以便卖方备货装船。

买方还需办理催装手续，督促对方按时装运货物。为防止船货脱节和船等货的情况，买方须随时了解和掌握卖方备货和装船前的准备工作情况，通常在交货期前 45 天左右向对方发出"催装通知"。对成交量大、金额大或重要、急需物质的进口，可请我驻外机构就地了解备货情况或派专人前往装运地点监督装运，以防对方在装货时有作假行为。

（二）办理保险

采用 FOB 术语签订的进口合同，由买方负责办理货运保险。当买方收到卖方的装船通知后，应按照保险公司的要求办理投保手续。进口货物运输保险一般有两种方式，预约保险和逐笔投保。

预约保险。一些有大量运输业务的进口企业如果向保险公司逐笔办理投保，不仅烦琐也容易发生漏保等差错；为简化投保手续，可以与保险公司签订预约保险合同。即，双方事先约定保险标的、保险险别、保险费率、适用保险条款和赔款的支付办法等，一俟货物装上保险单载明的运输工具或被承运人收受签发运单，保险公司即负有自动承保的责任。预约保险合同是指投保人与保险人之间的总合同，一般要求投保人所有的运输业务都要投保；凡属合同约定的运输货物一经启运，在合同有效期内自动承保；但这并不意味着投保人不再需要逐笔投保，只不过每笔业务的投保时限要求没有那么严格。

逐笔投保。在没有与保险公司签订预约保险合同的情况下，对进口货物就需逐笔投保。进口企业在接到卖方的装船通知后，应立即向保险公司办理投保手续，否则货物于投保之前在运输途中发生的任何损失均得不到保险公司赔偿。

三、审单付款

在进口业务中，如采用托收和汇付的结算方式，由进口方对货物单据进行全面审核；如采用信用证方式，则由开证行和进口方共同对货物单据进行审核。在单据符合信用证及合同规定的条件下，或虽与信用证及合同规定不符，但进口企业表示愿意接受时，开证行及进口方即应履行付款义务。

（一）审单付款

在信用证支付方式下，国外发货人将货物交付装运后，即将汇票和各种单据提交开证行或保兑行或其他指定银行。

开证行或保兑行（如有的话）或其他指定银行在收到国外银行的汇票和单据后，必须立即审慎地审核信用证规定的一切单据，以确定单据表面上是否与信用证条款一致。在我国，银行审核单据后，无论单据是否符合合同规定，通常都会交进口企业复核。审单是银行和进口企业的共同责任。

银行审单时，主要依据"UCP600"的规定，遵循"单单一致、单证一致"的原则。"相符交单"是指"与信用证条款、本惯例的相关适用条款以及国际标准银行实务一致的交单"。开证行、保兑行或其他指定银行应各有一段合理时间审单，但总的审单时间为不超过收到单据后次日起的5个工作日，审核后无论决定接受还是拒绝接受单据，都应相应地及时通知对方。

（二）审单不符的处理

如果进口方在审单时发现"不符点"，应根据"UCP600"或国际银行业务惯例，区别不同情况予以处理。具体办法有以下几种：

（1）拒绝接受单据并拒付全部货款。适用于单据"不符点"的性质非常严重、对进口方利益具有实质性的损害时，如单据不全或重量有误，货款金额有严重偏差，提单不清洁，或单据中的重要项目内容不符规定等。

（2）部分付款、部分拒付。适用于单据中含有"不符点"、但性质不是十分严重、按惯例也不宜拒付全部货款时。

（3）货到经检验后付款。适用于进口方不需要转让单据、单据中含有非实质性的"不符点"时。货到后经检验，如果货物与合同规定完全相符，进口方可以接受单据并考虑支付全部货款；如果货物与单据不一致，进口方可视具体情况予以拒付或扣款处理。

（4）凭担保付款。适用于"不符点"性质属一般、对进口方利益不致造成明显损害的情况。进口方可考虑接受出口方的担保或国外议付行出具的担保而对外付款。

（5）开证行对外付款，但保留追索权。适用于"不符点"性质属一般的情况。开证行可考虑在对方同意开证行保留追索权的前提下对外付款。

(6) 更正单据后付款。适用于"不符点"确属操作错误、出口方要求更改单据、时间和其他条件都具备时。进口方应在收到更正的单据后再行对外办理付款手续。

四、报关与提货

(一) 进口报关

进口报关是指进口货物的收货人或其代理（货运代理公司或报关行）向海关交验有关单据，办理进口货物申报的法律行为。进口报关程序是：收单审单→查验货物→估价征税→签章放行。即，由报关人填写"进口货物报关单"，并随附发票、装箱单、提单、保单等有效证件，海关审核单据；报关人随同验货关员查验货物；海关审价，并分类估价、核算到岸价格，计征或减免关税；海关在货运单据上签章放行，发还单据，报关人到海关监管仓库或场所提货，此为结关。

进口报关应注意如下问题：（1）报关地点。一般为收货人或其代理人在货物的进境地海关办理报关手续，经海关审核同意也可在设有海关的收货人指运地。（2）报关资格。必须是海关准予注册的报关企业，或者是有权经营进出口业务的企业。（3）报关时限。我国《海关法》规定为自运输工具申报进境之日起14日内；从第15日开始计收滞纳金。

(二) 提货

进口货物经海关查验、放行后，进口企业或其代理即可凭海关已签章的提单提取货物。如果卸货中发现货物短缺、残损或外表有异状，则必须先将货物存放于海关指定的仓库，待保险公司会同商检机构检验后，确认残损程度和原因，并由商检机构出证，以便向责任方索赔。

五、报验与拨交

(一) 报验

进口货物到货后，进口货物的收货人或其代理还需要办理报验手续。凡属于法定检验的进口货物，收货人或其代理必须在合同规定的期限内，向卸货口岸或到达站的商检机构办理检验登记，海关凭商检机构在报关单上加盖的"已接受登记"印章而放行。凡不属于法定检验的进口货物，如果买卖合同中已约定由商检机构检验的，则应依照法定检验商品办理报验、检验事项；对于合同规定在卸货港检验的货物，如已发现残损、短缺、有异状的货物，或合同规定的索赔期即将期满的货物，都需要在港口进行检验。

(二) 拨交

货物办完进口报关和检验后，假如该商品是进口企业自己用于加工或销售，则不存在拨交环节，如果进口货物是受用货单位委托代理进口的，就需要将货物委托货运代理转运或交付用货单位。凡属必须在卸货港检验的商品，经指定的商检机构检验后，方可办理货物拨交。如果用货单位不在卸货港地区，则委托货运代理安排将货物运至用货单位所在地。至于与进口货物有关的税费，进口企业先与货运代理结算后，再向用货单位办理结算手续。

六、进口索赔

进口商品到货后，经检验，如品质、数量、包装等不符合合同的规定，需要向有关方面提出索赔。索赔包括损失赔偿与权利要求两项。损失赔偿是针对交货品质不符合规定，装货数量短少、残损破漏以及运输途中发生短卸等情况的索赔；权利要求是针对对方违约迟交的索赔。

（一）进口索赔的对象

1. 向出口方索赔

适用于卖方不交货或交货的品质、数量、包装、期限与合同规定不符的情况。例如，货物的品质、规格等不符合合同规定；交货数量不足；重量短少；掺杂使假，以次充好，以旧顶新；包装不良或不符合合同要求造成货物残损；凭样品成交的商品，所交商品与样品不符；未按合同规定的交货期限交货或不交货等。

2. 向承运人索赔

适用于运输单据清洁而进口的货物发生残损或到货数量少于提单所载数量时。例如，因短卸、误卸造成货物短少；托运货物在运输途中遗失；托运货物由于承运人配载不当、积载不良或装卸作业粗疏造成货物毁损；船舶不具适航条件；设备不良造成所装运货物损毁等。

3. 向保险公司索赔

适用于货运途中发生了已投保险别的承保范围以内的风险造成的货物损失。凡属于承运人的过失造成的货物残损、遗失，而承运人不予赔偿或赔偿金额不足抵补损失的，只要属于保险公司承保范围内的，也应向保险公司进行索赔。

（二）进口索赔的注意事项

进口索赔工作应及时合理地开展。我国的进口索赔工作，如属于承运人的责任，一般由货运公司或货代或船代代办；如属于保险公司的责任，由进口商或货代代办；如属于卖方的责任，则由进口企业直接办理，通过协商、仲裁或诉讼的形式进行解决。办理索赔时应注意以下事项：

（1）索赔证据。索赔时首先应备齐索赔清单，随附商检局签发的检验证书、发票、提单副本。此外还要针对不同的索赔对象另附有关证件，如向卖方索赔时，如为 FOB 或 CFR 合同，须附保险单；向轮船公司索赔时，须附船长及港务局理货员签证的理货报告及船长签证的短卸或残损证明；向保险公司索赔时，须附保险公司与买方的联合检验报告等。

（2）索赔金额。向卖方索赔，索赔金额应按买方所受实际损失计算，包括货物损失和由此而支出的各项费用，如检验费、仓租费、利息等；向承运人和保险公司索赔，索赔金额按有关章程办理。

（3）索赔期限。向卖方索赔，应在合同规定的索赔期限内或《公约》规定的收到货物之日起的两年内；向船公司索赔，为货物到达目的港交货后的一年内；向保险公司索赔，则为被保险货物在卸货港全部卸离海轮后两年内。

（4）买方职责。在向有关责任人索赔时，买方应采取适当措施保持货物原状并妥为保管。如索赔货物易于腐烂变质，应请公证部门检验并出具证明文件后再处置货物。

【经典案例分析】

自卸车进口索赔案

1994年3月，我国南方一家机械进出口公司（简称A公司）与某国一家重型汽车制造商（简称B厂）签订了一份总值为150万美元的自卸车进口合同，设备将用于一项重要水利工程，交货方式CIF中国口岸，付款方式不可撤销信用证。货物保修期为到货后一年内，在此期限内如果有质量问题，厂家负责维修或更换部件。订约后，中方于4月通过中国银行开出以B厂为受益人、金额150万美元的即期信用证。9月，外方的30辆自卸车按时到货。中方会同商检局检验，未发现问题。第二年2月，用户在使用过程中，发现一辆车的底盘有异常响声，随即发现底盘车架的焊接处出现了较大的裂缝。于是，中方组织对其他车辆进行全面检查，发现有5台车辆的底盘也出现了不同程度的裂缝。中方便同国外B厂取得联系，告知情况并希望对方提出解决意见。B厂对货物出现的问题表示遗憾，同时表示一定负责维修到底，并在最短时间内派员前来检验维修。中方对此提出异议，认为不能简单修理了事，并提出两点处理意见：一是考虑退货；二是退赔部分货款，然后再负责维修。B厂答复称，对质量保修范围内的问题负责免费维修到底，但不能接受赔偿意见，更不能接受退货要求，因为这批货物已经由中方商检局检验证明合格，所出问题与车辆使用、路面条件不好都有一定的关系。双方对此难以取得一致意见，最后将争议提交仲裁。仲裁机构的仲裁结论是：此案不以退货的方式解决，退货理由不够充分；外方应负责维修并进行一定的补偿较为合理，同时延长质量保修期。对此意见，双方均表示接受。

分析：我方在进口设备使用过程中，做得比较好的方面有：（1）发现一辆车出现问题后，及时组织检查并发现了另外有裂缝的5台车；（2）及时向外方提出了索赔要求和2个具体处理方案；（3）出现争议后及时提请仲裁机构仲裁。也因此，我方最后取得了较好的处理结果，维护了自己的合法权益。

【课堂活动11.2】

代理进口付款纠纷案

我国某外贸公司受国内用户委托，以外贸公司自己的名义作为买方与外国一家公司（卖方）签订了一项进口某种商品的合同，支付条件为"即期付款交单"。在履行合同时，卖方未经买方同意就直接将货物连同全套单据都交给了国内的用户，但该国内用户在收到货物后遇到财务困难，无力支付货款。在这种情况下，国外卖方认为，我国某外贸公司的身份是买方而不是国内用户的代理人，因此，根据买卖合同的支付条款，要求我国某外贸公司支付货款。问：我国某外贸公司是否有义务支付货款？理由是什么？

作　业

一、识记概念

原产地证明书、结汇、议付、收妥结汇、出口收汇核销、出口退税、开证申请书、预约保险合同

二、解答问题

1. 审核信用证的依据有哪些？审证时，主要应审核哪些内容？
2. 银行审证和出口商审证各有哪些要点？
3. 如何办理出口报关？什么是通关？
4. 进口报关的一般程序包括哪些步骤？办理进口报关手续有时间限制吗？
5. 申请开立信用证的程序是什么？为什么说申请开证的时间不宜太早也不宜过迟？
6. 当结汇单据出现不符点，出口商应如何结汇？
7. 审单时针对"不符点"，进口商应如何处理？
8. 进口索赔的对象有哪些？在进口索赔工作中应注意哪些问题？
9. 发现进口货物有残损，应如何处理？
10. 出口业务中，通常要与哪些部门联系以保证业务顺利进行？

三、实训练习

1. 我国某纺织厂收到国外进口商开来的信用证购买棉布，其金额为 5 万美元（±5%），数量为 10 万米（±5%）同时规定允许分批装运。因此，该厂第一批出口数量为 98 000 米，汇票金额为 49 000 美元；随即又打算再装运 7 000 米，价值 35 000 美元，请问第二批的出口是否违反了信用证的原意？实际上该批货物后被拒收，为什么？

2. 我国某外贸公司与荷兰进口商签订一份皮手套合同，价格条件为 CIF 鹿特丹，向中国人民保险公司投保一切险。生产厂家在生产的最后一道工序将皮手套的温度降低到了最低程度，然后用牛皮纸包好装入双层瓦楞纸箱，再装入 20 尺集装箱，货物到达鹿特丹后，检验结果表明：全部货物湿、霉、玷污及变色，损失价值达 8 万美元。据分析：该批货物的出口地不异常热，进口地鹿特丹不异常冷，运输途中无异常，完全属于正常运输。试问：

(1) 保险公司对该批损失是否赔偿？为什么？
(2) 进口商对受损货物是否支付货款？为什么？
(3) 你认为出口商应如何处理此事？

3. 我国某外贸公司以 FOB 中国口岸价与香港某公司成交钢材一批，港商即转手以 CFR 釜山价卖给韩国商人。港商开来信用证是 FOB 上海，现要求直运釜山并在提单上表明"freight prepaid"（运费预付），试分析港商为什么这样做？我们应如何处理？

4. 我国某公司签订了一份以即期信用证付款的 FOB 合同，进口食品 1 000 箱。接到对方的装运通知后，该公司投保了一切险和战争险。对方公司凭已装船清洁提单及其他有关单据向银行收受货款。但货到目的港后，经复验发现以下情况：

(1) 200 箱货物内含有大肠杆菌，超过我国标准。
(2) 实收货物 998 箱，短少 2 箱。
(3) 有 15 箱货物外表情况良好，但箱内货物短少 60 公斤。

针对上述情况，请分析，进口商应分别向谁索赔，并说明理由。

5. 买方发盘要求卖方凭发盘人提供的规格、性能生产供应某机械设备，发盘人除列明品质、数量、价格、付款、交货期等必要条件外，规定有效期 1 个月，以便卖方能有足够时间研究决定是否能按所提条件生产供应。卖方收到发盘后，立即组织人员进行设计，探询必要生产设备添置的可能性和成本核算。两周后，突然接到买方通知，由于资金原因，决定不再订购该项机械设备，并撤销发盘。此时，卖方已因设计、探询生产设备、核算成本等付出了大量费用。接到买方撤盘通知后，卖方被迫停止尚未完成的设计与成本核算等工作。对此，你认为卖方能否提出异议？应该如何处理？并说明理由。

6. 我国某公司与外商就某商品按 CIF 和即期信用证付款条件达成一项数量较大的出口合同，合同规定 11 月装运，但未规定具体开证日期，后因该商品市场价格趋降，外商便推延开证。我方为防止延误装运期，从 10 月中旬起多次电催开证，终于使该商在 11 月 6 日开来了信用证。但由于开证太晚，我方安排装运发生困难，便要求对方对信用证的装运期和议付有效期进行修改，分别推迟一个月。但外商拒不同意，并以我方未能按期装运为由单方面宣布解除合同，我方便也就此作罢。请问我方如此处理是否恰当？该从中吸取哪些教训？

第四篇 国际贸易方式

　　国际贸易方式是指国际贸易中的各种做法。本书第四章至第十一章介绍了国际贸易方式中的一种：逐笔售定。随着国际贸易的发展，国际贸易方式日趋多元化。本篇主要介绍其他各种贸易方式的基本特征和一般做法。通过本篇知识的学习，使学生对其他各种贸易方式的基本特征和一般做法有较为完整的认识，以便在未来的实际工作中加以运用。

集四第 國制愛良古

第十二章

国际贸易方式

【导入习题 12.1】

除了逐笔磋商、签订合同外,国际贸易还有其他做法吗?还有哪些?

买卖双方通过磋商、签订合同达成的单笔交易叫做逐笔售定,又叫单边进(出)口,这是国际贸易中最常见、最基本的一种做法。除传统的逐笔售定外,国际贸易中还有经销、代理、寄售、展卖、招投标、拍卖、加工贸易、对销贸易和期货交易等其他各种贸易方式。

第一节 经销与代理

一、经销

1. 经销的含义及其种类

经销(Distribution)是指进口商与国外出口商订立经销协议,承担在规定的期限和地域内购销指定商品义务的一种贸易方式。

经销方式有两种:一种是独立经销(Sale Distribution),也称包销(Exclusive Sale),指经销商在协议规定的期限和地域内,对指定商品享有独家专营权。另一种是一般经销,也称定销,指经销商不享有独家专营权,供货商可在同一时间、同一地区内,确定几个不同的商家经销同类商品。

2. 经销的特点

经销业务中的经销商是买方,供货商是卖方,二者是买卖关系。供货人供应指定商品,经销人以自己的名义买进,自行销售,自负盈亏。经销人转售商品时,也以自己的名义进行。

3. 经销协议

经销协议是指经销商和供货商规定双方权利和义务、确立双方法律关系的契约。也有包销协议和定销协议之分。

经销协议一般包括以下内容：（1）商品范围；（2）经销区域；（3）经销数量和金额；（4）作价方法；（5）经销期限和终止；（6）经销商的其他义务，如广告宣传、市场调研和维护供货人权益等。此外，还规定不可抗力及仲裁等一般交易条件。

二、代理

1. 代理的含义和种类

代理（Agency）是指代理人按照委托人的授权，代表委托人与第三方订立合同或实施其他法律行为，而由委托人负责由此产生的权利与义务的一种贸易方式。

国际贸易中的代理按委托人授权的大小分为总代理、独家代理和一般代理。总代理是委托人在指定地区的全权代表，他有权代表委托人从事一般商务活动和某些非商务性事务；独家代理是指在指定地区和期限内单独代表委托人从事协议中规定业务的代理人；一般代理是指不享有独家经营权的代理，即在指定地区和期限内可以同时有多个代理人代表委托人从事规定业务。

代理按照行业性质不同，可分为销售代理、购货代理、运输代理、广告代理、诉讼代理、仲裁代理、银行代理和保险代理等。

2. 代理的特点

委托方和代理方是委托代理关系。委托人对代理人在授权范围内的代理行为承担民事责任，代理人应该在委托人授权范围内行事，并应对委托人诚信忠实。代理人有推销商品的义务，但没有必须购买商品的责任；代理人居间介绍、赚取佣金，不负盈亏责任。

3. 销售代理协议

销售代理协议是指明确规定委托人和代理人之间权利与义务的法律文件。其内容主要包括：（1）订约双方名称、地址及订约的时间、地点。（2）商品种类、地区范围以及商标等。（3）代理的委任、受任及法律关系。（4）委托人的权利与义务。如接受和拒绝订货的权利；对代理人在授权范围内的代理行为承担民事责任的义务；维护代理人权益的义务；向代理人提供广告资料（样品、样本、目录等）的义务；保证向代理人支付佣金的义务等。（5）代理人的权利与义务。如代理人的权利范围；代理人积极促销的义务；代理人保护委托人财产、权利的义务；代理人的推销组织方式；代理人对客户资信进行调查的义务；代理人提供售后服务的义务；代理人向委托人汇报市场情况的义务；保密问题等。（6）佣金支付。包括佣金率、佣金的计算基础、佣金支付时间和方法等。（7）协议的期限和终止。（8）不可抗力和仲裁。

第二节　寄售与展卖

一、寄售

1. 寄售的含义及性质

寄售（Consignment）是一种委托代售的贸易方式，是指寄售人将准备销售的货物运往国外寄售地，委托当地代销人（Consignee）按照寄售协议代为销售后，再由代销人向货主结算货款的一种贸易方式。

2. 寄售的特点及利弊

（1）寄售的特点：寄售是在寄售地凭实物进行的现货交易；寄售人与代销商的关系是委托寄售关系；寄售人拥有货物出售前的所有权，承担出售前的一切费用和风险；代销人不承担任何风险和费用，只收取佣金作为报酬。

（2）寄售的优点：现货交易，有利于把握市场机会，节约交易成本；有利于调动代销人的积极性。

（3）寄售的缺点：寄售人承担的风险太大，资金周转期长，收汇很不安全。

3. 寄售协议

寄售协议是指寄售人和代销人之间就双方权利和义务以及有关寄售的条件和具体做法而签订的书面协议。一般包括以下内容：协议的名称及双方的权利与义务；寄售区域及寄售商品；定价方法；佣金；付款；保险及各种费用的负担；结算方式等。其中，寄售的定价方法有：由寄售人规定最低售价、随行就市、售前征得寄售人同意。

二、展卖

1. 展卖的含义和特点

展卖（Fairs）又称展销，是指利用各种形式的展览会、博览会展出并出售商品的一种贸易方式。

展卖的特点：将出口商品的展览和销售有机地结合起来，边展边销，以销为主；有利于宣传出口产品，建立和发展客户关系，招揽潜在买主，促进交易；有利于开展市场调研，听取消费者的意见，改进商品质量，增强出口竞争力；展卖方和观展方之间、展卖方相互之间是真实或潜在的买卖关系，展卖方承担的风险不大。

2. 展卖的类型

展卖的类型主要有：在国外举办的，在国内举办的；全国性的，地方性的；货主举办的，所在地代理商或经销商举办的，货主与国外客商合作举办的；专业性或单一商品的，综合性的；一国举办的，各国共同举办的。比如，在米兰、莱比锡、巴黎等地举办的各种综合性或专业性的国际博览会，在中国广州举办的综合性的"广交会"等。

3. 展卖注意事项

选择适当的展卖时机；选择合适的合作伙伴；选择适当的展销商品；做好宣传组织工作。

第三节 拍卖与招投标

一、拍卖

1. 拍卖的含义及特点

拍卖（Auction）是指由拍卖行接受货主委托，在一定的地点和时间，按照一定的章程和规则，以公开叫价竞购的方法，最后由拍卖行把货物卖给出价最高的买主的一种现货交易方式。

拍卖的特点：（1）拍卖是一种公开竞买的现货交易，采用事先看货、当场叫价、落槌成交的做法，成交后买主即可付款提货。（2）拍卖是在一定的机构内有组织地进行。一般是在拍卖中心拍卖行的统一组织下进行，也可以是由货主临时组织的拍卖会。（3）拍卖具有自己独特的法律和规章，无论是在交易磋商的程序和方式上，还是在合同的成立和履行上，许多国家对拍卖业务有专门立法，各拍卖行也订有自己的章程和规则。

2. 拍卖的形式

（1）增价拍卖：由买主竞相加价，直至出价最高时击槌宣告成交。

（2）减价拍卖：也称卖方叫价拍卖，由拍卖人逐渐减低叫价，直到有人表示接受而成交。

（3）密封递价拍卖：由竞买者在规定时间内将密封标书递交拍卖人，再由拍卖人选择最佳者表示接受而成交。

3. 拍卖的基本程序

（1）准备阶段：货主事先把商品运到拍卖人指定的仓库，由拍卖人挑选、整理、分类、分批编号及印发拍卖目录并刊登广告。

（2）察看货物：买主在拍卖前既可察看拍卖人提供的样品，也可去仓库察看整批货物，还可抽取一定数量的样品进行分析。

（3）正式拍卖：即在规定的时间和地点，按照拍卖目录规定的次序，逐笔喊价成交。拍卖主持人作为货主的代理人掌握拍卖的进程。货主对货物可提出保留价，也可无保留价。

（4）付款与提货：拍卖成交后，买主按规定付款和提货；拍卖行收取一定比例的佣金，佣金一般不超过成交价的5％。

二、招投标

1. 招投标的含义及特点

招标（Invitation to Tender）是指招标人（买方）发出招标通知，说明拟采购商品的名称、规格、数量及其他条件，邀请投标人（卖方）在规定的时间、地点按照一定的程序发盘竞争（投标），最后由招标人选择对其最有利的发盘并与提出该发盘的投标人订约成交的一种贸易方式。

投标（Submission of Tender）是指投标人（卖方）应招标人（买方）的邀请，按照招标的要求和条件，在规定的时间内向招标人递价，争取中标的行为。

招标与投标是同一种贸易方式的两个方面，就买方而言是招标，就卖方来说就是投标。其特点在于：不经过磋商；没有讨价还价的余地；属于竞卖方式，买方有较多的比较和选择权利。

2. 国际招标的类型

（1）国际竞争性招标（International Competitive Bidding）：指招标人邀请几个乃至几十个国内外企业参加竞标，从中选择最优投标人的方式。常用的两种做法是：公开招标、选择性招标。

（2）谈判招标（Negotiated Bidding）：又称议标，指由招标人直接同卖方谈判，确定标价并达成交易。

（3）两段招标（Two-Stage Bidding）：又称两步招标，适宜采购某些复杂的货物，第一步，邀请投标人提出不含报价的技术投标；第二步，邀请投标人提出价格投标。

3. 招投标的基本程序

（1）招标：编制招标文件；发布招标公告；投标资格预审。

（2）投标：①开展投标前准备工作，包括研究招标文件和衡量自身能力；②确定适当的价格，报价后不能随意撤销或撤回；③提供投标保证金（或开具银行保函），一般为总价的3%~10%，未中标的退回；④制作投标文件。⑤递送投标文件。

（3）开标与评标

开标有公开开标与秘密开标两种方式。公开开标是指按照招标人规定的时间、地点，在投标人或其代理出席的情况下，当众拆开密封的投标文件，宣读文件内容。秘密开标是指没有投标人参加，由招标人自行开标选定中标人。

评标是指招标人开标后，进行评审、比较，选择最佳投标人的过程。

（4）签订协议

招标人选定中标人之后，要向中标人发出中标通知书，中标人就必须依约与招标人签订协议。

第四节 加工贸易

加工贸易是指一国的企业利用自己的设备和生产能力，对国外的原材料、零部件或元器件进行加工、制造或装配，然后再将产品销往国外的一种贸易方式。目前我国常用的加工贸易，主要有对外加工装配和进料加工两种。

一、对外加工装配

1. 对外加工装配的含义

对外加工装配贸易是指在外商提供原材料、零部件、元器件和技术等基础上，用国内劳动力和设备进行加工装配，成品交由外商处置（出口），我方收取工缴费的一种贸易方式。

对外加工装配的基本做法：

（1）来料加工（processing with customer's materials）：指由外商提供原材料、辅料及包装物料，按外商要求加工成成品后再交由外商在国外销售，承接方只收取约定工缴费。

（2）来件装配（assembling with customer's parts）：指由外商提供零部件、元器件等，按外商要求进行装配后，成品交外商处置，承接方只收取约定的工缴费。

2. 对外加工装配的各种形式

就承接机构而言，主要有三种形式：一是外贸（工贸）企业直接对外承接业务，然后交由本企业加工装配生产；二是外贸企业对外承接来料来件加工装配业务，对内提供料、件委托工厂加工装配；三是接受加工装配的工厂参加对外谈判，同外贸公司一起对外签订合同，工厂直接承担交货责任，外贸公司收取手续费。

从用料比重看，有两种做法：全部来料来件的纯加工装配业务；部分来料来件，部分采用国产料件。

在来料来件作价方面，有两种做法：一种是来料来件和加工成品均不作价，只收取加工装配的工缴费；另一种是来料来件和加工成品分别作价。

3. 对外加工装配合同

对外加工装配合同是指明确规定委托方和承接方之间权利、义务和责任的法律文件，主要包括以下内容：（1）对来料、来件和成品的规定；（2）关于耗料率和残次品率的规定；（3）关于工缴费结算的规定；（4）对运输和保险的规定。

二、进料加工

进料加工是指从国外购进原料，加工生产出成品再销往国外的一种贸易方式。进料加工的具体做法有三种：

（1）先签订进口原料的合同，加工出成品后再寻找市场和买主。

（2）先签订出口合同，再根据买方要求从国外购进原料，加工生产，这种做法包括来样进料加工。

（3）对口合同方式，即与对方签订进口原料合同的同时签订出口成品的合同。

第五节　对销贸易

对销贸易（Counter Trade）又称返销贸易、互抵贸易或反向贸易。对销贸易是一种既买又卖、买卖互为条件的国际贸易方式，指双方达成协议，规定一方的进口产品可部分或全部以相应的出口产品来支付。

对销贸易买卖的标的除有形的财产货物以外，也可包括劳务、专有技术和工业产权等无形资产。对销贸易有多种形式，主要包括易货贸易、互购贸易和补偿贸易。

一、易货贸易（Barter Trade）

易货贸易是指贸易双方之间互换等值货物的贸易方式。易货贸易有狭义和广义之分，狭义的易货贸易即贸易双方直接以货换货，即以一种货物换取另一种等值货物，进口和出口同时成交，不涉及货币的支付；广义的易货贸易是指贸易双方交换的可以是不止一种商品，而且进口和出口可以略有先后，可以涉及货款的支付结算。易货贸易中，易货双方仅签订一份包括相互换货、相互抵偿货物的合同。

【资料卡】　广义的易货贸易使用较为普遍。广义的易货贸易的货款支付，可以采用记账的方法相互冲抵，也可采用对开信用证的办法分别结算。所谓记账方法，是指一方用一种出口货物交换对方的另一种进口货物，双方都将货值记账，互相抵冲，货款逐笔平衡，无须使用现汇支付；或者在一定时期内平衡，如有逆差，再以现汇或商品支付。而对开信用证办法，是指进出口同时成交，金额大致相等，双方均采用信用证支付货款，即双方都开立以对方为受益人的信用证，规定一方开出的信用证在收到对方开出的信用证时才生效；也可以采用保留押金方式，即先开出的信用证先生效，结汇后，银行将款扣下，留做该受益人开回头证时的押金。

二、互购

互购（Counter Purchase）又称对购贸易（Reciprocal Trade）或平行贸易（Parallel Trade）。互购是一种现汇交易，指一方向另一方出口商品或劳务的同时，承担以所得货款的部分或全部向对方购买一定数量或金额商品或劳务的义务。

互购协定下，贸易双方要签订两份相互独立的合同。第一份合同是主合同，规定出口方出口商品的品质、数量等有关内容；第二份合同则主要规定出口方购买对等商品的义务。这两份合同由互购协定联结起来。相对于易货贸易，互购不求等值且互相购买的商品范围要更广；除非先出口方愿意接受远期信用证，先进口方通常应支付现汇；先出口方对等采购的责任可以转让给第三方。

三、补偿贸易

1. 补偿贸易的概念和特点

补偿贸易（Compensation Trade）又称回购，是指交易的一方在对方提供信贷的基础上，向对方购进机器设备、器材或技术，而用返销的产品或劳务的价款分期全额或部分偿还先期进口机器设备的价款和利息的一种贸易方式。

补偿贸易的特点：（1）是在信贷的基础上进行的，设备引进方要承担利息；（2）设备供应方必须承担回购对方产品或劳务的义务；（3）是一种引进技术设备同利用外资相结合的贸易方式。

2. 补偿贸易的种类

（1）直接产品补偿、间接产品补偿和劳务补偿。直接产品补偿，即用引进的技术设备所生产的产品补偿；间接产品补偿，即用其他产品补偿；劳务补偿，即用加工费收入补偿，此时通常是补偿贸易与来料加工或来件装配相结合进行。

（2）全额补偿和部分补偿。全额补偿，即引进设备、技术的货款不用外汇而全部用商品、劳务补偿。部分补偿，即引进设备、技术货款中一定比例用现汇支付，其余用商品或劳务偿还。

3. 补偿贸易合同

补偿贸易合同，一般包括补偿贸易协议、技术设备合同和补偿产品（或劳务）合同。对一些简单、涉及商品数量少、金额较小的补偿贸易，也可将上述三份协议合并成一份总的补偿贸易协议。

第六节 商品期货交易

一、期货交易的含义及特点

期货交易（Futures Trading），又称期货合同交易，是一种在特定类型的固定市场，即商品交易所内，按照严格的程序和规则，通过公开竞价的方式，买进或卖出某种商品期货合同的贸易方式。

期货交易的基本特征如下：

1. 以标准期货合同作为交易标的

期货交易与现货交易的明显区别是，期货交易买卖的不是实物而是标准期货合同，且必须在商品交易所内进行，通常不涉及货物的实际交割，只需在期货合同到期前平仓。

2. 特殊的清算制度

在商品交易所内买卖的期货合同，由清算所进行统一交割、对冲和结算。清算所既是所有买入合同的卖方，也是所有卖出合同的卖方，市场上的买卖双方分别与清算所建立法律关系。

3. 严格的保证金制度

清算所要求每个会员开立一个保证金账户，在交易之前按交易金额的一定百分比交纳初始保证金；以后每天交易结束后清算所都按当日结算价格核算盈亏，如果亏损超过规定的百分比即要求会员追加保证金。

二、套期保值

期货交易有多种做法，最常见的是套期保值和投机交易。

套期保值（Hedging）又称对冲交易。它是指在买进（或卖出）实货的同时或前后，在期货交易所卖出（或买进）相等数量的合同作为保值。套期保值分为卖期保值（Selling hedging）和买期保值（Buying hedging）两种。

（1）卖期保值。一些手头持有实货的个人或企业或丰收在望的农场主和拥有大量库存的经销商，担心新货登场价格可能下跌而蒙受损失，便在期货市场卖出期货合同达到保值的目的。

（2）买期保值，一些将来持有某种实货商品的个人或企业，在他们出售将来交付的实际货物时，担心日后价格上涨而受到损失，因而在期货市场上买进期货合同达到保值的目的。

三、投机交易

投机交易以追求利润为目的。其基本原则是低进高出，获取两次交易的差价。投机交易分买空和卖空两种。

（1）买空（Bull, Long）。买空又称多头，指投机商在预计价格将上涨时先买进期货合同，使自己处于多头部位（Long Position），等到价格上涨后再卖出对冲，从中获利。

（2）卖空（Bear, Short）。卖空又称空头，指投机商估计行市看跌，先抛出期货合约，使自己处于空头部位（Short Position），等价格下跌后再补进对冲，赚取差价。

【经典案例分析】

来件装配结算案

某企业与一家外国工厂签订来件装配一种家用电器 5 000 台的合同,规定采用对开信用证分别结算配件和成品的价款,由我方开出见票后 90 天付款的不可撤销远期信用证向对方购买配件,但须在对方开出向我方购买成品的即期回头信用证后方始生效。两份信用证总金额的差额即为外方付给我方的工缴费。上述合同按时执行后,双方又按原合同续订 5 万台分五批执行的新合同。第一、第二两批共 2 万台,双方均按时开出信用证,并顺利履行了合同。其后外商突然提出,由于我方开出的信用证中有须在我方收到回头信用证后方始生效的条款,当地银行认为有此附加条款的信用证不能视做已经生效的信用证,因此,不能凭以融通资金,使其发生经营困难。为顺利履行余下三批的装配合同,要求我方开出的新证取消上述附加条款。我方企业认为上笔合同圆满履行,新合同也已执行 2/5,说明对方是可以信赖的,于是,接受了对方要求,在开出的后三批 3 万台来件价款的信用证中取消了上述收到回头信用证方始生效的附加条款。外方按我方信用证规定向我方发运了配件,但回头信用证始终没有开来,我方银行到期被迫垫付来件价款 X 万美元。在此期间,我方虽多次向外方提出交涉,但均无结果。事后查明,因该成品销路不佳,市价大跌,以致整机的售价还卖不到原定的配件价格。在此情况下,外方遂利用我方开出的信用证处理其剩余部件,而不履行购回成品的义务,造成我方以高价单边进口配件的巨额损失。对此,请分析我方的教训。

分析:本案例为来件装配,结算方式为对开信用证。我方的教训在于:

(1) 习惯性地轻信:只因原合同及新合同的 2/5 已圆满履行,我方就此判断对方可以信赖并接受对方修改信用证的要求,这样的想法和做法是不明智的。

(2) 未坚持原正确做法:"我方开出的信用证须在我方收到回头信用证后方始生效"的开证附加条款,是对开信用证常见附加条款之一,并无不合理之处。我方在来件装配业务中,当来件和成品分别作价时,应坚持先收后付的原则。

(3) 未警惕对方真实意图并跟进市场状况:我方未及时调查掌握外商改证的真实原因及市场状况,事后才发现该装配成品销路不佳、市价大跌,外商利用我方所开信用证处理其剩余部件才是真相。

【课堂活动 12.1】

包销合同终止案

被告是原告的独家包销商,合同期为 10 年,合同规定任何一方可在第 10 年结束前 6 个月通知对方终止合同。合同的第二条规定:"转给工厂的客户订单,照订约时价格计算不得少于总值为 8 万英镑的货物"。这项合同执行了 15 个月,实际订单的数额少于上述定额,主要原因是主管机关停发进口许可证。双方对上述条款的解释发生争议,原告主张被告必须完成定额,由于被告全盘毁约,应赔偿全部损失。而被告抗辩说,这种状态是由于客观原因的变化而造成,他不能承担责任。最后经法院判决:被告对合同第二条有误解,以致没有遵照合同第二条规定向原告每年购买 8 万英镑的货物;但被告并没有全盘毁约的意思,此后无法继续履约只因遭遇停发进口许可证这样的不可抗力。因此,被告只需赔偿过去 15 个月因未履约而使原告遭受的损失,但不能赔偿合同整个期限(10 年)不能履约而造成的损失。试分析法院判决是否公平并说明原因。

作 业

一、识记概念

经销、代理、寄售、展卖、拍卖、招标、来料加工、来件装配、补偿贸易、期货交易

二、解答问题

1. 经销协议包括哪些主要内容?
2. 经销、代理的区别是什么?
3. 寄售与展卖的区别是什么?
4. 国际招标方式有哪些?
5. 拍卖的形式有哪些?
6. 对外加工装配的基本做法有哪些?
7. 补偿贸易有几种类型?
8. 商品期货交易的基本特征是什么?

三、实训练习

1. 德克罗·沃尔将其商品"装饰用花砖"在英国的独家销售权授予马克丁公司。但该合同没有订明期限有多长,而是凭合理的通知予以确定。在合同订立两年以后,德克罗·沃尔的商品在英国的销售点达 780 个。马克丁公司花在该产品的广告费达到 3 万英镑,又额外雇用了 6 个专门销售员。但是,由于马克丁公司付款稍迟,故在其提出新订单时,遭到德克罗·沃尔的拒绝。与此同时,德克罗·沃尔把该产品的专销权授予另一家公司,并指控马克丁公司因拖延付款违反了合同,要求法院宣布马克丁公司不再是该产品的包销人。但马克丁公司向法院提出反诉。试分析法院会如何判决,并说明理由。

2. 美国加利公司与中国顺达公司签订了一份独家代理协议,指定顺达公司为加利公司在中国的独家代理。不久,加利公司推出指定产品的改进产品,并指定中国创意公司做该改进产品的独家代理。试分析:加利公司有无这种权利?

3. 我国B公司以寄售方式向沙特阿拉伯出口一批积压商品。货到目的地后,虽经代售人努力推销,货物还是无法售出,最后只得再装运回国。试分析B公司有何不当之处?

4. 我国某外贸公司从日本进口一艘渔轮,其具体做法为先出口鱼品积存外汇,达到一定金额后,用以购买渔轮。该公司报请主管部门给予补偿贸易的优惠待遇,遭到拒付。请加以评论。

附 录

附录一

《联合国国际货物销售合同公约》（节选）

第二部分 合同的订立

第十四条

（1）向一个或一个以上特定的人提出的订立合同的建议，如果十分确定并且表明发价人在得到接受时承受约束的意旨，即构成发价。一个建议如果写明货物并且明示或暗示地规定数量和价格或规定如何确定数量和价格，即为十分确定。

（2）非向一个或一个以上特定的人提出的建议，仅应视为邀请做出发价，除非提出建议的人明确地表示相反的意向。

第十五条

（1）发价于送达被发价人时生效。

（2）一项发价，即使是不可撤销的，得予撤回，如果撤回通知于发价送达被发价人之前或同时，送达被发价人。

第十六条

（1）在未订立合同之前，发价得予撤销，如果撤销通知于被发价人发出接受通知之前送达被发价人。

（2）但在下列情况下，发价不得撤销：

（a）发价写明接受发价的期限或以其他方式表示发价是不可撤销的；或

（b）被发价人有理由信赖该项发价是不可撤销的，而且被发价人已本着对该项发价的信赖行事。

第十七条

一项发价，即使是不可撤销的，于拒绝通知送达发价人时终止。

第十八条

（1）被发价人声明或做出其他行为表示同意一项发价，即是接受。缄默或不行动本身不等于接受。

（2）接受发价于表示同意的通知送达发价人时生效。如果表示同意的通知在发价人所规定的时间内，如未规定时间，在一段合理的时间内，未曾送达发价人，接受就成为无效，但须适当地考虑到交易的情况，包括发价人所使用的通信方法的迅速程度。对口头发价必须立即接受，但情况有别者不在此限。

（3）但是，如果根据该项发价或依照当事人之间确立的习惯做法或惯例，被发价人可以做出某种行为，例如与发运货物或支付价款有关的行为，来表示同意，而无须向发价人发出时通知，则接受于该项行为做出通知，但该项行为必须在上一款所规定的期间内做出。

第十九条

（1）对发价表示接受但载有添加、限制或其他更改的答复，即为拒绝该项发价并构成还价。

（2）但是，对发价表示接受但载有添加或不同条件的答复，如所载的添加或不同条件在实质上并不变更该项发价的条件，除发价人在不过分迟延的期间内以口头或书面通知反对其间的差异外，仍构成接受。

如果发价人不做出这种反对，合同的条件就以该项发价的条件以及接受通知内所载的更改为准。

（3）有关货物价格、付款、货物质量和数量、交货地点和时间、一方当事人对另一方当事人的赔偿责任范围或解决争端等等的添加或不同条件，均视为在实质上变更发价的条件。

第二十条

（1）发价人在电报或信件内规定的接受期间，从电报交发时刻或信上载明的发信日期起算，如信上未载明发信日期，则从信封上所载日期起算。发价人以电话、电传或其他快速通讯方法规定的接受期间，从发价送达被发价人时起算。

（2）在计算接受期间时，接受期间内的正式假日或非营业日应计算在内。但是如果接受通知在接受期间的最后一天未能送到发价人地址，因为那天在发价人营业地是正式假日或非营业日，则接受期间应顺延至下一个营业日。

第二十一条

（1）逾期接受仍有接受的效力，如果发价人毫不迟延地用口头或书面将此种意见通知被发价人。

（2）如果载有逾期接受的信件或其他书面文件表明，它是在传递正常、能及时送达发价人的情况下寄发的，则该项逾期接受具有接受的效力，除非发价人毫不迟延地用口头或书面通知被发价人：他认为他的发价已经失效。

第二十二条

接受得予撤回，如果撤回通知于接受原应生效之前或同时，送达发价人。

第二十三条

合同于按照本公约规定对发价的接受生效时订立。

第二十四条

为公约本部分的目的，发价、接受声明或任何其他意旨表示"送达"对方，系指用口头通知对方或通过任何其他方法送交对方本人，或其营业地或通讯地址，如无营业地或通讯地址，则送交对方惯常居住地。

第三部分　货物销售

第一章　总　则

第二十五条

一方当事人违反合同的结果，如使另一方当事人蒙受损害，以至于实际上剥夺了他根据合同规定有权期待得到的东西，即为根本违反合同，除非违反合同一方并不预知而且一个同等资格、通情达理的人处于相同情况中也没有理由预知会发生这种结果。

第二十六条

宣告合同无效的声明，必须向另一方当事人发出通知，方始有效。

第二十七条

除非公约本部分另有明文规定，当事人按照本部分的规定，以适合情况的方法发出任何通知、要求或其他通知后，这种通知如在传递上发生耽搁或错误，或者未能到达，并不使该当事人丧失依靠该项通知的权利。

第二十八条

如果按照本公约的规定，一方当事人有权要求另一方当事人履行某一义务，法院没有义务做出判决，要求具体履行此一义务，除非法院依照其本身的法律对不属本公约范围的类似销售合同愿意这样做。

第二十九条

（1）合同只需双方当事人协议，就可更改或终止。

（2）规定任何更改或根据协议终止必须以书面做出的书面合同，不得以任何其他方式更改或根据协议终止。但是，一方当事人的行为，如经另一方当事人寄以信赖，就不得坚持此项规定。

第二章 卖方的义务

第三十条
卖方必须按照合同和本公约的规定，交付货物，移交一切与货物有关的单据并转移货物所有权。

第一节 交付货物和移交单据

第三十一条
如果卖方没有义务要在任何其他特定地点交付货物，他的交货义务如下：
(a) 如果销售合同涉及到货物的运输，卖方应把货物移交给第一承运人，以运交给买方；
(b) 在不属于上一款规定的情况下，如果合同指的是特定货物或从特定存货中提取的或尚待制造或生产的未经特定化的货物，而双方当事人在订立合同时已知道这些货物是在某一特定地点，或将在某一特定地点制造或生产，卖方应在该地点把货物交给买方处置；
(c) 在其他情况下，卖方应在他于订立合同时的营业地把货物交给买方处置。

第三十二条
（1）如果卖方按照合同或本公约的规定将货物交付给承运人，但货物没有以货物上加标记、或以装运单据或其他方式清楚地注明有关合同，卖方必须向买方发出列明货物的发货通知。
（2）如果卖方有义务安排货物的运输，他必须订立必要的合同，以按照通常运输条件，用适合情况的运输工具，把货物运到指定地点。
（3）如果卖方没有义务对货物的运输办理保险，他必须在买方提出要求时，向买方提供一切现有的必要资料，使他能够办理这种保险。

第三十三条
卖方必须按以下规定的日期交付货物：
(a) 如果合同规定有日期，或从合同可以确定日期，应在该日期交货；
(b) 如果合同规定有一段时间，或从合同可以确定一段时间，除非情况表明应由买方选定一个日期外，应在该段时间内任何时候交货；或者
(c) 在其他情况下，应在订立合同后一段合理时间内交货。

第三十四条
如果卖方有义务移交与货物有关的单据，他必须按照合同所规定的时间、地点和方式移交这些单据。如果卖方在那个时间以前已移交这些单据，他可以在那个时间到达前纠正单据中任何不符合同规定的情形，但是，此一权利的行使不得使买方遭受不合理的不便或承担不合理的开支。但是，买方保留本公约所规定的要求损害赔偿的任何权利。

第二节 货物相符与第三方要求

第三十五条
（1）卖方交付的货物必须与合同所规定的数量、质量和规格相符，并须按照合同所定的方式装箱或包装。
（2）除双方当事人业已另有协议外，货物除非符合以下规定，否则即为与合同不符：
(a) 货物适用于同一规格货物通常使用的目的；
(b) 货物适用于订立合同时曾明示或默示地通知卖方的任何特定目的，除非情况表明买方并不依赖卖方的技能和判断力，或者这种依赖对他是不合理的；
(c) 货物的质量与卖方向买方提供的货物样品或样式相同；
(d) 货物按照同类货物通用的方式装箱或包装，如果没有此种通用方式，则按照足以保全和保护货物的方式装箱包装。
（3）如果买方在订立合同时知道或者不可能不知道货物不符合同，卖方就无须按上一款(a)项至

(d) 项负有此种不符合同的责任。

第三十六条

(1) 卖方应按照合同和本公约的规定,对风险移转到买方时所存在的任何不符合同情形,负有责任,即使这种不符合同情形在该时间后方始明显。

(2) 卖方对在上一款所述时间后发生的任何不符合同情形,也应负有责任,如果这种不符合同情形是由于卖方违反他的某项义务所致,包括违反关于在一段时间内货物将继续适用于其通常使用的目的或某种特定目的,或将保持某种特定质量或性质的任何保证。

第三十七条

如果卖方在交货日期前交付货物,他可以在那个日期到达前,交付任何缺漏部分或补足所交付货物的不足数量,或交付用以替换所交付不符合同规定的货物,或对所交付货物中任何不符合同规定的情形做出补救,但是,此一权利的行使不得使买方遭受不合理的不便或承担不合理的开支。但是,买方保留本公约所规定的要求损害赔偿的任何权利。

第三十八条

(1) 买方必须在按情况实际可行的最短时间内检验货物或由他人检验货物。

(2) 如果合同涉及到货物的运输,检验可推迟到货物到达目的地后进行。

(3) 如果货物在运输途中改运或买方须再发运货物,没有合理机会加以检验,而卖方在订立合同时已知道或理应知道这种改运或再发运的可能性,检验可推迟到货物到达新目的地后进行。

第三十九条

(1) 买方对货物不符合同,必须在发现或理应发现不符情形后一段合理时间内通知卖方,说明不符合同情形的性质,否则就丧失声称货物不符合同的权利。

(2) 无论如何,如果买方不在实际收到货物之日起两年内将货物不符合同情形通知卖方,他就丧失声称货物不符合同的权利,除非这一时限与合同规定的保证期限不符。

第四十条

如果货物不符合同规定指的是卖方已知道或不可能不知道而又没有告知买方的一些事实,则卖方无权援引第三十八条和第三十九条的规定。

第四十一条

卖方所交付的货物,必须是第三方不能提出任何权利或要求的货物,除非买方同意在这种权利或要求的条件下,收取货物。但是,如果这种权利或要求是以工业产权或其他知识产权为基础的,卖方的义务应依照第四十二条的规定。

第四十二条

(1) 卖方所交付的货物,必须是第三方不能根据工业产权或其他知识产权主张任何权利或要求的货物,但以卖方在订立合同时已知道或不可能不知道的权利或要求为限,而且这种权利或要求根据以下国家的法律规定是以工业产权或其他知识产权为基础的:

(a) 如果双方当事人在订立合同时预期货物将在某一国境内转售或做其他使用,则根据货物将在其境内转售或做其他使用的国家的法律;或者

(b) 在任何其他情况下,根据买方营业地所在国家的法律。

(2) 卖方在上一款中的义务不适用于以下情况:

(a) 买方在订立合同时已知道或不可能不知道此项权利或要求;或者

(b) 此项权利或要求的发生,是由于卖方要遵照买方所提供的技术图样、图案、款式或其他规格。

第四十三条

(1) 买方如果不在已知道或理应知道第三方的权利或要求后一段合理时间内,将此一权利或要求的性质通知卖方,就丧失援引第四十一条或第四十二条规定的权利。

(2) 卖方如果知道第三方的权利或要求以及此一权利或要求的性质,就无权援引上一款的规定。

第四十四条

尽管有第三十九条第（1）款和第四十三条第（1）款的规定，买方如果对他未发出所需的通知具备合理的理由，仍可按照第五十条规定减低价格，或要求利润损失以外的损害赔偿。

第三节 卖方违反合同的补救办法

第四十五条

（1）如果卖方不履行他在合同和本公约中的任何义务，买方可以：

（a）行使第四十六条至第五十二条所规定的权利；

（b）按照第七十四条至第七十七条的规定，要求损害赔偿。

（2）买方可能享有的要求损害赔偿的任何权利，不因他行使采取其他补救办法的权利而丧失。

（3）如果买方对违反合同采取某种补救办法，法院或仲裁庭不得给予卖方宽限期。

第四十六条

（1）买方可以要求卖方履行义务，除非买方已采取与此一要求相抵触的某种补救办法。

（2）如果货物不符合同，买方只有在此种不符合同情形构成根本违反合同时，才可以要求交付替代货物，而且关于替代货物的要求，必须与依照第三十九条发出的通知同时提出，或者在该项通知发出后一段合理时间内提出。

（3）如果货物不符合同，买方可以要求卖方通过修理对不符合同之处做出补救，除非他考虑了所有情况之后，认为这样做是不合理的。修理的要求必须与依照第三十九条发出的通知同时提出，或者在该项通知发出后一段合理时间内提出。

第四十七条

（1）买方可以规定一段合理时限的额外时间，让卖方履行其义务。

（2）除非买方收到卖方的通知，声称他将不在所规定的时间内履行义务，买方在这段时间内不得对违反合同采取任何补救办法。但是，买方并不因此丧失他对迟延履行义务可能有的要求损害赔偿的任何权利。

第四十八条

（1）在第四十九条的条件下，卖方即使在交货日期之后，仍可自付费用，对任何不履行义务做出补救，但这种补救不得造成不合理的迟延，也不得使买方遭受不合理的不便，或无法确定卖方是否将偿付买方预付的费用。但是，买方保留本公约所规定的要求损害赔偿的任何权利。

（2）如果卖方要求买方表明他是否接受卖方履行义务，而买方不在一段合理时间内对此一要求做出答复，则卖方可以按其要求中所指明的时间履行义务。买方不得在该段时间内采取与卖方履行义务相抵触的任何补救办法。

（3）卖方表明他将在某一特定时间内履行义务的通知，应视为包括根据上一款规定要买方表明决定的要求在内。

（4）卖方按照本条第（2）和第（3）款做出的要求或通知，必须在买方收到后，始生效力。

第四十九条

（1）买方在以下情况下可以宣告合同无效：

（a）卖方不履行其在合同或本公约中的任何义务，等于根本违反合同；或

（b）如果发生不交货的情况，卖方不在买方按照第四十七条第（1）款规定的额外时间内交付货物，或卖方声明他将不在所规定的时间内交付货物。

（2）但是，如果卖方已交付货物，买方就丧失宣告合同无效的权利，除非：

（a）对于迟延交货，他在知道交货后一段合理时间内这样做；

（b）对于迟延交货以外的任何违反合同事情：

① 他在已知道或理应知道这种违反合同后一段合理时间内这样做；或

② 他在买方按照第四十七条第（1）款规定的任何额外时间满期后，或在卖方声明他将不在这一额外时间履行义务后一段合理时间内这样做；或

③他在卖方按照第四十八条第（2）款指明的任何额外时间满期后，或在买方声明他将不接受卖方履行义务后一段合理时间内这样做。

第五十条

如果货物不符合同，不论价款是否已付，买方都可以减低价格，减价按实际交付的货物在交货时的价值与符合合同的货物在当时的价值两者之间的比例计算。但是，如果卖方按照第三十七条或第四十八条的规定对任何不履行义务做出补救，或者买方拒绝接受卖方按照该两条规定履行义务，则买方不得减低价格。

第五十一条

（1）如果卖方只交付一部分货物，或者交付的货物中只有一部分符合合同规定，第四十六条至第五十条的规定适用于缺漏部分及不符合合同规定部分的货物。

（2）买方只有在完全不交付货物或不按照合同规定交付货物等于根本违反合同时，才可以宣告整个合同无效。

第五十二条

（1）如果卖方在规定的日期前交付货物，买方可以收取货物，也可以拒绝收取货物。

（2）如果卖方交付的货物数量大于合同规定的数量，买方可以收取也可以拒绝收取多交部分的货物。如果买方收取多交部分货物的全部或一部分，他必须按合同价格付款。

第三章 买方的义务

第五十三条

买方必须按照合同和本公约规定支付货物价款和收取货物。

第一节 支付价款

第五十四条

买方支付价款的义务包括根据合同或任何有关法律和规章规定的步骤和手续，以便支付价款。

第五十五条

如果合同已有效地订立，但没有明示或暗示地规定价格或规定如何确定价格，在没有任何相反表示的情况下，双方当事人应视为已默示地引用订立合同时此种货物在有关贸易的类似情况下销售的通常价格。

第五十六条

如果价格是按货物的重量规定的，如有疑问，应按净重确定。

第五十七条

（1）如果买方没有义务在任何其他特定地点支付价款，他必须在以下地点向卖方支付价款：

(a) 卖方的营业地；或者

(b) 如凭移交货物或单据支付价款，则为移交货物或单据的地点。

（2）卖方必须承担因其营业地在订立合同后发生变动而增加的支付方面的有关费用。

第五十八条

（1）如果买方没有义务在任何其他特定时间内支付价款，他必须于卖方按照合同和本公约规定将货物或控制货物处置权的单据交给买方处置时支付价款。卖方可以支付价款作为移交货物或单据的条件。

（2）如果合同涉及到货物的运输，卖方可以在支付价款后方可把货物或控制货物处置权的单据移交给买方作为发运货物的条件。

（3）买方在未有机会检验货物前，无义务支付价款，除非这种机会与双方当事人议定的交货或支付程序相抵触。

第五十九条

买方必须按合同和本公约规定的日期或从合同和本公约可以确定的日期支付价款，而无需卖方提出任何要求或办理任何手续。

第二节　收取货物

第六十条

买方收取货物的义务如下：

(a) 采取一切理应采取的行动，以期卖方能交付货物；和

(b) 接收货物。

第三节　买方违反合同的补救办法

第六十一条

(1) 如果买方不履行他在合同和本公约中的任何义务，卖方可以：

(a) 行使第六十二条至第六十五条所规定的权利；

(b) 按照第七十四条至第七十七条的规定，要求损害赔偿。

(2) 卖方可能享有的要求损害赔偿的任何权利，不因他行使采取其他补救办法的权利而丧失。

(3) 如果卖方对违反合同采取某种补救办法，法院或仲裁庭不得给予买方宽限期。

第六十二条

卖方可以要求买方支付价款、收取货物或履行他的其他义务，除非卖方已采取与此一要求相抵触的某种补救办法。

第六十三条

(1) 卖方可以规定一段合理时限的额外时间，让买方履行义务。

(2) 除非卖方收到买方的通知，声称他将不在所规定的时间内履行义务，卖方不得在这段时间内对违反合同采取任何补救办法。但是，卖方并不因此丧失他对迟延履行义务可能享有的要求损害赔偿的任何权利。

第六十四条

(1) 卖方在以下情况下可以宣告合同无效：

(a) 买方不履行其在合同或本公约中的任何义务，等于根本违反合同；或

(b) 买方不在卖方按照第六十三条第（1）款规定的额外时间内履行支付价款的义务或收取货物，或买方声明他将不在所规定的时间内这样做。

(2) 但是，如果买方已支付价款，卖方就丧失宣告合同无效的权利，除非：

(a) 对于买方迟延履行义务，他在知道买方履行义务前这样做；或者

(b) 对于买方迟延履行义务以外的任何违反合同事情：

① 他在已知道或理应知道这种违反合同后一段合理时间内这样做；或

② 他在卖方按照第六十三条第（1）款规定的任何额外时间满期后或在买方声明他将不在这一额外时间内履行义务后一段合理时间内这样做。

第六十五条

(1) 如果买方应根据合同规定订明货物的形状、大小或其他特征，而他在议定的日期或在收到卖方的要求后一段合理时间内没有订明这些规格，则卖方在不损害其可能享有的任何其他权利的情况下，可以依照他所知的买方的要求，自己订明规格。

(2) 如果卖方自己订明规格，他必须把订明规格的细节通知买方，而且必须规定一段合理时间，让买方可以在该段时间内订出不同的规格，如果买方在收到这种通知后没有在该段时间内这样做，卖方所订的规格就具有约束力。

第四章　风险移转

第六十六条

货物在风险移转到买方承担后遗失或损坏，买方支付价款的义务并不因此解除，除非这种遗失或损坏是由于卖方的行为或不行为所造成。

第六十七条

（1）如果销售合同涉及到货物的运输，但卖方没有义务在某一特定地点交付货物，自货物按照销售合同交付给第一承运人以转交给买方时起，风险就移转到买方承担。如果卖方有义务在某一特定地点把货物交付给承运人，在货物于该地点交付给承运人以前，风险不移转到买方承担。卖方受权保留控制货物处置权的单据，并不影响风险的移转。

（2）但是，在货物以货物上加标记，或以装运单据，或向买方发出通知或其他方式清楚地注明有关合同以前，风险不移转到买方承担。

第六十八条

对于在运输途中销售的货物，从订立合同时起，风险就移转到买方承担。但是，如果情况表明有此需要，从货物交付给签发载有运输合同单据的承运人时起，风险就由买方承担。尽管如此，如果卖方在订立合同时已知道或理应知道货物已经遗失或损坏，而他又不将这一事实告知买方，则这种遗失或损坏应由卖方负责。

第六十九条

（1）在不属于第六十七条和第六十八条规定的情况下，从买方接收货物时起，或如果买方不在适当时间内这样做，则从货物交给他处置但他不收取货物从而违反合同时起，风险移转到买方承担。

（2）但是，如果买方有义务在卖方营业地以外的某一地点接收货物，当交货时间已到而买方知道货物已在该地点交给他处置时，风险方始移转。

（3）如果合同指的是当时未加识别的货物，则这些货物在未清楚注明有关合同以前，不得视为已交给买方处置。

第七十条

如果卖方已根本违反合同，第六十七条、第六十八条和第六十九条的规定，不损害买方因此种违反合同而可以采取的各种补救办法。

第五章 卖方和买方义务的一般规定

第一节 预期违反合同和分批交货合同

第七十一条

（1）如果订立合同后，另一方当事人由于下列原因显然将不履行其大部分重要义务，一方当事人可以中止履行义务：

（a）他履行义务的能力或他的信用有严重缺陷；或

（b）他在准备履行合同或履行合同中的行为。

（2）如果卖方在上一款所述的理由明显化以前已将货物发运，他可以阻止将货物交付给买方，即使买方持有其有权获得货物的单据。本款规定只与买方和卖方间对货物的权利有关。

（3）中止履行义务的一方当事人不论是在货物发运前还是发运后，都必须立即通知另一方当事人，如经另一方当事人对履行义务提供充分保证，则他必须继续履行义务。

第七十二条

（1）如果在履行合同日期之前，明显看出一方当事人将根本违反合同，另一方当事人可以宣告合同无效。

（2）如果时间许可，打算宣告合同无效的一方当事人必须向另一方当事人发出合理的通知，使他可以对履行义务提供充分保证。

（3）如果另一方当事人已声明将不履行其义务，则上一款的规定不适用。

第七十三条

（1）对于分批交付货物的合同，如果一方当事人不履行对任何一批货物的义务，便对该批货物构成根本违反合同，则另一方当事人可以宣告合同对该批货物无效。

（2）如果一方当事人不履行对任何一批货物的义务，使另一方当事人有充分理由断定对今后各批货物将会发生根本违反合同，该另一方当事人可以在一段合理时间内宣告合同今后无效。

（3）买方宣告合同对任何一批货物的交付为无效时，可以同时宣告合同对已交付的或今后交付的各批货物均为无效，如果各批货物是互相依存的，不能单独用于双方当事人在订立合同时所设想的目的。

第二节 损害赔偿

第七十四条

一方当事人违反合同应负的损害赔偿额，应与另一方当事人因他违反合同而遭受的包括利润在内的损失额相等。这种损害赔偿不得超过违反合同一方在订立合同时，依照他当时已知道或理应知道的事实和情况，对违反合同预料到或理应预料到的可能损失。

第七十五条

如果合同被宣告无效，而在宣告无效后一段合理时间内，买方已以合理方式购买替代货物，或者卖方已以合理方式把货物转卖，则要求损害赔偿的一方可以取得合同价格和替代货物交易价格之间的差额以及按照第七十四条规定可以取得的任何其他损害赔偿。

第七十六条

（1）如果合同被宣告无效，而货物又有时价，要求损害赔偿的一方，如果没有根据第七十五条规定进行购买或转卖，则可以取得合同规定的价格和宣告合同无效时的时价之间的差额以及按照第七十四条规定可以取得的任何其他损害赔偿。但是，如果要求损害赔偿的一方在接收货物之后宣告合同无效，则应适用接收货物时的时价，而不适用宣告合同无效时的时价。

（2）为上一款的目的，时价指原应交付货物地点的现行价格，如果该地点，没有时价，则指另一合理替代地点的价格。但应适当地考虑货物运费的差额。

第七十七条

声称另一方违反合同的一方，必须按情况采取合理措施，减轻由于该另一方违反合同而引起的损失，包括利润方面的损失。如果他不采取这种措施，违反合同一方可以要求从损害赔偿中扣除原可以减轻的损失数额。

第三节 利息

第七十八条

如果一方当事人没有支付价款或任何其他拖欠金额，另一方当事人有权对这些款额收取利息，但不妨碍要求按照第七十四条规定可以取得的损害赔偿。

第四节 免责

第七十九条

（1）当事人对不履行义务，不负责任，如果他能证明此种不履行义务，是由于某种非他所能控制的障碍，而且对于这种障碍，没有理由预期他在订立合同时能考虑到或能避免或克服它或它的后果。

（2）如果当事人不履行义务是由于他所雇用履行合同的全部或一部分规定的第三方不履行义务所致，该当事人只有在以下情况下才能免除责任：

（a）他按照上一款的规定应免除责任；和

（b）假如该款的规定也适用于他所雇用的人，这个人也同样会免除责任。

（3）本条所规定的免责对障碍存在的期间有效。

（4）不履行义务的一方必须将障碍及其对他履行义务能力的影响通知另一方。如果该项通知在不履行义务的一方已知道或理应知道此一障碍后一段合理时间内仍未为另一方收到，则他对由于另一方未收到通知而造成的损害应负赔偿责任。

（5）本条规定不妨碍任何一方行使本公约规定的要求损害赔偿以外的任何权利。

第八十条

一方当事人因其行为或不行为而使得另一方当事人不履行义务时，不得声称该另一方当事人不履行义务。

第五节　宣告合同无效的效果

第八十一条

(1) 宣告合同无效解除了双方在合同中的义务，但应负责的任何损害赔偿仍应负责。宣告合同无效不影响合同中关于解决争端的任何规定，也不影响合同中关于双方在宣告合同无效后权利和义务的任何其他规定。

(2) 已全部或局部履行合同的一方，可以要求另一方归还他按照合同供应的货物或支付的价款。如果双方都须归还，他们必须同时这样做。

第八十二条

(1) 买方如果不可能按实际收到货物的原状归还货物，他就丧失宣告合同无效或要求卖方交付替代货物的权利。

(2) 上一款的规定不适用于以下情况：

(a) 如果不可能归还货物或不可能按实际收到货物的原状归还货物，并非由于买方的行为或不行为所造成；或者

(b) 如果货物或其中一部分的毁灭或变坏，是由于按照第三十八条规定进行检验所致；或者

(c) 如果货物或其中一部分，在买方发现或理应发现与合同不符以前，已为买方在正常营业过程中售出，或在正常使用过程中消费或改变。

第八十三条

买方虽然依第八十二条规定丧失宣告合同无效或要求卖方交付替代货物的权利，但是根据合同和本公约规定，他仍保有采取一切其他补救办法的权利。

第八十四条

(1) 如果卖方有义务归还价款，他必须同时从支付价款之日起支付价款利息。

(2) 在以下情况下，买方必须向卖方说明他从货物或其中一部分得到的一切利益：

(a) 如果他必须归还货物或其中一部分；或者

(b) 如果他不可能归还全部或一部分货物，或不可能按实际收到货物的原状归还全部或一部分货物，但他已宣告合同无效或已要求卖方交付替代货物。

第六节　保全货物

第八十五条

如果买方推迟收取货物，或在支付价款和交付货物应同时履行时，买方没有支付价款，而卖方仍拥有这些货物或仍能控制这些货物的处置权，卖方必须按情况采取合理措施，以保全货物。他有权保有这些货物，直至买方把他所付的合理费用偿还给他为止。

第八十六条

(1) 如果买方已收到货物，但打算行使合同或本公约规定的任何权利，把货物退回，他必须按情况采取合理措施，以保全货物。他有权保有这些货物，直至卖方把他所付的合理费用偿还给他为止。

(2) 如果发运给买方的货物已到达目的地，并交给买方处置，而买方行使退货权利，则买方必须代表卖方收取货物，除非他这样做需要支付价款而且会使他遭受不合理的不便或需承担不合理的费用。如果卖方或受权代表他掌管货物的人也在目的地，则此一规定不适用。如果买方根据本款规定收取货物，他的权利和义务与上一款所规定的相同。

第八十七条

有义务采取措施以保全货物的一方当事人，可以把货物寄放在第三方的仓库，由另一方当事人担负费用，但该项费用必须合理。

第八十八条

（1）如果另一方当事人在收取货物或收回货物或支付价款或保全货物费用方面有不合理的迟延，按照第八十五条或第八十六条规定有义务保全货物的一方当事人，可以采取任何适当办法，把货物出售，但必须事前向另一方当事人发出合理的意向通知。

（2）如果货物易于迅速变坏，或者货物的保全牵涉到不合理的费用，则按照第八十五条或第八十六条规定有义务保全货物的一方当事人，必须采取合理措施，把货物出售。在可能的范围内，他必须把出售货物的打算通知另一方当事人。

（3）出售货物的一方当事人，有权从销售所得收入中扣回为保全货物和销售货物而付的合理费用。他必须向另一方当事人说明所余款项。

附录二

《2000年国际贸易术语解释通则》（节选）

FCA 货交承运人（……指定地点）

"货交承运人（……指定地点）"是指卖方只要将货物在指定的地点交给买方指定的承运人，并办理了出口清关手续，即完成交货。需要说明的是，交货地点的选择对于在该地点装货和卸货的义务会产生影响。若卖方在其所在地交货，则卖方应负责装货，若卖方在任何其他地点交货，卖方不负责卸货。

该术语可用于各种运输方式，包括多式联运。

"承运人"指任何人在运输合同中，承诺通过铁路、公路、空运、海运、内河运输或上述运输的联合方式履行运输或由他人履行运输。

若买方指定承运人以外的人领取货物，则当卖方将货物交给此人时，即视为已履行了交货义务。

A 卖方义务

B 买方义务

A1 提供符合合同规定的货物

卖方必须提供符合销售合同规定的货物和商业发票或有同等作用的电子讯息，以及合同可能要求的、证明货物符合合同规定的其他任何凭证。

B1 支付价款

买方必须按照销售合同规定支付价款。

A2 许可证、其他许可和手续

卖方必须自当风险和费用，取得任何出口许可证或其他官方许可，并在需要办理海关手续时，办理货物出口所需要的一切海关手续。

B2 许可证、其他许可和手续

买方必须自担风险和费用，取得任进口许可证或其他官方许可，并在需要办理海关手续时，办理货物进口和从他国过境的一切海关手续。

A3 运输合同与保险合同

a）运输合同

无义务。但若买方要求，或者如果是商业惯例而买方未适时给予卖方相反指示，则卖方可按照通常条件订立运输合同，费用和风险由买方承当。在任何一种情况下，卖方都可以拒绝订立此合同；如果拒绝，则应立即通知买方。

b）保险合同

无义务。

B3 运输合同与保险合同

a）运输合同

买方必须自付费用订立自指定的地点运输货物的合同，卖方按照 A3a）订立了运输合同时除外。

b）保险合同

无义务。

A4 交货

卖方必须在指定的交货地点，在约定的交货日期或期限内，将货物交付给买方指定的承运人或其他人，或由卖方按照 A3a) 选定的承运人或其他人。

交货在以下时候完成：

a) 若指定的地点是卖方所在地，则当货物被装上买方指定的承运人或代表买方的其他人提供的运输工具时；

b) 若指定的地点不是 a) 而是其他任何地点，则当货物在卖方的运输工具上，尚未卸货而交给买方指定的承运人或其他人或由卖方按照 A3a) 选定的承运人或其他人的处置时。

若在指定的地点没有决定具体交货点，且有几个具体交货点可供选择时，卖方可以在指定的地点选择最适合其目的的交货点。

若买方没有明确指示，则卖方可以根据运输方式和/或货物的数量和/或性质将货物交付运输。

B4 受领货物

买方必须在卖方按照 A4 规定交货时，受领货物。

A5 风险转移

除 B5 规定者外，卖方必须承当货物灭失或损坏的一切风险，直至已经按照 A4 规定交货为止。

B5 风险转移

买方必须按照下述规定承当货物灭失或损坏的一切风险：

自按照 A4 规定交货之时起；及由于买方未能按照 A4 规定指定承运人或其他人，或其指定的承运人或其他人未在约定时间接管货物，或买方未按照 B7 规定给予卖方相应通知，则自约定的交货日期或交货期限届满之日起，但以该项货物已正式划归合同项下，即清楚地划出或以其他方式确定为合同项下之货物为限。

A6 费用划分

除 B6 规定者外，卖方必须支付与货物有关的一切费用，直至已按照 A4 规定交货为止；及在需要办理海关手续时，货物出口应办理的海关手续费用及出口应交纳的一切关税、税款和其他费用。

B6 费用划分

买方必须支付

自按照 A4 规定交货之时起与货物有关的一切费用；及由于买方未能按照 A4 规定指定承运人或其他人，或由于买方指定的人未在约定的时间内接管货物、或于买方未按照 B7 规定给予卖方相应通知而发生的任何额外费用，但以该项货物已正式划归合同项下，即清楚地划出或以其他方式确定为合同项下之货物为限。

在需要办理海关手续时，货物进口应交纳的一切关税、税款和其他费用，以及办理海关手续的费用及从他国过境的费用。

A7 通知买方

卖方必须给予买方说明货物已按照 A4 规定交付给承运人的充分通知。若在约定时间承运人未按照规定接收货物，则卖方必须相应地通知买方。

B7 通知卖方

买方必须就按照 A4 规定指定的人的名称给予卖方充分通知，并根据需要指明运输方式和向该指定的人交货的日期或期限，以及依情况在指定的地点内的具体交货点。

A8 交货凭证、运输单据或有同等作用的电子讯息

卖方必须自担费用向买方提供证明按照 A4 规定交货的通常单据。

除非前项所述单据是运输单据，否则，应买方要求并由其承担风险和费用，卖方必须给予买方一切协助，以取得有关运输合同的运输单据（如可转让提单、不可转让海运单、内河运输单据、空运单、铁路托运单、公路托运单或多式联运单据）。

如买卖双方约定使用电子方式通讯，则前项所述单据可以使用有同等作用的电子数据交换（EDI）讯息所代替。

B8　交货凭证、运输单据或有同等作用的电子讯息

买方必须接受按照 A8 规定提供的交货凭证。

A9　查对、包装、标记

卖方必须支付为了按照 A4 交货所需进行的查对费用（如核对货物品质、丈量、过磅、点数的费用）。

卖方必须自付费用提供按照卖方在订立销售合同前已知的有关该货物运输（如运输方式、目的地）所要求的包装（除非按照相关行业惯例，合同所述货物通常无需包装发运）。包装应作适当标记。

B9　货物检验

买方必须支付任何装运前检验的费用，但出口国有关当局强制进行的检验除外。

A10　其他义务

应买方要求并由其承当风险和费用，卖方必须给予买方一切协助，以帮助买方取得由装运地国和/或原产地国所签或传送的、为买方进口货物可能要求的和必要时从他国过境所需要的任何单据或有同等作用的电子讯息（A8 所列的除外）。应买方要求，卖方必须向买方提供投保所需的信息。

B10　其他义务

买方必须支付因取得 A10 所述单据或电子讯息而发生的一切费用，并偿付卖方按照该款给予协助以及按照 A3a）订立运输合同所发生的费用。

当买方按照 A3a）规定要求卖方协助订立运输合同时，买方必须给予卖方相应的指示。

FOB　船上交货（……指定装运港）

"船上交货（……指定装运港）"是当货物在指定的装运港越过船舷，卖方即完成交货。这意味着买方必须从该点起承当货物灭失或损坏的一切风险。FOB 术语要求卖方办理货物出口清关手续。

该术语仅适用于海运或内河运输。如当事各方无意越过船舷交货，则应使用 FCA 术语。

A　卖方义务

B　买方义务

A1　提供符合合同规定的货物

卖方必须提供符合销售合同规定的货物和商业发票或有同等作用的电子讯息，以及合同可能要求的、证明货物符合合同规定的其他任何凭证。

B1　支付价款

买方必须按照销售合同规定支付价款。

A2　许可证、其他许可和手续

卖方必须自担风险和费用，取得任何出口许可证或其他官方许可，并在需要办理海关手续时，办理货物出口货物所需的一切海关手续。

B2　许可证、其他许可和手续

买方必须自担风险和费用，取得任何进口许可证或其他官方许可，并在需要办理海关手续时，办理货物进口和在必要时从他国过境所需的一切海关手续。

A3　运输合同和保险合同

a）运输合同

无义务。

b）保险合同

无义务。

B3 运输合同和保险合同

a) 运输合同

买方必须自付费用订立从指定的装运港运输货物的合同。

b) 保险合同

无义务。

A4 交货

卖方必须在约定的日期或期限内,在指定的装运港,按照该港习惯方式,将货物交至买方指定的船只上。

B4 受领货物

买方必须在卖方按照 A4 规定交货时受领货物。

A5 风险转移

除 B5 规定者外,卖方必须承担货物灭失或损坏的一切风险,直至货物在指定的装运港越过船舷为止。

B5 风险转移

买方必须按下述规定承担货物灭失或损坏的一切风险:

货物在指定的装运港越过船舷时起;及由于买方未按照 B7 规定通知卖方,或其指定的船只未按时到达,或未接收货物,或较按照 B7 通知的时间提早停止装货,则自约定的交货日期或交货期限届满之日起,但以该项货物已正式划归合同项下,即清楚地划出或以其他方式确定为合同项下之货物为限。

A6 费用划分

除 B6 规定者外,卖方必须支付货物有关的一切费用,直至货物在指定的装运港越过船舷时为止;及需要办理海关手续时,货物出口需要办理的海关手续费用及出口时应交纳的一切关税、税款和其他费用。

B6 费用划分

买方必须支付货物在指定的装运港越过船舷之时起与货物有关的一切费用;及于买方指定的船只未按时到达,或未接收上述货物,或较按照 B7 通知的时间提早停止装货,或买方未能按照 B7 规定给予卖方相应的通知而发生的一切额外费用,但以该项货物已正式划归合同项下,即清楚地划出或以其他方式确定为合同项下之货物为限;及需要办理海关手续时,货物进口应交纳的一切关税、税款和其他费用,及办理海关手续的费用,以及货物从他国过境的费用。

A7 通知买方

卖方必须给予买方说明货物已按照 A4 规定交货的充分通知。

B7 通知卖方

买方必须给予卖方有关船名、装船点和要求交货时间的充分通知。

A8 交货凭证、运输单据或有同等作用的电子信息

卖方必须自付费用向买方提供证明货物已按照 A4 规定交货的通常单据。

除非前项所述单据是运输单据,否则应买方要求并由其承担风险和费用,卖方必须给予买方一切协助,以取得有关运输合同的运输单据(如可转让提单、不可转让海运单、内河运输单据或多式联运单据)。如买卖双方约定使用电子方式通讯,则前项所述单据可以由具有同等作用的电子数据交换(EDI)信息代替。

B8 交货凭证、运输单据或有同等作用的电子信息

买方必须接受按照 A8 规定提供的交货凭证。

A9 查对、包装、标记

卖方必须支付为按照 A4 规定交货所需进行的查对费用(如核对货物品质、丈量、过磅、点数的费用)。

卖方必须自付费用,提供按照卖方订立销售合同前已知的该货物运输(如运输方式、目的港)所要求的包装(除非按照相关行业惯例,合同所述货物无需包装发运)。包装应作适当标记。

B9　货物检验

买方必须支付任何装运前检验的费用，但出口国有关当局强制进行的检验除外。

A10　其他义务

应买方要求并由其承当风险和费用，卖方必须给予买方一切协助，以帮助其取得由装运地国和/或原产地国所签发或传送的、为买方进口货物可能要求的和必要时从他国过境所需的任何单据或有同等作用的电子讯息（A8 所列的除外）。

应买方要求，卖方必须向买方提供投保所需的信息。

B10　其他义务

买方必须支付因获取 A10 所述单据或有同等作用的电子信息所发生的一切费用，并偿付卖方因给予协助而发生的费用。

CFR　成本加运费（……指定目的港）

"成本加运费（……指定目的港）"，是指在装运港货物越过船舷卖方即完成交货，卖方必须支付将货物运至指定的目的港所需的运费和费用。但交货后货物灭失或损坏的风险，以及由于各种事件造成的任何额外费用，即由卖方转移到买方。

CFR 术语要求卖方办理出口清关手续。

该术语仅适用于海运或内河运输。如当事各方无意越过船舷交货，则应使用 CPT 术语。

A　卖方义务

B　买方义务

A1　提供符合合同规定的货物

卖方必须提供符合销售合同规定的货物和商业发票或有同等作用的电子讯息，以及合同可能要求的、证明货物符合合同规定的其他任何凭证。

B1　支付价款

买方必须按照销售合同规定支付价款。

A2　许可证、其他许可和手续

卖方必须自担风险和费用，取得任何出口许可证或其他官方许可，并在需要办理海关手续时，办理货物出口货物所需的一切海关手续。

B2　许可证、其他许可和手续

买方必须自担风险和费用，取得任何进口许可证或其他官方许可，并在需要办理海关手续时，办理货物进口及从他国过境的一切海关手续。

A3　运输合同和保险合同

a）运输合同

卖方必须自付费用，按照通常条件订立运输合同，经由惯常航线，将货物用通常可供运输合同所指货物类型的海轮（或依情况适合内河运输的船只）运输至指定的目的港。

b）保险合同

无义务。

B3　运输合同与保险合同

a）运输合同

无义务。

b）保险合同

无义务。

A4 交货

卖方必须在装运港,在约定的日期或期限内,将货物交至船上。

B4 受领货物

买方必须在卖方按照 A4 规定交货时受领货物,并在指定的目的港从承运人收受货物。

A5 风险转移

除 B5 规定者外,卖方必须承担货物灭失或损坏的一切风险,直至货物在装运港越过船舷为止。

B5 风险转移

买方必须承担货物在装运港越过船舷之后灭失或损坏的一切风险。

如买方未按照 B7 规定给予卖方通知,买方必须从约定的装运日期或装运期限届满之日起,承担货物灭失或损坏的一切风险,但以该项货物已正式划归合同项下,即清楚地划出或以其他方式确定为合同项下之货物为限。

A6 费用划分

除 B6 规定者外,卖方必须支付与货物有关的一切费用,直至已经按照 A4 规定交货为止;及按照 A3a)规定所发生的运费和其他一切费用,包括货物的装船费和根据运输合同由卖方支付的、在约定卸货港的任何卸货费;及在需要办理海关手续时,货物出口需要办理的海关手续费用及出口时应缴纳的一切关税、税款和其他费用,以及如果根据运输合同规定,由卖方支付的货物从他国过境的费用。

B6 费用划分

除 A3a)规定外,买方必须支付自按照 A4 规定交货时起的一切费用;及货物在运输途中直至到达目的港为止的一切费用,除非这些费用根据运输合同应由卖方支付;及包括驳运费和码头费在内的卸货费,除非这些费用根据运输合同应由卖方支付;及如买方未按照 B7 规定给予卖方通知,则自约定的装运日期或装运期限届满之日起,货物所发生的一切额外费用,但以该项货物已正式划归合同项下,即清楚地划出或以其他方式确定为合同项下之货物为限;及在需要办理海关手续时,货物进口应交纳的一切关税、税款和其他费用,及办理海关手续的费用,以及需要时从他国过境的费用,除非这些费用已包括在运输合同中。

A7 通知买方

卖方必须给予买方说明货物已按照 A4 规定交货的充分通知,以及要求的任何其他通知,以便买方能够为受领货物采取通常必要的措施。

B7 通知卖方

一旦买方有权决定装运货物的时间和/或目的港,买方必须就此给予卖方充分通知。

A8 交货凭证、运输单据或有同等作用的电子讯息

卖方必须自付费用,毫不迟延地向买方提供表明载往约定目的港的通常运输单据。

此单据(如可转让提单、不可转让海运单或内河运输单据)必须载明合同货物,其日期应在约定的装运期内,使买方得以在目的港向承运人提取货物,而除非另有约定,应使买方得以通过转让单据(可转让提单)或通过通知承运人,向其后手买方出售在途货物。

如此运输单据有数份正本,则应向买方提供全套正本。

如买卖双方约定使用电子方式通讯,则前项所述单据可以由具有同等作用的电子数据交换(EDI)讯息代替。

B8 交货凭证、运输单据或有同等作用的电子讯息

买方必须接受按照 A8 规定提供的运输单据,如果该单据符合合同规定的话。

A9 查对、包装、标记

卖方必须支付为按照 A4 规定交货所需进行的查对费用(如核对货物品质、丈量、过磅、点数的费用)。

卖方必须自付费用提供符合其安排的运输所要求的包装(除非按照相关行业惯例该合同所描述货物无

需包装发运）。包装应作适当标记。

B9　货物检验

买方必须支付任何装运前检验的费用，但出口国有关当局强制进行的检验除外。

A10　其他义务

应买方要求并由其承担风险和费用，卖方必须给予买方一切协助，以帮助买方取得由装运地国和/或原产地国所签发或传送的、为买方进口货物可能要求的和必要时从他国过境所需的任何单据或有同等作用的电子讯息（A8 所列的除外）。

应买方要求，卖方必须向买方提供投保所需的信息。

B10　其他义务

买方必须支付因获取 A10 所述单据或有同等作用的电子讯息所发生的一切费用，并偿付卖方因给予协助而发生的费用。

CIF　成本、保险费加运费（……指定目的港）

"成本、保险费加运费"是指在装运港当货物越过船舷时卖方即完成交货。

卖方必须支付将货物运至指定的目的港所需的运费和费用，但交货后货物灭失或损坏的风险及由于各种事件造成的任何额外费用即由卖方转移到买方。但是，在 CIF 条件下，卖方还必须办理买方货物在运输途中灭失或损坏风险的海运保险。

因此，由卖方订立保险合同并支付保险费。买方应注意到，CIF 术语只要求卖方投保最低限度的保险险别。如买方需要更高的保险险别，则需要与卖方明确地达成协议，或者自行作出额外的保险安排。

CIF 术语要求卖方办理货物出口清关手续。

该术语仅适用于海运和内河运输。若当事方无意越过船舷交货则应使用 CIP 术语。

A　卖方义务

B　买方义务

A1　提供符合合同规定的货物

卖方必须提供符合销售合同规定的货物和商业发票或有同等作用的电子讯息，以及合同可能要求的、证明货物符合合同规定的其他任何凭证。

B1　支付价款

买方必须按照销售合同规定支付价款。

A2　许可证、其他许可和手续

卖方必须自担风险和费用，取得任何出口许可证或其他官方许可，并在需要办理海关手续时，办理货物出口货物所需的一切海关手续。

B2　许可证、其他许可和手续

买方必须自担风险和费用，取得任何进口许可证或其他官方许可，并在需要办理海关手续时，办理货物进口及从他国过境的一切海关手续。

A3　运输合同和保险合同

a）运输合同

卖方必须自付费用，按照通常条件订立运输合同，经由惯常航线，将货物用通常可供运输合同所指货物类型的海轮（或依情况适合内河运输的船只）装运至指定的目的港。

b）保险合同

卖方必须按照合同规定，自付费用取得货物保险，并向买方提供保险单或其他保险证据，以使买方或任何其他对货物具有保险利益的人有权直接向保险人索赔。保险合同应与信誉良好的保险人或保险公司订立，在无相反明确协议时，应按照《协会货物保险条款》（伦敦保险人协会）或其他类似条款中的最低保险险别投保。保险期限应按照 B5 和 B4 规定。应买方要求，并由买方负担费用，卖方应加投战争、罢工、暴乱和民变险，如果能投保的话。最低保险金额应包括合同规定价款另加10%（即110%），并应采用合同货币。

B3　运输合同与保险合同
a）运输合同
无义务。
b）保险合同
无义务。

A4　交货
卖方必须在装运港，在约定的日期或期限内，将货物交至船上。

B4　受领货物
买方必须在卖方已按照 A4 规定交货时受领货物，并在指定的目的港从承运人处收受货物。

A5　风险转移
除 B5 规定者外，卖方必须承担货物灭失或损坏的一切风险，直至货物在装运港越过船舷为止。

B5　风险转移
买方必须承担货物在装运港越过船舷之后灭失或损坏的一切风险。如买方未按照 B7 规定给予卖方通知，买方必须从约定的装运日期或装运期限届满之日起，承担货物灭失或损坏的一切风险，但以该项货物已正式划归合同项下，即清楚地划出或以其他方式确定为合同项下之货物为限。

A6　费用划分
除 B6 规定者外，卖方必须支付
与货物有关的一切费用，直至已经按照 A4 规定交货为止；及按照 A3a）规定所发生的运费和其他一切费用，包括货物的装船费；及按照 A3b）规定所发生的保险费用；及根据运输合同由卖方支付的、在约定卸货港的任何卸货费用；及在需要办理海关手续时，货物出口需要办理的海关手续费用及出口时应缴纳的一切关税、税款和其他费用，以及根据运输合同规定由卖方支付的货物从他国过境的费用。

B6　费用划分
除 A3a）规定外，买方必须支付
自按照 A4 规定交货时起的一切费用；及货物在运输途中直至到达目的港为止的一切费用，除非这些费用根据运输合同应由卖方支付；及包括驳运费和码头费在内的卸货费，除非这些费用根据运输合同应由卖方支付；及如买方未按照 B7 规定给予卖方通知，则自约定的装运日期或装运期限届满之日起，货物所发生的一切额外费用，但以该项货物已正式划归合同项下，即清楚地划出或以其他方式确定为合同项下之货物为限；及在需要办理海关手续时，货物进口应缴纳的一切关税、税款和其他费用，及办理海关手续的费用，以及需要时从他国过境的费用，除非这些费用已包括在运输合同中。

A7　通知买方
卖方必须给予买方说明货物已按照 A4 规定交货的充分通知，以及要求的任何其他通知，以便买方能够为受领货物采取通常必要的措施。

B7　通知卖方
一旦买方有权决定装运货物的时间和/或目的港，买方必须就此给予卖方充分通知。

A8　交货凭证、运输单据或有同等作用的电子讯息
卖方必须自付费用，毫不迟延地向买方提供表明载往约定目的港的通常运输单据。
此单据（如可转让提单、不可转让海运单或内河运输单据）必须载明合同货物，其日期应在约定的装运期内，使买方得以在目的港向承运人提取货物，并且，除非另有约定，应使买方得以通过转让单据（可

转让提单）或通过通知承运人，向其后手买方出售在途货物。

如此运输单据有数份正本，则应向买方提供全套正本。

如买卖双方约定使用电子方式通讯，则前项所述单据可以由具有同等作用的电子数据交换（EDI）讯息代替。

B8 交货凭证、运输单据或有同等作用的电子讯息

买方必须接受按照 A8 规定提供的运输单据，如果该单据符合合同规定的话。

A9 查对、包装、标记

卖方必须支付为按照 A4 规定交货所需进行的查对费用（如核对货物品质、丈量、过磅、点数的费用）。

卖方必须自付费用，提供符合其安排的运输所要求的包装（除非按照相关行业惯例该合同所描述货物无需包装发运）。包装应作适当标记。

B9 货物检验

买方必须支付任何装运前检验的费用，但出口国有关当局强制进行的检验除外。

A10 其他义务

应买方要求并由其承当风险和费用，卖方必须给予买方一切协助，以帮助买方取得由装运地国和/或原产地国所签发或传送的、为买方进口货物可能要求的和必要时从他国过境所需的任何单据或有同等作用的电子讯息（A8 所列的除外）。

应买方要求，卖方必须向买方提供额外投保所需的信息。

B10 其他义务

买方必须支付因获取 A10 所述单据或有同等作用的电子讯息所发生的一切费用，并偿付卖方因给予协助而发生的费用。

应卖方要求，买方必须向其提供投保所需的信息。

CPT 运费付至（……指定目的地）

"运费付至（……指定地点）"是指卖方向其指定的承运人交货，但卖方还必须支付将货物运至目的地的运费。亦即买方承担交货之后一切风险和其他费用。

"承运人"是指任何人，在运输合同中，承诺通过铁路、公路、空运、海运、内河运输或上述运输的联合方式履行运输或由他人履行运输。如果还使用接运的承运人将货物运至约定目的地，则风险自货物交给第一承运人时转移。

CPT 术语要求卖方办理出口清关手续。

该术语可适用于各种运输方式，包括多式联运。

A 卖方义务
B 买方义务

A1 提供符合合同规定的货物

卖方必须提供符合销售合同规定的货物和商业发票或有同等作用的电子讯息，以及合同可能要求的、证明货物符合合同规定的其他任何凭证。

B1 支付价款

买方必须按照销售合同规定支付价款。

A2 许可证、其他许可和手续

卖方必须自担风险和费用，取得任何出口许可证或其他官方许可，并在需要办理海关手续时，办理货物出口货物所需的一切海关手续。

B2 许可证、其他许可和手续

买方必须自担风险和费用，取得任何进口许可证或其他官方许可，并在需要办理海关手续时，办理货物进口及从他国过境的一切海关手续。

A3 运输合同和保险合同

a）运输合同

卖方必须自付费用，按照通常条件订立运输合同，依通常路线及习惯方式，将货物运至指定的目的地的约定点。如未约定或按照惯例也无法确定具体交货点，则卖方可在指定的目的地选择最适合其目的的交货点。

b）保险合同

无义务。

B3 运输合同与保险合同

a）运输合同

无义务。

b）保险合同

无义务。

A4 交货

卖方必须向按照 A3 规定订立合同的承运人交货，或如还有接运的承运人时，则向第一承运人交货，以使货物在约定的日期或期限内运至指定的目的地的约定点。

B4 受领货物

买方必须在卖方已按照 A4 规定交货时受领货物，并在指定的目的地从承运人处收受货物。

A5 风险转移

除 B5 规定者外，卖方必须承担货物灭失或损坏的一切风险，直至已按照 A4 规定交货为止。

B5 风险转移

买方必须承当按照 A4 规定交货时起货物灭失或损坏的一切风险。如买方未能按照 B7 规定给予卖方通知，则买方必须从约定的交货日期或交货期限届满之日起，承担货物灭失或损坏的一切风险，但以该项货物已正式划归合同项下，即清楚地划出或以其他方式确定为合同项下之货物为限。

A6 费用划分

除 B6 规定者外，卖方必须支付直至按照 A4 规定交货之时与货物有关的一切费用，以及按照 A3a）规定所发生的运费和其他一切费用，包括根据运输合同规定由卖方支付的装货费和在目的地的卸货费；及在需要办理海关手续时，货物出口需要办理的海关手续费用及出口时应缴纳的一切关税、税款和其他费用，以及根据运输合同规定，由卖方支付的货物从他国过境的费用。

B6 费用划分

除 A3a）规定外，买方必须支付自按照 A4 规定交货时起的一切费用；及货物在运输途中直至到达目的地为止的一切费用，除非这些费用根据运输合同应由卖方支付；及卸货费，除非根据运输合同应由卖方支付；及如买方未按照 B7 规定给予卖方通知，则自约定的装运日期或装运期限届满之日起，货物所发生的一切额外费用，但以该项货物已正式划归合同项下，即清楚地划出或以其他方式确定为合同项下之货物为限；及在需要办理海关手续时，货物进口应缴纳的一切关税、税款和其他费用，及办理海关手续的费用，以及从他国过境的费用，除非这些费用已包括在运输合同中。

A7 通知买方

卖方必须给予买方说明货物已按照 A4 规定交货的充分通知，以及要求的任何其他通知，以便买方能够为受领货物采取通常必要的措施。

B7 通知卖方

一旦买方有权决定发送货物的时间和/或目的地，买方必须就此给予卖方充分通知。

A8 交货凭证、运输单据或有同等作用的电子讯息

卖方必须自付费用（如果习惯如此的话）向买方提供按照 A3 订立的运输合同所涉的通常运输单据（如可转让提单、不可转让海运单、内河运输单据、空运货运单、铁路运单、公路运单或多式联运单据）。

如买卖双方约定使用电子方式通讯，则前项所述单据可以由具有同等作用的电子数据交换（EDI）讯息代替。

B8 交货凭证、运输单据或有同等作用的电子讯息

买方必须接受按照 A8 规定提供的运输单据，如果该单据符合合同规定的话。

A9 查对、包装、标记

卖方必须支付为按照 A4 规定交货所需进行的查对费用（如核对货物品质、丈量、过磅、点数的费用）。卖方必须自付费用，提供符合其安排的运输所要求的包装（除非按照相关行业惯例该合同所描述货物无需包装发运）。包装应作适当标记。

B9 货物检验

买方必须支付任何装运前检验的费用，但出口国有关当局强制进行的检验除外。

A10 其他义务

应买方要求并由其承担风险和费用，卖方必须给予买方一切协助，以帮助买方取得由装运地国和/或原产地国所签发或传送的、为买方进口货物可能要求的和必要时从他国过境所需的任何单据或有同等作用的电子讯息（A8 所列的除外）。

应买方要求，卖方必须向买方提供投保所需的信息。

B10 其他义务

买方必须支付因获取 A10 所述单据或有同等作用的电子讯息所发生的一切费用，并偿付卖方因给予协助而发生的费用。

CIP 运费和保险费付至（……指定目的地）

"运费和保险费付至（……指定目的地）"是指卖方向其指定的承运人交货，但卖方还必须支付将货物运至目的地的运费，亦即买方承担卖方交货之后的一切风险和额外费用。但是，按照 CIP 术语，卖方还必须办理买方货物在运输途中灭失或损坏风险的保险。

因此，由卖方订立保险合同并支付保险费。

买方应注意到，CIP 术语只要求卖方投保最低限度的保险险别。如买方需要更高的保险险别，则需要与卖方明确地达成协议，或者自行作出额外的保险安排。

"承运人"指任何人在运输合同中，承诺通过铁路、公路、空运、海运、内河运输或上述运输的联合方式履行运输或由他人履行运输。

如果还使用接运的承运人将货物运至约定目的地，则风险自货物交给第一承运人时转移。

CIP 术语要求卖方办理出口清关手续。

该术语可适用于各种运输方式，包括多式联运。

A 卖方义务

B 买方义务

A1 提供符合合同规定的货物

卖方必须提供符合销售合同规定的货物和商业发票或有同等作用的电子讯息，以及合同可能要求的、证明货物符合合同规定的其他任何凭证。

B1 支付价款

买方必须按照销售合同规定支付价款。

A2 许可证、其他许可和手续

卖方必须自担风险和费用，取得任何出口许可证或其他官方许可，并在需要办理海关手续时办理货物出口所需的一切海关手续。

B2 许可证、其他许可和手续

买方必须自担风险和费用，取得任何进口许可证或其他官方许可，并在需要办理海关手续时办理货物进口和从他国过境所需的一切海关手续。

A3 运输合同和保险合同

a) 运输合同

卖方必须自付费用，按照通常条件订立运输合同，依通常路线及习惯方式，将货物运至指定的目的地的约定点。若未约定或按照惯例也不能确定具体交货点，则卖方可在指定的目的地选择最适其目的的交货点。

b) 保险合同

卖方必须按照合同规定，自付费用取得货物保险，并向买方提供保险单或其他保险证据，以使买方或任何其他对货物具有保险利益的人有权直接向保险人索赔。保险合同应与信誉良好的保险人或保险公司订立，在无相反明示协议时，应按照《协会货物保险条款》（伦敦保险人协会）或其他类似条款中的最佳限度保险险别投保。保险期限应按照 B5 和 B4 规定。应买方要求，并由买方负担费用，卖方应加投战争、罢工、暴乱和民变险，如果能投保的话。最低保险金额应包括合同规定价款另加 10%（即 110%），并应采用合同货币。

B3 运输合同和保险合同

a) 运输合同

无义务。

b) 保险合同

无义务。

A4 交货

卖方必须在约定日期或期限内向按照 A3 规定订立合同的承运人交货，或如有接运的承运人时，向第一承运人交货，以使货物运至指定的目的地的约定点。

B4 受领货物

买方必须在卖方按照 A4 规定交货时受领货物，并在指定的目的地从承运人处收受货物。

A5 风险转移

除 B5 规定者外，卖方必须承担货物灭失或损坏的一切风险，直至已经按照 A4 规定交货为止。

B5 风险转移

买方必须承担按照 A4 规定交货后货物灭失或损坏的一切风险。买方如未按照 B7 规定通知卖方，则必须从约定的交货日期或交货期限届满之日起，承担货物灭失或损坏的一切风险，但以该项货物已正式划归合同项下，即清楚地划出或以其他方式确定为合同项下之货物为限。

A6 费用划分

除 B6 规定者外，卖方必须支付与货物有关的一切费用，直至已经按照 A4 规定交货为止，以及按照 A3a) 规定所发生的运费和其他一切费用，包括装船费和根据运输合同应由卖方支付的在目的地的卸货费；及按照 A3b) 发生的保险费用；及在需要办理海关手续时，货物出口需要办理的海关手续费用，以及货物出口时应缴纳的一切关税、税款和其他费用，以及根据运输合同由卖方支付的货物从他国过境的费用。

B6 费用划分

除 A3 规定者外，买方必须支付自按照 A4 规定交货之时起与货物有关的一切费用；及货物在运输途中直至到达约定目的地为止的一切费用，除非这些费用根据运输合同应由卖方支付；及卸货费，除非这些费用根据运输合同应由卖方支付；及如买方未按照 B7 规定给予卖方通知，则自约定的装运日期或装运期限届满之日起，货物所发生的一切额外费用，但以该项货物已正式划归合同项下，即清楚地划出或以其他方式确定为合同项下之货物为限；及在需要办理海关手续时，货物进口应缴纳的一切关税、税款和其他费用，及办理海关手续的费用，以及从他国过境的费用，除非这些费用已包括在运输合同中。

A7 通知买方

卖方必须给予买方说明货物已按照 A4 规定交货的充分通知，以及要求的任何其他通知，以便买方能够为受领货物而采取通常必要的措施。

B7 通知卖方

一旦买方有权决定发运货物的时间和/或目的地，买方必须就此给予卖方充分通知。

A8 交货凭证、运输单据或有同等作用的电子讯息

卖方必须自付费用（如果习惯如此的话）向买方提供按照 A3 订立的运输合同所涉及的通常运输单据（如可转让提单、不可转让海运单、内河运输单据、空运货运单、铁路运单、公路运单或多式联运单据）。

如买卖双方约定使用电子方式通讯，则前项所述单据可以由具有同等作用的电子数据交换（EDI）讯息代替。

B8 交货凭证、运输单据或有同等作用的电子讯息

买方必须接受按照 A8 规定提供的运输单据，如果该单据符合合同规定的话。

A9 查对、包装、标记

卖方必须支付为按照 A4 规定交货所需进行的查对费用（如核对货物品质、丈量、过磅、点数的费用）。

卖方必须自付费用，提供符合其安排的运输所要求的包装（除非按照相关行业惯例该合同所描述的货物无需包装发运）。包装应作适当标记。

B9 货物检验

买方必须支付任何装运前检验费用，但出口国有关当局强制进行的检验除外。

A10 其他义务

应买方要求并由其承担风险和费用，卖方必须给予买方一切协助，以帮助买方取得由装运地国和/或原产地国所签发或传送的、为买方进口货物以能要求的和从他国过境所需的任何单据或有同等作用的电子讯息（A8 所列的除外）。

B10 其他义务

买方必须支付因获取 A10 所述单据或有同等作用的电子讯息所发生的一切费用，并偿付卖方因给予协助而发生费用。应卖方要求，买方必须向卖方提供办理投保所需用的信息。

附录三

《跟单信用证统一惯例（UCP600）》

（2007年修订本）

（国际商会第600号出版物）

第一条 统一惯例的适用范围

跟单信用证统一惯例，2007年修订本，国际商会第600号出版物，适用于所有在正文中标明按本惯例办理的跟单信用证（包括本惯例适用范围内的备用信用证）。除非信用证中另有规定，本惯例对一切有关当事人均具有约束力。

第二条 定义

就本惯例而言：

通知行意指应开证行要求通知信用证的银行。

申请人意指发出开立信用证申请的一方。

银行日意指银行在其营业地正常营业，按照本惯例行事的行为得以在银行履行的日子。

受益人意指信用证中受益的一方。

相符提示意指与信用证中的条款及条件、本惯例中所适用的规定及国际标准银行实务相一致的提示。

保兑意指保兑行在开证行之外对于相符提示做出兑付或议付的确定承诺。

保兑行意指应开证行的授权或请求对信用证加具保兑的银行。

信用证意指一项约定，无论其如何命名或描述，该约定不可撤销并因此构成开证行对于相符提示予以兑付的确定承诺。

兑付意指：

a. 对于即期付款信用证即期付款。

b. 对于延期付款信用证发出延期付款承诺并到期付款。

c. 对于承兑信用证承兑由受益人出具的汇票并到期付款。

开证行意指应申请人要求或代表其自身开立信用证的银行。

议付意指被指定银行在其应获得偿付的银行日或在此之前，通过向受益人预付或者同意向受益人预付款项的方式购买相符提示项下的汇票（汇票付款人为被指定银行以外的银行）及/或单据。

被指定银行意指有权使用信用证的银行，对于可供任何银行使用的信用证而言，任何银行均为被指定银行。

提示意指信用证项下单据被提交至开证行或被指定银行，抑或按此方式提交的单据。

提示人意指做出提示的受益人、银行或其他一方。

第三条 释义

就本惯例而言：

在适用的条款中，词汇的单复数同义。

信用证是不可撤销的，即使信用证中对此未作指示也是如此。

单据可以通过手签、签样印制、穿孔签字、盖章、符号表示的方式签署，也可以通过其他任何机械或电子证实的方法签署。

当信用证含有要求使单据合法、签证、证实或对单据有类似要求的条件时，这些条件可由在单据上签字、标注、盖章或标签来满足，只要单据表面已满足上述条件即可。

一家银行在不同国家设立的分支机构均视为另一家银行。

诸如"第一流"、"著名"、"合格"、"独立"、"正式"、"有资格"、"当地"等用语用于描述单据出单人的身份时，单据的出单人可以是除受益人以外的任何人。

除非确需在单据中使用，银行对诸如"迅速"、"立即"、"尽快"之类词语将不予置理。

"于或约于"或类似措辞将被理解为一项约定，按此约定，某项事件将在所述日期前后各五天内发生，起讫日均包括在内。

词语"×月×日止"(to)、"至×月×日"(until)、"直至×月×日"(till)、"从×月×日"(from)及"在×月×日至×月×日之间"(between)用于确定装运期限时，包括所述日期。词语"×月×日之前"(before)及"×月×日之后"(after)不包括所述日期。

词语"从×月×日"(from)以及"×月×日之后"(after)用于确定到期日时不包括所述日期。

术语"上半月"和"下半月"应分别理解为自每月"1日至15日"和"16日至月末最后一天"，包括起讫日期。

术语"月初"、"月中"和"月末"应分别理解为每月1日至10日、11日至20日和21日至月末最后一天，包括起讫日期。

第四条 信用证与合同

a. 就性质而言，信用证与可能作为其依据的销售合同或其他合同，是相互独立的交易。即使信用证中提及该合同，银行亦与该合同完全无关，且不受其约束。因此，一家银行作出兑付、议付或履行信用证项下其他义务的承诺，并不受申请人与开证行之间或与受益人之间在已有关系下产生的索偿或抗辩的制约。

受益人在任何情况下，不得利用银行之间或申请人与开证行之间的契约关系。

b. 开证行应劝阻申请人将基础合同、形式发票或其他类似文件的副本作为信用证整体组成部分的做法。

第五条 单据与货物/服务/行为

银行处理的是单据，而不是单据所涉及的货物、服务或其他行为。

第六条 有效性、有效期限及提示地点

a. 信用证必须规定可以有效使用信用证的银行，或者信用证是否对任何银行均为有效。对于被指定银行有效的信用证同样也对开证行有效。

b. 信用证必须规定它是否适用于即期付款、延期付款、承兑抑或议付。

c. 不得开立包含有以申请人为汇票付款人条款的信用证。

d. i. 信用证必须规定提示单据的有效期限。规定的用于兑付或者议付的有效期限将被认为是提示单据的有效期限。

ii. 可以有效使用信用证的银行所在的地点是提示单据的地点。对任何银行均为有效的信用证项下单据提示的地点是任何银行所在的地点。不同于开证行地点的提示单据的地点是开证行地点之外提交单据的地点。

e. 除非如29(a)中规定，由受益人或代表受益人提示的单据必须在到期日当日或在此之前提交。

第七条 开证行的承诺

a. 倘若规定的单据被提交至被指定银行或开证行并构成相符提示，开证行必须按下述信用证所适用的情形予以兑付：

i. 由开证行即期付款、延期付款或者承兑；

ii. 由被指定银行即期付款而该被指定银行未予付款；

iii. 由被指定银行延期付款而该被指定银行未承担其延期付款承诺，或者虽已承担延期付款承诺但到期未予付款；

iv. 由被指定银行承兑而该被指定银行未予承兑以其为付款人的汇票，或者虽已承兑以其为付款人的汇

票但到期未予付款；

　　v. 由被指定银行议付而该被指定银行未予议付。

　b. 自信用证开立之时起，开证行即不可撤销地受到兑付责任的约束。

　c. 开证行保证向对于相符提示已经予以兑付或者议付并将单据寄往开证行的被指定银行进行偿付。无论被指定银行是否于到期日前已经对相符提示予以预付或者购买，对于承兑或延期付款信用证项下相符提示的金额的偿付于到期日进行。开证行偿付被指定银行的承诺独立于开证行对于受益人的承诺。

　　第八条　保兑行的承诺
　　a. 倘若规定的单据被提交至保兑行或者任何其他被指定银行并构成相符提示，保兑行必须：
　　i. 兑付，如果信用证适用于：
　　a）由保兑行即期付款、延期付款或者承兑；
　　b）由另一家被指定银行即期付款而该被指定银行未予付款；
　　c）由另一家被指定银行延期付款而该被指定银行未承担其延期付款承诺，或者虽已承担延期付款承诺但到期未予付款；
　　d）由另一家被指定银行承兑而该被指定银行未予承兑以其为付款人的汇票，或者虽已承兑以其为付款人的汇票但到期未予付款；
　　e）由另一家被指定银行议付而该被指定银行未予议付。
　　ii. 若信用证由保兑行议付，无追索权地议付。
　　b. 自为信用证加具保兑之时起，保兑行即不可撤销地受到兑付或者议付责任的约束。
　　c. 保兑行保证向对于相符提示已经予以兑付或者议付并将单据寄往开证行的另一家被指定银行进行偿付。无论另一家被指定银行是否于到期日前已经对相符提示予以预付或者购买，对于承兑或延期付款信用证项下相符提示的金额的偿付于到期日进行。保兑行偿付另一家被指定银行的承诺独立于保兑行对于受益人的承诺。
　　d. 如开证行授权或要求另一家银行对信用证加具保兑，而该银行不准备照办时，它必须不延误地告知开证行并仍可通知此份未经加具保兑的信用证。

　　第九条　信用证及修改的通知
　　a. 信用证及其修改可以通过通知行通知受益人。除非已对信用证加具保兑，通知行通知信用证不构成兑付或议付的承诺。
　　b. 通过通知信用证或修改，通知行即表明其认为信用证或修改的表面真实性得到满足，且通知准确地反映了所收到的信用证或修改的条款及条件。
　　c. 通知行可以利用另一家银行的服务（"第二通知行"）向受益人通知信用证及其修改。通过通知信用证或修改，第二通知行即表明其认为所收到的通知的表面真实性得到满足，且通知准确地反映了所收到的信用证或修改的条款及条件。
　　d. 如一家银行利用另一家通知行或第二通知行的服务将信用证通知给受益人，它也必须利用同一家银行的服务通知修改书。
　　e. 如果一家银行被要求通知信用证或修改但决定不予通知，它必须不延误通知向其发送信用证、修改或通知的银行。
　　f. 如果一家被要求通知信用证或修改，但不能确定信用证、修改或通知的表面真实性，就必须不延误地告知向其发出该指示的银行。如果通知行或第二通知行仍决定通知信用证或修改，则必须告知受益人或第二通知行其未能核实信用证、修改或通知的表面真实性。

　　第十条　修改
　　a. 除本惯例第三十八条另有规定外，凡未经开证行、保兑行（如有）以及受益人同意，信用证既不能修改也不能撤销。
　　b. 自发出信用证修改书之时起，开证行就不可撤销地受其发出修改的约束。保兑行可将其保兑承诺扩展至修改内容，且自其通知该修改之时起，即不可撤销地受到该修改的约束。然而，保兑行可选择仅将修改通知受益人而不对其加具保兑，但必须不延误地将此情况通知开证行和受益人。

c. 在受益人向通知修改的银行表示接受该修改内容之前，原信用证（或包含先前已被接受修改的信用证）的条款和条件对受益人仍然有效。受益人应发出接受或拒绝接受修改的通知。如受益人未提供上述通知，当其提交至被指定银行或开证行的单据与信用证以及尚未表示接受的修改的要求一致时，则该事实即视为受益人已作出接受修改的通知，并从此时起，该信用证已被修改。

d. 通知修改的银行应当通知向其发出修改书的银行任何有关接受或拒绝接受修改的通知。

e. 不允许部分接受修改，部分接受修改将被视为拒绝接受修改的通知。

f. 修改书中作出的除非受益人在某一时间内拒绝接受修改，否则修改将开始生效的条款将被不予置理。

第十一条　电讯传递与预先通知的信用证和修改

a. 经证实的信用证或修改的电讯文件将被视为有效的信用证或修改，任何随后的邮寄证实书将被不予置理。

若该电讯文件声明"详情后告"（或类似词语）或声明随后寄出的邮寄证实书将是有效的信用证或修改，则该电讯文件将被视为无效的信用证或修改。开证行必须随即不延误地开出有效的信用证或修改，且条款不能与电讯文件相矛盾。

b. 只有准备开立有效信用证或修改的开证行，才可以发出开立信用证或修改预先通知书。发出预先通知的开证行应不可撤销地承诺将不延误地开出有效的信用证或修改，且条款不能与预先通知书相矛盾。

第十二条　指定

a. 除非一家被指定银行是保兑行，对被指定银行进行兑付或议付的授权并不构成其必须兑付或议付的义务，被指定银行明确同意并照此通知受益人的情形除外。

b. 通过指定一家银行承兑汇票或承担延期付款承诺，开证行即授权该被指定银行预付或购买经其承兑的汇票或由其承担延期付款的承诺。

c. 非保兑行身份的被指定银行接受、审核并寄送单据的行为既不使得该被指定银行具有兑付或议付的义务，也不构成兑付或议付。

第十三条　银行间偿付约定

a. 如果信用证规定被指定银行（"索偿行"）须通过向另一方银行（"偿付行"）索偿获得偿付，则信用证中必须声明是否按照信用证开立日正在生效的国际商会《银行间偿付规则》办理。

b. 如果信用证中未声明是否按照国际商会《银行间偿付规则》办理，则适用于下列条款：

i. 开证行必须向偿付行提供偿付授权书，该授权书须与信用证中声明的有效性一致。偿付授权书不应规定有效日期。

ii. 不应要求索偿行向偿付行提供证实单据与信用证条款及条件相符的证明。

iii. 如果偿付行未能按照信用证的条款及条件在首次索偿时即行偿付，则开证行应对索偿行的利息损失以及产生的费用负责。

iv. 偿付行的费用应由开证行承担。然而，如果费用系由受益人承担，则开证行有责任在信用证和偿付授权书中予以注明。如偿付行的费用系由受益人承担，则该费用应在偿付时从支付索偿行的金额中扣除。如果未发生偿付，开证行仍有义务承担偿付行的费用。

c. 如果偿付行未能于首次索偿时即行偿付，则开证行不能解除其自身的偿付责任。

第十四条　审核单据的标准

a. 按照指定行事的被指定银行、保兑行（如有）以及开证行必须对提示的单据进行审核，并仅以单据为基础，以决定单据在表面上看来是否构成相符提示。

b. 按照指定行事的被指定银行、保兑行（如有）以及开证行，自其收到提示单据的翌日起算，应各自拥有最多不超过五个银行工作日的时间以决定提示是否相符。该期限不因单据提示日适逢信用证有效期或最迟提示期或在其之后而被缩减或受到其他影响。

c. 提示若包含一份或多份按照本惯例第十九条、第二十条、第二十一条、第二十二条、第二十三条、第二十四条或第二十五条出具的正本运输单据，则必须由受益人或其代表按照相关条款在不迟于装运日后的二十一个公历日内提交，但无论如何不得迟于信用证的到期日。

d. 单据中内容的描述不必与信用证、信用证对该项单据的描述以及国际标准银行实务完全一致，但不得与该项单据中的内容、其他规定的单据或信用证相冲突。

e. 除商业发票外，其他单据中的货物、服务或行为描述若须规定，可使用统称，但不得与信用证规定的描述相矛盾。

f. 如果信用证要求提示运输单据、保险单据和商业发票以外的单据，但未规定该单据由何人出具或单据的内容。如信用证对此未做规定，只要所提交单据的内容看来满足其功能需要且其他方面与第十四条（d）款相符，银行将对提示的单据予以接受。

g. 提示信用证中未要求提交的单据，银行将不予置理。如果收到此类单据，可以退还提示人。

h. 如果信用证中包含某项条件而未规定需提交与之相符的单据，银行将认为未列明此条件，并对此不予置理。

i. 单据的出单日期可以早于信用证开立日期，但不得迟于信用证规定的提示日期。

j. 当受益人和申请人的地址显示在任何规定的单据上时，不必与信用证或其他规定单据中显示的地址相同，但必须与信用证中述及的各自地址处于同一国家内。用于联系的资料（电传、电话、电子邮箱及类似方式）如作为受益人和申请人地址的组成部分将被不予置理。然而，当申请人的地址及联系信息作为按照第十九条、第二十条、第二十一条、第二十二条、第二十三条、第二十四条或第二十五条出具的运输单据中收货人或通知方详址的组成部分时，则必须按照信用证规定予以显示。

k. 显示在任何单据中的货物的托运人或发货人不必是信用证的受益人。

假如运输单据能够满足本惯例第十九条、第二十条、第二十一条、第二十二条、第二十三条或第二十四条的要求，则运输单据可以由承运人、船东、船长或租船人以外的任何一方出具。

第十五条　相符提示
a. 当开证行确定提示相符时，就必须予以兑付。
b. 当保兑行确定提示相符时，就必须予以兑付或议付并将单据寄往开证行。
c. 当被指定银行确定提示相符并予以兑付或议付时，必须将单据寄往保兑行或开证行。

第十六条　不符单据及不符点的放弃与通知
a. 当按照指定行事的被指定银行、保兑行（如有）或开证行确定提示不符时，可以拒绝兑付或议付。

b. 当开证行确定提示不符时，可以依据其独立的判断联系申请人放弃有关不符点。然而，这并不因此延长第十四条（b）款中述及的期限。

c. 当按照指定行事的被指定银行、保兑行（如有）或开证行决定拒绝兑付或议付时，必须一次性通知提示人。

通知必须声明：
　i. 银行拒绝兑付或议付；及
　ii. 银行凭以拒绝兑付或议付的各个不符点；及
　iii. a) 银行持有单据等候提示人进一步指示；或
　b) 开证行持有单据直至收到申请人通知弃权并同意接受该弃权，或在同意接受弃权前从提示人处收到进一步指示；或
　c) 银行退回单据；或
　d) 银行按照先前从提示人处收到的指示行事。

d. 第十六条（c）款中要求的通知必须以电信方式发出，或者，如果不可能以电信方式通知时，则以其他快捷方式通知，但不得迟于提示单据日期翌日起第五个银行工作日终了。

e. 按照指定行事的被指定银行、保兑行（如有）或开证行可以在提供第十六条（c）款（iii）、（a）款或（b）款要求提供的通知后，于任何时间将单据退还提示人。

f. 如果开证行或保兑行未能按照本条款的规定行事，将无权宣称单据未能构成相符提示。

g. 当开证行拒绝兑付或保兑行拒绝兑付或议付，并已经按照本条款发出通知时，该银行将有权就已经履行的偿付索取退款及其利息。

第十七条　正本单据和副本单据

a. 信用证中规定的各种单据必须至少提供一份正本。

b. 除非单据本身表明其不是正本，银行将视任何单据表面上具有单据出具人正本签字、标志、图章或标签的单据为正本单据。

c. 除非单据另有显示，银行将接受单据作为正本单据如果该单据：

i. 表面看来由单据出具人手工书写、打字、穿孔签字或盖章；或

ii. 表面看来使用单据出具人的正本信笺；或

iii. 声明单据为正本，除非该项声明表面看来与所提示的单据不符。

d. 如果信用证要求提交副本单据，则提交正本单据或副本单据均可。

e. 如果信用证使用诸如"一式两份"、"两张"、"两份"等术语要求提交多份单据，则可以提交至少一份正本，其余份数以副本来满足。但单据本身另有相反指示者除外。

第十八条　商业发票

a. 商业发票：

i. 必须在表面上看来系由受益人出具（第三十八条另有规定者除外）；

ii. 必须做成以申请人的名称为抬头（第三十八条（g）款另有规定者除外）；

iii. 必须将发票币别做成与信用证相同币种。

iv. 无须签字。

b. 按照指定行事的被指定银行、保兑行（如有）或开证行可以接受金额超过信用证所允许金额的商业发票，倘若有关银行已兑付或已议付的金额没有超过信用证所允许的金额，则该银行的决定对各有关方均具有约束力。

c. 商业发票中货物、服务或行为的描述必须与信用证中显示的内容相符。

第十九条　至少包括两种不同运输方式的运输单据

a. 至少包括两种不同运输方式的运输单据（即多式运输单据或联合运输单据），不论其称谓如何，必须在表面上看来：

i. 显示承运人名称并由下列人员签署：

承运人或承运人的具名代理或代表，或

船长或船长的具名代理或代表。

承运人、船长或代理的任何签字必须分别表明承运人、船长或代理的身份。

代理的签字必须显示其是否作为承运人或船长的代理或代表签署提单。

ii. 通过下述方式表明货物已在信用证规定的地点发运、接受监管或装载

预先印就的措辞，或

注明货物已发运、接受监管或装载日期的图章或批注。

运输单据的出具日期将被视为发运、接受监管或装载以及装运日期。然而，如果运输单据以盖章或批注方式标明发运、接受监管或装载日期，则此日期将被视为装运日期。

iii. 显示信用证中规定的发运、接受监管或装载地点以及最终目的地的地点，即使：

a) 运输单据另外显示了不同的发运、接受监管或装载地点或最终目的地的地点，或

b) 运输单据包含"预期"或类似限定有关船只、装货港或卸货港的指示。

iv. 系仅有的一份正本运输单据，或者，如果出具了多份正本运输单据，应是运输单据中显示的全套正

本份数。

v. 包含承运条件须参阅包含承运条件条款及条件的某一出处（简式或背面空白的运输单据）者，银行对此类承运条件的条款及条件内容不予审核。

vi. 未注明运输单据受租船合约约束。

b. 就本条款而言，转运意指货物在信用证中规定的发运、接受监管或装载地点到最终目的地的运输过程中，从一个运输工具卸下并重新装载到另一个运输工具上（无论是否为不同运输方式）的运输。

c. i. 只要同一运输单据包括运输全程，则运输单据可以注明货物将被转运或可被转运。

ii. 即使信用证禁止转运，银行也将接受注明转运将发生或可能发生的运输单据。

第二十条　提单

a. 无论其称谓如何，提单必须表面上看来：

i. 显示承运人名称并由下列人员签署：

承运人或承运人的具名代理或代表，或

船长或船长的具名代理或代表。

承运人、船长或代理的任何签字必须分别表明其承运人、船长或代理的身份。

代理的签字必须显示其是否作为承运人或船长的代理或代表签署提单。

ii. 通过下述方式表明货物已在信用证规定的装运港装载上具名船只：

预先印就的措辞，或

注明货物已装船日期的装船批注。

提单的出具日期将被视为装运日期，除非提单包含注明装运日期的装船批注，在此情况下，装船批注中显示的日期将被视为装运日期。

如果提单包含"预期船"字样或类似有关限定船只的词语时，装上具名船只必须由注明装运日期以及实际装运船只名称的装船批注来证实。

iii. 注明装运从信用证中规定的装货港至卸货港。

如果提单未注明以信用证中规定的装货港作为装货港，或包含"预期"或类似有关限定装货港的标注者，则需要提供注明信用证中规定的装货港、装运日期以及船名的装船批注。即使提单上已注明印就的"已装船"或"已装具名船只"措辞，本规定仍然适用。

iv. 系仅有的一份正本提单，或者，如果出具了多份正本，应是提单中显示的全套正本份数。

v. 包含承运条件须参阅包含承运条件条款及条件的某一出处（简式或背面空白的提单）者，银行对此类承运条件的条款及条件内容不予审核。

vi. 未注明运输单据受租船合约约束。

b. 就本条款而言，转运意指在信用证规定的装货港到卸货港之间的海运过程中，将货物由一艘船卸下再装上另一艘船的运输。

c. i. 只要同一提单包括运输全程，则提单可以注明货物将被转运或可被转运。

ii. 银行可以接受注明将要发生或可能发生转运的提单。即使信用证禁止转运，只要提单上证实有关货物已由集装箱、拖车或子母船运输，银行仍可接受注明将要发生或可能发生转运的提单。

d. 对于提单中包含的声明承运人保留转运权利的条款，银行将不予置理。

第二十一条　非转让海运单

a. 无论其称谓如何，非转让海运单必须表面上看来：

i. 显示承运人名称并由下列人员签署：

承运人或承运人的具名代理或代表，或

船长或船长的具名代理或代表。

承运人、船长或代理的任何签字必须分别表明其承运人、船长或代理的身份。

代理的签字必须显示其是否作为承运人或船长的代理或代表签署提单。

ii. 通过下述方式表明货物已在信用证规定的装运港装载上具名船只：

预先印就的措辞，或

注明货物已装船日期的装船批注。

非转让海运单的出具日期将被视为装运日期，除非非转让海运单包含注明装运日期的装船批注，在此情况下，装船批注中显示的日期将被视为装运日期。

如果非转让海运单包含"预期船"字样或类似有关限定船只的词语时，装上具名船只必须由注明装运日期以及实际装运船只名称的装船批注来证实。

iii. 注明装运从信用证中规定的装货港至卸货港。

如果非转让海运单未注明以信用证中规定的装货港作为装货港，或包含"预期"或类似有关限定装货港的标注者，则需要提供注明信用证中规定的装货港、装运日期以及船名的装船批注。即使非转让海运单上已注明印就的"已装船"或"已装具名船只"措辞，本规定仍然适用。

iv. 系仅有的一份正本非转让海运单，或者，如果出具了多份正本，应是非转让海运单中显示的全套正本份数。

v. 包含承运条件须参阅包含承运条件条款及条件的某一出处（简式或背面空白的提单）者，银行对此类承运条件的条款及条件内容不予审核。

vi. 未注明运输单据受租船合约约束。

b. 就本条款而言，转运意指在信用证规定的装货港到卸货港之间的海运过程中，将货物由一艘船卸下再装上另一艘船的运输。

c. i. 只要同一非转让海运单包括运输全程，则非转让海运单可以注明货物将被转运或可被转运。

ii. 银行可以接受注明将要发生或可能发生转运的非转让海运单。即使信用证禁止转运，只要非转让海运单上证实有关货物已由集装箱、拖车或子母船运输，银行仍可接受注明将要发生或可能发生转运的非转让海运单。

d. 对于非转让海运单中包含的声明承运人保留转运权利的条款，银行将不予置理。

第二十二条 租船合约提单

a. 无论其称谓如何，倘若提单包含有提单受租船合约约束的指示（即租船合约提单），则必须在表面上看来：

i. 由下列当事方签署：

船长或船长的具名代理或代表，或

船东或船东的具名代理或代表，或

租船主或租船主的具名代理或代表。

船长、船东、租船主或代理的任何签字必须分别表明其船长、船东、租船主或代理的身份。

代理的签字必须显示其是否作为船长、船东或租船主的代理或代表签署提单。

代理人代理或代表船东或租船主签署提单时必须注明船东或租船主的名称。

ii. 通过下述方式表明货物已在信用证规定的装运港装载上具名船只：

预先印就的措辞，或

注明货物已装船日期的装船批注。

租船合约提单的出具日期将被视为装运日期，除非租船合约提单包含注明装运日期的装船批注，在此情况下，装船批注中显示的日期将被视为装运日期。

iii. 注明货物由信用证中规定的装货港运输至卸货港。卸货港可以按信用证中的规定显示为一组港口或某个地理区域。

iv. 系仅有的一份正本租船合约提单，或者，如果出具了多份正本，应是租船合约提单中显示的全套正本份数。

b. 即使信用证中的条款要求提交租船合约，银行也将对该租船合约不予审核。

第二十三条 空运单据

a. 无论其称谓如何，空运单据必须在表面上看来：

i. 注明承运人名称并由下列当事方签署：

承运人，或

承运人的具名代理或代表。

承运人或代理的任何签字必须分别表明其承运人或代理的身份。

代理的签字必须显示其是否作为承运人的代理或代表签署空运单据。

ii. 注明货物已收妥待运。

iii. 注明出具日期。这一日期将被视为装运日期，除非空运单据包含注有实际装运日期的专项批注，在此种情况下，批注中显示的日期将被视为装运日期。

空运单据显示的其他任何与航班号和起飞日期有关的信息不能被视为装运日期。

iv. 表明信用证规定的起飞机场和目的地机场

v. 为开给发货人或拖运人的正本，即使信用证规定提交全套正本。

vi. 载有承运条款和条件，或提示条款和条件参见别处。银行将不审核承运条款和条件的内容。

b. 就本条而言，转运是指在信用证规定的起飞机场到目的地机场的运输过程中，将货物从一飞机卸下再装上另一飞机的行为。

c. i. 空运单据可以注明货物将要或可能转运，只要全程运输由同一空运单据涵盖。

ii. 即使信用证禁止转运，注明将要或可能发生转运的空运单据仍可接受。

第二十四条 公路、铁路或内陆水运单据

a. 公路、铁路或内陆水运单据，无论名称如何，必须看似：

i. 表明承运人名称，并且

由承运人或其具名代理人签署，或者

由承运人或其具名代理人以签字、印戳或批注表明货物收讫。

承运人或其具名代理人的售货签字、印戳或批注必须标明其承运人或代理人的身份。

代理人的收获签字、印戳或批注必须标明代理人系代表承运人签字或行事。

如果铁路运输单据没有指明承运人，可以接受铁路运输公司的任何签字或印戳作为承运人签署单据的证据。

ii. 表明货物在信用证规定地点的发运日期，或者收讫代运或代发送的日期。运输单据的出具日期将被视为发运日期，除非运输单据上盖有带日期的收货印戳，或注明了收货日期或发运日期。

iii. 表明信用证规定的发运地及目的地。

b. i. 公路运输单据必须看似为开给发货人或托运人的正本，或没有认可标记表明单据开给何人。

ii. 注明"第二联"的铁路运输单据将被作为正本接受。

iii. 无论是否注明正本字样，铁路或内陆水运单据都被作为正本接受。

c. 如运输单据上未注明出具的正本数量，提交的分数即视为全套正本。

d. 就本条而言，转运是指在信用证规定的发运、发送或运送的地点到目的地之间的运输过程中，在同一运输方式中从一运输工具卸下再装上另一运输工具的行为。

e. i. 只要全程运输由同一运输单据涵盖，公路、铁路或内陆水运单据可以注明货物将要或可能被转运。

ii. 即使信用证禁止转运，注明将要或可能发生转运的公路、铁路或内陆水运单据仍可接受。

第二十五条 快递收据、邮政收据或投邮证明

a. 证明货物收讫待运的快递收据，无论名称如何，必须看似：

i. 表明快递机构的名称，并在信用证规定的货物发运地点由该具名快递机构盖章或签字；并且

ii. 表明取件或收件的日期或类似词语。该日期将被视为发运日期。

b. 如果要求显示快递费用付讫或预付，快递机构出具的表明快递费由收货人以外的一方支付的运输单

据可以满足该项要求。

c. 证明货物收讫待运的邮政收据或投邮证明,无论名称如何,必须看似在信用证规定的货物发运地点盖章或签署并注明日期。该日期将被视为发运日期。

第二十六条　"货装舱面"、"托运人装载和计数"、"内容据托运人报称"及运费之外的费用

a. 运输单据不得表明货物装于或者将装于舱面。声明货物可能被装于舱面的运输单据条款可以接受。

b. 载有诸如"托运人装载和计数"或"内容据托运人报称"条款的运输单据可以接受。

c. 运输单据上可以以印戳或其他方式提及运费之外的费用。

第二十七条　清洁运输单据

银行只接受清洁运输单据。清洁运输单据指未载有明确宣称货物或包装有缺陷的条款或批注的运输单据。"清洁"一词并不需要在运输单据上出现,即使信用证要求运输单据为"清洁已装船"的。

第二十八条　保险单据及保险范围

a. 保险单据,例如保险单或预约保险项下的保险证明书或者声明书,必须看似由保险公司或承保人或其代理人或代表出具并签署。

代理人或代表的签字必须标明其系代表保险公司或承保人签字。

b. 如果保险单据表明其以多份正本出具,所有正本均须提交。

c. 暂保单将不被接受。

d. 可以接受保险单代替预约保险项下的保险证明书或声明书。

e. 保险单据日期不得晚于发运日期,除非保险单据表明保险责任不迟于发运日生效。

f. i. 保险单据必须表明投保金额并以与信用证相同的货币表示。

ii. 信用证对于投保金额为货物价值、发票金额或类似金额的某一比例的要求,将被视为对最低保额的要求。

如果信用证对投保金额未作规定,投保金额须至少为货物的 CIF 或 CIP 价格的 110%。

如果从单据中不能确定 CIF 或者 CIP 价格,投保金额必须基于要求承付或议付的金额,或者基于发票上显示的货物总值来计算,两者之中取金额较高者。

iii. 保险单据须标明承包的风险区间至少涵盖从信用证规定的货物监管地或发运地开始到卸货地或最终目的地为止。

g. 信用证应规定所需投保的险别及附加险(如有的话)。如果信用证使用诸如"通常风险"或"惯常风险"等含义不确切的用语,则无论是否有漏保之风险,保险单据将被照样接受。

h. 当信用证规定投保"一切险"时,如保险单据载有任何"一切险"批注或条款,无论是否有"一切险"标题,均将被接受,即使其声明任何风险除外。

i. 保险单据可以援引任何除外责任条款。

j. 保险单据可以注明受免赔率或免赔额(减除额)约束。

第二十九条　截止日或最迟交单日的顺延

a. 如果信用证的截止日或最迟交单日适逢接受交单的银行非因第三十六条所述原因而歇业,则截止日或最迟交单日,视何者适用,将顺延至其重新开业的第一个银行工作日。

b. 如果在顺延后的第一个银行工作日交单,指定银行必须在其致开证行或保兑行的面涵中声明交单是在根据第二十九条 a 款顺延的期限内提交的。

c. 最迟发运日不因第二十九条 a 款规定的原因而顺延。

第三十条　信用证金额、数量与单价的增减幅度

a. "约"或"大约"用语信用证金额或信用证规定的数量或单价时,应解释为允许有关金额或数量或单价有不超过 10% 的增减幅度。

b. 在信用证未以包装单位件数或货物自身件数的方式规定货物数量时,货物数量允许有 5% 的增减幅度,只要总支取金额不超过信用证金额。

c. 如果信用证规定了货物数量，而该数量已全部发运，及如果信用证规定了单价，而该单价又未降低，或当第三十条 b 款不适用时，则即使不允许部分装运，也允许支取的金额有 5% 的减幅。若信用证规定有特定的增减幅度或使用第三十条 a 款提到的用语限定数量，则该减幅不适用。

第三十一条 分批支款或分批装运

a. 允许分批支款或分批装运

b. 表明使用同一运输工具并经由同次航程运输的数套运输单据在同一次提交时，只要显示相同目的地，将不视为部分发运，即使运输单据上标明的发运日期不同或装卸港、接管地或发送地点不同。如果交单由数套运输单据构成，其中最晚的一个发运日将被视为发运日。

含有一套或数套运输单据的交单，如果表明在同一种运输方式下经由数件运输工具运输，即使运输工具在同一天出发运往同一目的地，仍将被视为部分发运。

c. 含有一份以上快递收据、邮政收据或投邮证明的交单，如果单据看似由同一块地或邮政机构在同一地点和日期加盖印戳或签字并且表明同一目的地，将不视为部分发运。

第三十二条 分期支款或分期装运

如信用证规定在指定的时间段内分期支款或分期发运，任何一期未按信用证规定期限支取或发运时，信用证对该期及以后各期均告失效。

第三十三条 交单时间

银行在其营业时间外无接受交单的义务。

第三十四条 关于单据有效性的免责

银行对任何单据的形式、充分性、准确性、内容真实性、虚假性或法律效力，或对单据中规定或添加的一般或特殊条件，概不负责；银行对任何单据所代表的货物、服务或其他履约行为的描述、数量、重量、品质、状况、包装、交付、价值或其存在与否，或对发货人、承运人、货运代理人、收货人、货物的保险人或其他任何人的诚信与否，作为或不作为、清偿能力、履约或资信状况，也概不负责。

第三十五条 关于信息传递和翻译的免责

当报文、信件或单据按照信用证的要求传输或发送时，或当信用证未作指示，银行自行选择传送服务时，银行对报文传输或信件或单据的递送过程中发生的延误、中途遗失、残缺或其他错误产生的后果，概不负责。

如果指定银行确定交单相符并将单据发往开证行或保兑行。无论指定的银行是否已经承付或议付，开证行或保兑行必须承付或议付，或偿付指定银行，即使单据在指定银行送往开证行或保兑行的途中，或保兑行送往开证行的途中丢失。

银行对技术术语的翻译或解释上的错误，不负责任，并可不加翻译地传送信用证条款。

第三十六条 不可抗力

银行对由于天灾、暴动、骚乱、叛乱、战争、恐怖主义行为或任何罢工、停工或其无法控制的任何其他原因导致的营业中断的后果，概不负责。

银行恢复营业时，对于在营业中断期间已逾期的信用证，不再进行承付或议付。

第三十七条 关于被指示方行为的免责

a. 为了执行申请人的指示，银行利用其他银行的服务，其费用和风险由申请人承担。

b. 即使银行自行选择了其他银行，如果发出指示未被执行，开证行或通知行对此亦不负责。

c. 指示另一银行提供服务的银行有责任负担被执释放因执行指示而发生的任何佣金、手续费、成本或开支（"费用"）。

如果信用证规定费用由受益人负担，而该费用未能收取或从信用证款项中扣除，开证行依然承担支付此费用的责任。

信用证或其修改不应规定向受益人的通知以通知行或第二通知行收到其费用为条件。

d. 外国法律和惯例加诸于银行的一切义务和责任，申请人应受其约束，并就此对银行负补偿之责。

第三十八条 可转让信用证

a. 银行无办理转让信用证的义务，除非该银行明确同意其转让范围和转让方式。

b. 就本条款而言：

转让信用证意指明确表明其"可以转让"的信用证。根据受益人（"第一受益人"）的请求，转让信用证可以被全部或部分地转让给其他受益人（"第二受益人"）。

转让银行意指办理信用证转让的被指定银行，或者，在适用于任何银行的信用证中，转让银行是由开证行特别授权并办理转让信用证的银行。开证行也可担任转让银行。

转让信用证意指经转让银行办理转让后可供第二受益人使用的信用证。

c. 除非转让时另有约定，所有因办理转让而产生的费用（诸如佣金、手续费、成本或开支）必须由第一受益人支付。

d. 倘若信用证允许分批支款或分批装运，信用证可以被部分地转让给一个以上的第二受益人。

第二受益人不得要求将信用证转让给任何次序位居其后的其他受益人。第一受益人不属于此类其他受益人之列。

e. 任何有关转让的申请必须指明是否以及在何种条件下可以将修改通知第二受益人。转让信用证必须明确指明这些条件。

f. 如果信用证被转让给一个以上的第二受益人，其中一个或多个第二受益人拒绝接受某个信用证修改并不影响其他第二受益人接受修改。对于接受修改的第二受益人而言，信用证已做相应的修改；对于拒绝接受修改的第二受益人而言，该转让信用证仍未被修改。

g. 转让信用证必须准确转载原证的条款及条件，包括保兑（如有），但下列项目除外：

- 信用证金额，
- 信用证规定的任何单价，
- 到期日，
- 单据提示期限，
- 最迟装运日期或规定的装运期间。

以上任何一项或全部均可减少或缩短。

必须投保的保险金额的投保比例可以增加，以满足原信用证或本惯例规定的投保金额。

可以用第一受益人的名称替换原信用证中申请人的名称。

如果原信用证特别要求开证申请人名称应在除发票以外的任何单据中出现时，则转让信用证必须反映出该项要求。

h. 第一受益人有权以自己的发票和汇票（如有），替换第二受益人的发票和汇票（如有），其金额不得超过原信用证的金额。在如此办理单据替换时，第一受益人可在原信用证项下支取自己发票与第二受益人发票之间产生的差额（如有）。

i. 如果第一受益人应当提交其自己的发票和汇票（如有），但却未能在收到第一次要求时照办；或第一受益人提交的发票导致了第二受益人提示的单据中本不存在的不符点，而其未能在收到第一次要求时予以修正，则转让银行有权将其从第二受益人处收到的单据向开证行提示，并不再对第一受益人负责。

j. 第一受益人可以在其提出转让申请时，表明可在信用证被转让的地点，在原信用证的到期日之前（包括到期日）向第二受益人予以兑付或议付。本条款并不损害第一受益人在第三十八条（h）款下的权利。

k. 由第二受益人或代表第二受益人提交的单据必须向转让银行提示。

第三十九条 款项让渡

信用证未表明可转让，并不影响受益人根据所适用的法律规定，将其在该信用证项下有权获得的款项让渡与他人的权利。本条款所涉及的仅是款项的让渡，而不是信用证项下执行权力的让渡。

附录四

单证样本

（一）销售合同样本

销售合同
SALES CONTRACT

卖方 SELLER：	DESUN TRADING CO., LTD. 29TH FLOOR KINGSTAR MANSION, 623JINLIN RD., SHANGHAI CHINA	编号 NO.： 日期 DATE： 地点 SIGNED IN：	SHDS03027 APR. 03, 2001 SHANGHAI
买方 BUYER：	NEO GENERAL TRADING CO. #362 JALAN STREET, TORONTO, CANADA		

买卖双方同意以下条款达成交易：
This contract Is made by and agreed between the BUYER and SELLER, in accordance with the terms and conditions stipulated below.

1. 品名及规格 Commodity & Specification	2. 数量 Quantity	3. 单价及价格条款 Unit Price & Trade Terms	4. 金额 Amount
CIFC5 TORONTO			
CHINESE CERAMIC DINNERWARE			
DS1511 30 - Piece Dinnerware and Tea Set	542SETS	USD23.50	12 737.00
DS2201 20 - Piece Dinnerware Set	800SETS	USD20.40	16 320.00
DS4504 45 - Piece Dinnerware Set	443SETS	USD23.20	10 277.60
DS5120 95 - Piece Dinnerware Set	254SETS	USD30.10	7 645.40
Total：	2 039SETS		46 980.00

允许 With	10%	溢短装，由卖方决定 More or less of shipment allowed at the sellers' option
5. 总值 Total Value		SAY US DOLLARS FORTY SIX THOUSAND NINE HUNDRED AND EIGHTY ONLY.
6. 包装 Packing		DS2201 IN CARTONS OF 2 SETS EACH AND DS1151, DS4505 AND DS5120 TO BE PACKED IN CARTONS OF 1 SET EACH ONLY. TOTAL：1639 CARTONS.

7. 唛头 Shipping Marks		AT BUYERS OPTION.
8. 装运期及运输方式 Time of Shipment & means of Transportation		TO BE EFFECTED BEFORE THE END OF APRIL 2001 WITH PARTIAL SHIPMENT ALLOWED AND TRANSHIPMENT ALLOWED.
9. 装运港及目的地 Port of Loading & Destination		FROM: SHANGHAI TO: TORONTO
10. 保险 Insurance		THE SELLER SHALL COVER INSURANCE AGAINST WPA AND CLASH & BREAKAGE & WAR RISKS FOR 110% OF THE TOTAL INVOICE VALUE AS PER THE RELEVANT OCEAN MARINE CARGO OF P. I. C. C. DATED 1/1/1981.
11. 付款方式 Terms of Payment		THE BUYER SHALL OPEN THOUGH A BANK ACCEPTABLE TO THE BEFORE APRIL 10, 2001 VALID FOR NEGOTIATION IN CHINA UNTIL THE 15TH DAY AFTER THE DATE OF SHIPMEDNT.
12. 备注 Remarks		

（1）异议：品质异议须于货到目的口岸之日起 30 天内提出，数量异议须于货到目的口岸之日起 15 天内提出，但均须提供经卖方同意的公证行的检验证明。如责任属于卖方者，卖方于收到异议 20 天内答复买方并提出处理意见。

DISCREPANCY: IN CASE OF QUALITY DISCREPANCY, CLAIM SHOULD BE LODGED BY THE BUYERS WITHIN 30 DAYS AFTER THE ARRIVAL OF THE GOODS AT THE PORT OF DESTINATION, WHILE FOR QUANTITY DISCREPANCY, CLAIM SHOULD BE LODGED BY THE BUYERS WITHIN 15 DAYS AFTER THE ARRIVAL OF THE GOODS AT THE PORT OF DESTINATION. IN ALL CASES, CLAIMS MUST BE ACCOMPANIED BY SURVEY REPORTS OF RECOGNIZED PUBLIC SURVEYORS AGREED TO BY THE SELLERS. SHOULD THE RESPONSIBILITY OF THE SUBJECT UNDER CLAIM BE FOUND TO REST ON THE PART OF THE SELLERS, THE SELLERS SHALL, WITHIN 20 DAYS AFTER RECEIPT OF THE CLAIM, SEND THEIR REPLY TO THE BUYERS TOGETHER WITH SUGGESTION FOR SETTLEMENT.

（2）信用证内应明确规定卖方有权可多装或少装所注明的百分数，并按实际装运数量议付。（信用证之金额按本售货合约金额增加相应的百分数。）

THE COVERING LETTER OF CREDIT SHALL STIPULATE THE SELLERS' OPTION OF SHIPPING THE INDICATED PERCENTAGE MORE OR LESS THAN THE QUANTITY HEREBY CONTRACTED AND BE NEGOTIATED FOR THE AMOUNT COVERING THE VALUE OF QUANTITY ACTUALLY SHIPPED. (THE BUYERS ARE REQUESTED TO ESTABLISH THE L/C IN AMOUNT WITH THE INDICATED PERCENTAGE OVER THE TOTAL VALUE OF THE ORDER AS PER THIS SALES CONTRACT.)

（3）信用证内容须严格符合本售货合约的规定，否则修改信用证的费用由买方负担，卖方并不负因修改信用证而延误装运的责任，并保留因此而发生的一切损失的索赔权。

THE CONTENTS OF THE COVERING LETTER OF CREDIT SHALL BE IN STRICT CONFORMITY WITH THE STIPULATIONS OF THE SALES CONTRACT. IN CASE OF ANY VARIATION THERE OF NECESSITATING

AMENDMENT OF THE L/C, THE BUYERS SHALL BEAR THE EXPENSES FOR EFFECTING THE AMENDMENT. THE SELLERS SHALL NOT BE HELD RESPONSIBLE FOR POSSIBLE DELAY OF SHIPMENT RESULTING FROM AWAITING THE AMENDMENT OF THE L/C AND RESERVE THE RIGHT TO CLAIM FROM THE BUYERS FOR THE LOSSES RESULTING THEREFROM.

（4）除经约定保险归买方投保者外，由卖方向中国的保险公司投保。如买方需增加保险额及/或需加保其他险，可于装船前提出，经卖方同意后代为投保，其费用由买方负担。

EXCEPT IN CASES WHERE THE INSURANCE IS COVERED BY THE BUYERS AS ARRANGED, INSURANCE IS TO BE COVERED BY THE SELLERS WITH A CHINESE INSURANCE COMPANY. IF INSURANCE FOR ADDITIONAL AMOUNT AND/OR FOR OTHER INSURANCE TERMS IS REQUIRED BY THE BUYERS, PRIOR NOTICE TO THIS EFFECT MUST REACH THE SELLERS BEFORE SHIPMENT AND IS SUBJECT TO THE SELLERS' AGREEMENT, AND THE EXTRA INSURANCE PREMIUM SHALL BE FOR THE BUYERS' ACCOUNT.

（5）因人力不可抗拒事故使卖方不能在本售货合约规定期限内交货或不能交货，卖方不负责任，但是卖方必须立即以电报通知买方。如果买方提出要求，卖方应以挂号函向买方提供由中国国际贸易促进委员会或有关机构出具的证明，证明事故的存在。买方不能领到进口许可证，不能被认为系属人力不可抗拒范围。

THE SELLERS SHALL NOT BE HELD RESPONSIBLE IF THEY FAIL, OWING TO FORCE MAJEURE CAUSE OR CAUSES, TO MAKE DELIVERY WITHIN THE TIME STIPULATED IN THIS SALES CONTRACT OR CANNOT DELIVER THE GOODS. HOWEVER, THE SELLERS SHALL INFORM IMMEDIATELY THE BUYERS BY CABLE. THE SELLERS SHALL DELIVER TO THE BUYERS BY REGISTERED LETTER, IF IT IS REQUESTED BY THE BUYERS, A CERTIFICATE ISSUED BY THE CHINA COUNCIL FOR THE PROMOTION OF INTERNATIONAL TRADE OR BY ANY COMPETENT AUTHORITIES, ATTESTING THE EXISTENCE OF THE SAID CAUSE OR CAUSES. THE BUYERS' FAILURE TO OBTAIN THE RELATIVE IMPORT LICENSE IS NOT TO BE TREATED AS FORCE MAJEURE.

（6）仲裁：凡因执行本合约或有关本合约所发生的一切争执，双方应以友好方式协商解决；如果协商不能解决，应提交中国国际经济贸易仲裁委员会，根据该会的仲裁规则进行仲裁。仲裁裁决是终局的，对双方都有约束力。

ARBITRATION: ALL DISPUTES ARISING IN CONNECTION WITH THIS SALES CONTRACT OR THE EXECUTION THEREOF SHALL BE SETTLED BY WAY OF AMICABLE NEGOTIATION. IN CASE NO SETTLEMENT CAN BE REACHED, THE CASE AT ISSUE SHALL THEN BE SUBMITTED FOR ARBITRATION TO THE CHINA INTERNATIONAL ECONOMIC AND TRADE ARBITRATION COMMISSION IN ACCORDANCE WITH THE PROVISIONS OF THE SAID COMMISSION. THE AWARD BY THE SAID COMMISSION SHALL BE DEEMED AS FINAL AND BINDING UPON BOTH PARTIES.

（7）附加条款（本合同其他条款如与本附加条款有抵触时，以本附加条款为准。）：

SUPPLEMENTARY CONDITION (S) (SHOULD THE ARTICLES STIPULATED IN THIS CONTRACT BE IN CONFLICT WITH THE FOLLOWING SUPPLEMENTARY CONDITION (S), THE SUPPLEMENTARY CONDITION (S) SHOULD BE TAKEN AS VALID AND BINDING.)

卖方（Sellers）：　　　　　　　　　　　　　　买方（Buyers）：
　The Buyer　　　　　　　　　　　　　　　　　　The Seller
NEO GENERAL TRADING CO.　　　　　　　DESUN TRADING CO., LTD.
　（signature）　　　　　　　　　　　　　　　　（signature）

(二) SWIFT 信用证样本

2001MAR22 09:18:1   LOGICAL ERMINAL E102
MT S700   ISSUE OF A DOCUMENTARY CREDIT   PAGE 00001
                                                     FUNC MSG700
                                                     UMR 06881051

MSGACK DWS765I AUTH OK, KEY B198081689580FC5, BKCHCNBJ RJHISARI RECORO

BASIC HEADER   F 01 BKCHCNBJA940 0588 550628

APPLICATION HEADER   0 700 1057 010320 RJHISARIAXXX 7277 977367
                                020213 1557 N

                                ∗ ALRAJHI BANKING AND INVESTM
                                ∗ CORPORATION
                                ∗ RIYADH
                                ∗ (HEAD OFFICE)

USER HEADER   SERVICE CODE 103:(银行盖信用证通知专用章)
                                BANK. PRIORITY 113:
                                MSG USER REF. 108:
                                INFO. FROM CI 115:

SEQUENCE OF TOTAL	∗27	1/1
FORM OF DOC. CREDIT	∗40 A	IRREVOCABLE
DOC. CREDIT NUMBER	∗20	0011LC123756
DATE OF ISSUE	31 C	010320
DATE/PLACE EXP.	∗31 D	DATE 010505 PLACE CHINA
APPLICANT	∗50	NEO GENERAL TRADING CO.
		P. O. BOX 99552, RIYADH 22766, KSA
		TEL: 00966-1-4659220 FAX: 00966-1-4659213
BENEFICIARY	∗59	DESUN TRADING CO., LTD.
		HUARONG MANSION RM2901 NO. 85 GUANJIAQIAO,
		NANJING 210005, CHINA
		TEL: 0086-25-4715004 FAX: 0086-25-4711363
AMOUNT	∗32 B	CURRENCY USD AMOUNT 13260
AVAILABLE WITH/BY	∗41 D	ANY BANK IN CHINA,
		BY NEGOTIATION
DRAFTS AT...	42 C	SIGHT
DRAWEE	42 A	RJHISARI

		* ALRAJHI BANKING AND INVESTMENT
		* CORPORATION
		* * RIYADH
		* * (HEAD OFFICE)
PARTIAL SHIPMTS	43 P	NOT ALLOWED
TRANSSHIPMENT	43 T	NOT ALLOWED
LOADING ON BRD	44 A	CHINA MAIN FORT, CHINA
	44 B	DAMMAM PORT, SAUDI ARABIA
LATEST SHIPMENT	44 C	010430
GOODS DESCRIPT.	45 A	ABOUT 1700 CARTONS CANNED MUSRHOOM PIECES & STEMS 24 TINS X 425 GRAMS NET WEIGHT (D. W. 227 GRAMS) AT USD7.80 PER CARTON. ROSE BRAND.
DOCS REQUIRED	46 A	DOCUMENTS REQUIRED:

+ SIGNED COMMERCIAL INVOICE IN TRIPLICATE ORIGINAL AND MUST SHOW BREAK DOWN OF THE AMOUNT AS FOLLOWS: FOB VALUE, FREIGHT CHARGES AND TOTAL AMOUNT C AND F.

+ FULL SET CLEAN ON BOARD BILL OF LADING MADE OUT TO THE ORDER OF AL RAJHI BANKING AND INVESTMENT CORP, MARKED FREIGHT PREPAID AND NOTIFY APPLICANT, INDICATING THE FULL NAME, ADDRESS AND TEL NO. OF THE CARRYING VESSEL'S AGENT AT THE PORT OF DISCHARGE.

+ PACKING LIST IN ONE ORIGINAL PLUS 5 COPIES, ALL OF WHICH MUST BE MANUALLY SIGNED.

+ INSPECTION (HEALTH) CERTIFICATE FROM C. I. Q. (ENTRY – EXIT INSPECTION AND QUARANTINE OF THE PEOOPLES REP. OF CHINA) STATING GOODS ARE FIT FOR HUMAN BEING.

+ CERTIFICATE OF ORIGIN

DULY CERTIFIED BY C. C. P. I. T.

STATING THE NAME OF THE MANUFACTURERS OF PRODUCERS AND THAT GOODS EXPORTED ARE WHOLLY OF CHINESE ORIGIN.

+ THE PRODUCTION DATE OF THE GOODS NOT TO BE EARLIER THAN HALF MONTH AT TIME OF SHIPMENT. BENEFICIARY MUST CERTIFY THE SAME.

+ SHIPMENT TO BE EFFECTED BY CONTAINER AND BY REGULARE LINE. SHIPMENT COMPANYS CERTIFICATE TO THIS EFFECT SHOULD ACCOMPANY THE DOCUMENTS.

+ INSURANCE POLICY OR CERTIFICATE IN 1 ORIGINAL AND 1 COPY ISSUED OR ENDORSED TO THE ORDER OF AL RAJHI BANKING AND INVESTMENT CORP FOR THE INVOICE PLUS 10 PERCENT COVERING ALL RISKS, INSTITUTE CARGO CLAUSES, INSTITUTE STRIKES.

DD. CONDITIONS	47 A	

ADDITIONAL CONDITION:

A DISCREPANCY FEE OF USD50.00 WILL BE IMPOSED ON EACH SET OF DOCUMENTS PRESENTED FOR NEGOTIATION UNDER THIS L/C WITH DISCREPANCY. THE FEE WILL BE DEDUCTED FROM THE BILL AMOUNT.

PAYMENT UNDER THE GOODS WERE APPROVED BY SAUDI GOVERNMENT LAB.

CHARGES	71 B	ALL CHARGES AND COMMISSIONS OUTSIDE

KSA ON BENEFICIARIES' ACCOUNT INCLUDING REIMBURSING, BANK COMMISSION, DISCREPANCY FEE (IF ANY) AND COURIER CHARGES.

CONFIRMAT INSTR	*49	WITHOUT
REIMBURS. BANK	53 D	//

AL RAJHI BANKING AND INVESTMENT CORP RIYADH (HEAD OFFICE)

INS PAYING BANK	78	

DOCUMENTS TO BE DESPATCHED IN ONE LOT BY COURIER.

	ALL CORRESPONDENCE TO BE SENT TO ALRAJHI BANKING AND INVESTMENT COPRORATION RIYADH (HEAD OFFICE)
SEND REC INFO 72	REIMBURSEMENT IS SUBJECT TO ICC URR 525
TRAILER	ORDER IS 〈MAC:〉 〈 <PAC:〉 〈 <ENC:〉〈CHK:〉 〈TNG:〉〈PDE:〉
	MAC: E55927A4
	CHK: 7B505952829A
	HOB:

（三）汇票样本

BILL OF EXCHANGE

凭　　　　　　　　　　　　　　　　　　　　不可撤销信用证
Drawn under　　　　　　　　　　　　　　　Irrevocable L/C NO.
_____　　　　　　　_____

日期　　　　　　　　　按息付款
Dated　　　　　　　　Payable with interest　　@　　　%
_____　　　　　　_____

号码　　　　汇票金额　　　　　　　　南京　　　　　　　　　日期
NO.　　　　Exchange for　　　　　　Nanjing　　　　　　　(Date)

见票　　　　　　　　　　日后（本汇票之副本未付）付交
At　　　　　　　　　　　sight of this FIRST of Exchange (Second of Exchange
_____

being Unpaid) 凭指定
　　　　　　　Pay to the order of

金额
the sum of
_____

此致
To:

　　　　　　　　　　　　　　　　　　　　　　(Authorized Signature)

(四) 发票样本

<table>
<tr><td colspan="3" align="center">×××进出口公司
××× IMPORT AND EXPORT CORPORATION</td></tr>
<tr><td colspan="3" align="center">商业发票
COMMERCIAL INVOICE</td></tr>
<tr><td>签发人
ISSUER</td><td>发票号码
NO.</td><td>日期
DATE</td></tr>
<tr><td>致
TO</td><td>销售合同号码
S/C NO.</td><td>信用证号码
L/C NO.</td></tr>
<tr><td colspan="2">装船详情
TRANSPORT DETAILS</td><td colspan="1">支付方式
TERMS OF PAYMENT</td></tr>
</table>

唛头及号码 Marks and Numbers	品名、包装的种类和数量 Number and kind of package Description of goods	数量 Quantity	单价 Unit Price	总值 Amount

总计 TOTAL:
大写 SAY TOTAL:

(五) 提单样本

1. Shipper Insert Name, Address and Phone		B/L No.	
2. Consignee Insert Name, Address and Phone		中远集装箱运输有限公司 COSCO CONTAINER LINES TLX: 33057 COSCO CN FAX: +86(021) 6545 8984 **ORIGINAL** Port-to-Port or Combined Transport **BILL OF LADING**	
3. Notify Party Insert Name, Address and Phone (It is agreed that no responsibility shall attsch to the Carrier or his agents for failure to notify)		RECEIVED in external apparent good or der and condition except as other–Wise noted. The total number of packages or unites stuffed in the container, the description of the goods and the weights shown in this Bill of Lading are furnished by the Merchants, and which the carrier has no reasonable means of checking and is not a part of this Bill of Lading contract. The carrier has Issued the number of Bills of Lading stated below, all of this tenor and date, One of the original Bills of Lading must be surrendered and endorsed or signed against the delivery of the shipment and whereupon any other original Bills of Lading shall be void. The Merchants agree to be bound by the terms and conditions of this Bill of Lading as if each had personally signed this Bill of Lading. SEE clause 4 on the back of this Bill of Lading (Terms continued on the back hereof, please read carefully). *Applicable Only When Document Used as a Combined Transport Bill of Lading.	
4. Combined Transport * Pre–carriage by	5. Combined Transport* Place of Receipt		
6. Ocean Vessel Voy. No.	7. Port of Loading		
8. Port of Discharge	9. Combined Transport * Place of Delivery		

Marks & Nos. Container / Seal No.	No. of Containers or Packages	Description of Goods (If Dangerous Goods, See Clause 20)	Gross Weight Kgs	Measurement
		Description of Contents for Shipper's Use Only (No Contract)　　　　t part of This B/L		

10. Total Number of containers and/or packages (in words)
    Subject to Clause 7
    Limitation

11. Freight & Charges Declared Value charge	Revenue Tons	Rate	Per	Prepaid	Collect

Ex. Rate:	Prepaid at	Payable at	Place and date of issue
	Total Prepaid	No. of Original B(s)/L	Signed for the Carrier, COSCO CONTAINER LINES

LADEN ON BOARD THE VESSEL
DATE　　　　　　BY

（六）保险单样本

中保财产保险有限公司
The People's Insurance (Property) Company of China, Ltd.

发票号码
Invoice No.

保险单号次
Policy No.

海 洋 货 物 运 输 保 险 单
MARINE CARGO TRANSPORTATION INSURANCE POLICY

被保险人：
Insured：

中保财产保险有限公司（以下简称本公司）根据被保险人的要求，及其所缴付约定的保险费，按照本保险单承担险别和背面所载条款与下列特别条款承保下列货物运输保险，特签发本保险单。

This policy of Insurance witnesses that the People's Insurance (Property) Company of China, Ltd. (hereinafter called "The Company"), at the request of the Insured and in consideration of the agreed premium paid by the Insured, undertakes to insure the undermentioned goods in transportation subject to conditions of the Policy as per the Clauses printed overleaf and other special clauses attached hereon.

保险货物项目 Descriptions of Goods	包装　单位　数量 Packing Unit Quantity	保险金额 Amount Insured

承保险别
Conditions

货物标记
Marks of Goods

总保险金额：
Total Amount Insured：＿＿＿＿＿＿＿＿＿＿＿＿＿＿＿＿＿＿＿＿

保费　　　　　　　　　　载运输工具　　　　　　　　　　　开航日期
Premium ＿＿＿＿＿＿＿　Per conveyance S. S ＿＿＿＿＿＿＿　Slg. on or abt ＿＿＿＿＿＿＿

起运港　　　　　　　　　　　　　　　目的港
Form ＿＿＿＿＿＿＿＿＿＿＿＿＿＿　To ＿＿＿＿＿＿＿＿＿＿＿＿＿

所保货物，如发生本保险单项下可能引起索赔的损失或损坏，应立即通知本公司下述代理人查勘。如有索赔，应向本公司提交保险单正本（本保险单共有　份正本）及有关文件。如一份正本已用于索赔，其余正本则自动失效。

In the event of loss or damage which may result in acclaim under this Policy, immediate notice must be given to the Company's Agent as mentioned hereunder. Claims, if any, one of the Original Policy which has been issued in original (s) together with the relevant documents shall be surrendered to the Company. If one of the Original Policy has been accomplished, the others to be void.

赔款偿付地点
Claim payable at

日期　　　　　　　　　　　　　　　　在
Date ＿＿＿＿＿＿＿＿＿＿＿＿＿＿　at ＿＿＿＿＿＿＿＿＿＿＿＿＿＿＿

地址：
Address：＿＿＿＿＿＿＿＿＿＿＿＿＿＿＿＿＿＿＿＿＿＿＿＿＿＿

（七）进口货物报关单样本

中华人民共和国进口货物报关单

预录入编号：　　　　　　　　　　　　海关编号：

进口口岸	备案号	进口日期		申报日期	
经营单位	运输方式	运输工具名称		提运单号	
收货单位	贸易方式	征免性质		征税比例	
许可证号	起运国（地区）	装货港		境内目的地	
批准文号	成交方式	运费	保费	杂费	
合同协议号	件数	包装种类	毛重（公斤）	净重（公斤）	
集装箱号	随附单据			用途	
标记唛码及备注					
项号	商品编号	商品名称、规格型号	数量及单位	最终目的国（地区）单价	总价	币制	征免
税费征收情况					
录入员	录入单位	兹声明以上申报无讹并承担法律责任	海关审单批注及放行日期（签章）		
报关员			审单　审价		
单位地址		申报单位（签章）	征税　统计		
邮编	电话	填制日期	查验　放行		

244

（八）入境货物报检单样本

中华人民共和国出入境检验检疫
入境货物报检单

报检单位（加盖公章）：					*编　号_____	
报检单位登记号：	联系人：		电话：		报检日期： 年 月 日	

收货人	（中文）		企业性质（划"√"）	□合资 □合作 □外资
	（外文）			
发货人	（中文）			
	（外文）			

货物名称（中/外文）	H.S.编码	原产国（地区）	数/重量	货物总值	包装种类及数量

运输工具名称号码		合同号	
贸易方式		贸易国别（地区）		提单/运单号	
到货日期		起运国家（地区）		许可证/审批号	
卸货日期		启运口岸		入境口岸	
索赔有效期至		经停口岸		目的地	
集装箱规格、数量及号码					
合同、信用证订立的检验检疫条款或特殊要求			货物存放地点		
			用途		

随附单据（划"√"或补填）		标记及号码	*外商投资资产（划"√"） □是 □否
□合同　　　　□到货通知			*检验检疫费
□发票　　　　□装箱单			
□提/运单　　　□质保书			总金额
□兽医卫生证书　□理货清单			（人民币元）
□植物检疫证书　□磅码单			
□动物检疫证书　□验收报告			计费人
□卫生证书　　　□			
□原产地证			收费人
□许可/审批文件			

报检人郑重声明：	领取证单	
1. 本人被授权报检。	日期	
2. 上列填写内容正确属实。	签名	
签名：_____		

注：有"*"号栏由出入境检验检疫机关填写　　　　　　　　　◆国家出入境检验检疫局制

[1-2（2000.1.1）]

附录五

结汇单据的内容和缮制要求（部分）

（单据样本参见附录四）

1. 汇票（bill of exchange, draft）

汇票是指出票人签发的，要求付款人在见票时或者指定日期无条件支付确定金额给收款人或持票人的票据。即，是一方向另一方签发的一张无条件的书面支付命令。各国票据法对汇票要项的规定不完全相同，一般认为汇票必须具备下列八项：写明汇票字样，适当的文字表明无条件的支付命令，一定的货币和金额（包括大写和小写），出票的日期和地点，付款的地点和期限，受票人（即付款人），受款人（即收款人），出票人签字。缮制汇票时应注意以下内容：

（1）汇票的号码：实际业务中都以相应的发票号码兼作汇票的号码。

（2）出票的日期和地点：在议付信用证支付方式下以议付日期作为出票日期，所以该日期往往由议付行填写；出票地点应当是议付行所在地或出票人所在地。

（3）小写金额：根据信用证规定的金额填写，在填写汇票金额时要注意金额的大小写一致。汇票的货币名称也应与发票和信用证的货币名称一致。

（4）付款期限：付款期限分为即期付款和远期付款，即期汇票在"at _____ sight"之间的空白处填上"_____"或"×××"等均可，如"at _____ sight"；远期汇票在空白处填上具体的天数即可，如见票后30天付款可表示为"at 30 days sight"。

（5）受款人：即受领汇票款项的人，又称为汇票的抬头。通常有三种表示方法。①指示性抬头：表示为"pay to the order of ×××"（付某某人的指定人），这种抬头的汇票可以经持票人背书转让；②限制性抬头：表示为"pay to ××× Co. Only"（仅付某某公司，不能流通），这种抬头的汇票不能流通转让，只限×××公司收取货款；③持票人抬头：也称来人抬头，表示为"pay to bearer"或"pay to holder"（付给持票人），这种抬头的汇票无需持票人背书即可转让，风险很大。在实际业务中指示性抬头最为常用，我国一般都直接以议付行或其指定人为受款人。

（6）大写金额：汇票的大写金额应与小写金额一致。例如 USD20 000.00，大写表示为 SAY U. S. DOLLARS FIFTY THOUSAND ONLY，其中，"SAY"表示"计"的意思，"ONLY"表示"整"的意思。

（7）出票条款：又称出票依据，如信用证有明确规定的，则应按信用证规定原句填制；如信用证中没有明确规定的，应包括开证行名称、开证日期及信用证号码三个内容。

（8）付款人的名称和地址：按信用证规定填写，通常填写开证行或其指定银行的名称和地址，若信用证没有规定，则填写开证行的名称和地址。

（9）出票人：即签发汇票的人，在信用证支付方式下，出票人一栏要填写出口企业全称及法人代表的签字或盖章才有效。

2. 发票（Invoice）

发票通常指商业发票（Commercial Invoice），是指出口商向进口商开立的装运货物及凭以向进口商收取货款的价目清单，是装运货物的总说明。目前发票还没有统一格式，但主要项目基本相同，主要包括发票名称、发票编号、出具日期及地点、合同号码、收货人名称、运输标志、商品的品名、规格、数量、包装、单价、总值和支付方式等十几项内容。发票的缮制，要注意发票内容必须符合合同和信用证的规定，尤其文字描述必须与信用证完全一致，具体如下：

（1）发票抬头人：即收货人，一般是进口商。在信用证支付方式下，应严格按信用证规定填写，根据"UCP600"的规定，除非信用证另有规定，商业发票的抬头人必须是信用证的开证申请人。

（2）发票号码、签发日期：发票号码由出口企业按照习惯编排，签发日期可以早于信用证的开证日期，但不能迟于提单签发日期，更不得迟于信用证规定的交单日期或信用证有效期。

（3）信用证号码：按照信用证的规定填写。

（4）起运地与目的地：按照合同和信用证的规定填写，注意应与贸易术语后的起运地（港）和目的地（港）相一致。

（5）运输方式：按照合同填写。

（6）唛头：合同或信用证指定唛头的，必须严格按照指定的唛头填写；如无指定，出口商可自行设计，其内容由进口商、合同号（或发票号等）、目的港（地）和件号组成。

（7）货物内容：这是发票的主要部分，应全面描述有关商品的名称、规格、数量、重量和包装，填写的内容必须与信用证所列各项要求完全相同，不能有任何的遗漏和改动。

（8）价格条件、单价、总值：这也是发票的主要内容，单价、总值应按合同和信用证规定准确计算、正确填写。

（9）签发人的签字或盖章：根据"UCP600"的规定，除非信用证另有规定，"无须签署"。但商业发票习惯上由出口公司的法人代表或经办制单人员代表公司签字，并注公司名称。

3. 装箱单（Packing List）

装箱单是常用包装单据的一种，是指记载或描述商品包装材料情况的单据，是商业发票的附属单据和补充说明，也是货运单据中的一项重要单据。包装单据的种类主要有：装箱单、包装说明、重量单和磅码单。包装单据无统一格式，所包含的内容也不尽相同，缮制时应注意以下内容：

（1）装箱单着重表示包装情况，包括材料、包装方式等；重量单主要说明重量情况，包括毛重、净重等；而尺码单的重点是商品体积的描述，用立方米表示体积。

（2）毛、净重应列明每件的毛、净重及总的毛、净重数字，并必须与发票和运输单据、产地证、出口许可证、检验的数字相符。

（3）包装单据一般不显示货物的单价、总价，因为进口商把商品转售给第三者时只是交付包装单和货物，不愿泄露其购买成本。

（4）包装单据编号和制单日期、运输标志，应与商业发票一致，注明合同和信用证号码。

4. 提单（Bill of Lading）

国际贸易中使用最多的是海运提单，简称提单。提单是指承运人或其代理人在收到承运货物时签发给托运人的一种证明，它规定了货物运输有关当事人的权利和义务。缮制提单时应注意以下内容：

（1）托运人（Shipper/Consigner）：指委托运输人，一般是出口公司，也即信用证的受益人。

（2）收货人（Consignee）：这是提单中较重要的一栏，应严格按照信用证规定填写。一般采用指示式，即在收货人栏内填写"to order"或"to the order of ××bank"。这种提单通过指示人即发货人或银行的背书方可流通转让。提单的背书有"空白背书"和"记名背书"两种。

（3）被通知人（Notify）：按照信用证规定填写，一般是货物进口人即开证申请人或其代理人，被通知人的地址一定要详细。

（4）收货地点（Place of Receipt）：如货物需转运，填写收货港口的名称或地点；如货物不需转运，这一栏就不填。

（5）船名航次（Ocean Vessel Voy-No.）：如货物需转运，填写第二程船的船名；如货物不需转运，填写第一程船的船名。

（6）装货港（Port of Loading）：如货物需转运，填写中转港名称；如货物不需转运，填写装货港名称。

（7）卸货港（Port of Discharge）：填写卸货港（目的港）名称。

（8）封志号、标记与号码（Seak No. Marks & Nos.）：按照信用证规定填写，如信用证未规定，则按发票上所列内容填写；如不使用唛头，注明"N/M"字样。

（9）商品名称：只要求填上货物的总名称即可，注意不要与信用证相抵触。

（10）货物包装及件数：按照货物装船时的实际情况填写总外包装件数，大小写应一致。

（11）运费条款：运费一般只填支付情况，按照信用证条款规定填写。一般 CIF 和 CFR 条件注明"运费已付"（Freight Prepaid）；FOB 条件下，注明"运费到付"（Freight Collect）。

（12）毛重（Gross Weight）：毛重一般以公吨为单位，小数点后保留三位。

（13）尺码（Measurement）：尺码一般以立方米为单位，小数点后保留三位。

（14）正本提单的份数：如信用证对正本提单份数有规定，则应与信用证规定一致。例如，信用证规定"3.3 Bill of Lading"，就表明船公司为信用证项下的货物开立的正本提单必须是三份，而且三份正本提单都要交给银行作为结算的单据。根据"UCP600"的规定，银行接受全套正本仅有一份的正本提单，或一份以上的正本提单，已防止正本提单被其他人凭以提取货物。

5. 保险单（Insured Policy）

保险单是保险人（即保险公司）与被保险人之间订立的保险合同的证明。当被保险货物遭受保险合同责任范围内的风险而发生损失时，保险单是被保险人向保险人提出索赔、保险人理赔的依据。采用 CIF 或 CIP 条件成交的合同，出口商在向银行或进口商收款时，应提交符合买卖及/或信用证规定的保险单据。其主要内容和填写方法如下：

（1）被保险人（Insured）：根据习惯，一般填写信用证受益人的名称，即出口公司的名称，如信用证另有规定，应按信用证规定填写。

（2）保险货物项目（Goods）：应与信用证上名称一致，最好与发票上的一致。

（3）保险金额（Amount Insure）：按照信用证规定加成，小数点后尾数一律进为整数，使用的币种应与信用证的币种一致。

（4）保费（Premium）：一般指"按照约定"（As Arranged），但信用证要求标明保费时，则应填上具体数字。

（5）起运日期（Date of Commencement）：有确切日期的填写确切日期；无确切日期的填写"约×月×日"，或"参照提单"（As per B/L）或其他相应运输单据。

（6）起讫地点（From…to…）：必须说明装运地（港）和目的地（港），一份保险单只能有一个装运地（港）和目的地（港），否则无法明确保险责任。如需转运，必须注明转运港名称，尤其是转到内陆目的地的，必须注明卸货港名称。

（7）承保险别（Conditions）：承保险别的内容应与信用证规定的内容相一致。如信用证未规定，应与合同一致；如信用证与合同均未固定，按国际惯例，只需填写最低险别即可。

（8）赔付地点（Claim Payable at）：必须是最终目的地。

（9）签单日期（Issuing Date）：填写投保日期，不迟于提单日期，但一般应晚于发票日期。因为银行有权拒绝接受出单日期迟于装船或发运或接受监管的保险单。在实际业务中，保险日期一般早于提单日期 2 天或 3 天。

6. 产地证（Certificate of Origin）

产地证的全称是产地证明书，是指由一定的单位或机构签发的证明货物产地或制造地的书面证明。一些不使用领事发票的国家，根据产地证来确定对货物应征的税率；还有些国家控制或禁止从某些国家或地区输入货物的情况，往往也要求出口企业提供产地证。产地证一般分为普通产地证、普惠制产地证以及政府间协议规定的特殊原产地证书。

（1）普惠制产地证（Generalized System of Preference Certificate of Origin）。普惠制的全称是普遍优惠制，它是发达国家给予发展中国家的出口商品（主要是工业制成品和半制成品）的一种关税优惠制度。普惠制产地证格式 A（G. S. P. Form A）一般由出口企业自行缮制，然后连同该证申请书及发票一份送交我国政府授权的各地出入境检疫检疫局审核签发，其主要内容和填写方法如下：

① 证书号（Reference No.）：填写各地出入境检验检疫局所编的号码，签发地点须填"中华人民共和国"外文全称，填在"Issued in"后面。

② 出口商名称、地址和所在国家（Exporter's Business Name, Address, Country）：此栏是带强制性的，必须填上出口商的全称和详细地址，包括街道、门牌号码等。

③ 收货人名称、地址和所在国家（Goods Consigned to）：一般应填给惠国的收货人名称，也即信用证上指定的收货人。

④ 运输工具及线路（Means of Transport and Route）：应填起运地与目的地、起运日期及运输工具，如"By Vessel"等；如中途转运，应加上转运地，如"Via Hong Kong"。

⑤ 唛头及包装号码（Marks and Kind of Packages）：唛头及包装号码须与发票上的唛头及包装号码一致；如货物无唛头，则填"N/M"。

⑥ 包装件数、种类及商品品名（Number and Kind of Packages, Description of Goods）：包装件数应包括大、小写两种方式，小写数字加括号，如"(100) One Hundred Packages"；商品名称应填写具体品种及规格。

⑦ 原产地标准（Origin Criterion）：此栏是国外海关审核的重点项目，必须按规定如实填写，具体要求如下：完全自产、无进口成分，填写"P"；含有进口成分、但符合原产地标准，填写"W"；发往加拿大的出口商品，含有进口成分（占产品出厂价的40%以下），填写"F"；发往澳大利亚及新西兰的出口商品，不必填写此栏。

⑧ 毛重或其他数量（Gross Weight or Other Quantity）：

普惠制产地证作为一种官方签发的证明文件不应随便涂改，尤其是数字、日期、唛头和包装号、原产地标准等，不允许更改，其他项目允许更改一次，由出入境检验检疫局加盖校正章。

（2）普通产地证。除证书名称和号码外，需填写的内容有12个栏目，填写的方法大多与普惠制产地证差不多。

7. 装船通知及受益人证明

（1）装运通知。是指出口企业把货物装上船或交付承运人以后，通知进口方有关装船详细情况的证明。其主要内容和填写方法如下：

① 抬头人（To）：致×××，即收受该通知的人，按信用证要求填写。

② 编号及金额（Nos. and Value）：这些内容填在通知的右上角，按信用证要求填写。

③ 装船情况（Shipment）：填在编号的下面，包括装运港名称；目的港名称；装运日期即出单日；装载船船名和中转港名称。

④ 货物内容：这些内容填在通知中，包括唛头、货名、规格、数量或重量等，填写时应参照发票、提单等单据的内容，不得有误。

（2）受益人证明。根据合同或信用证的规定出具。常用的有寄单证明和寄样证明。

寄单证明（Beneficiary's Certificate fou Dispatch of Documents），是指出口方寄出合同和信用证规定的单据后出具的证明书，实际业务中出口方应按时限要求寄出规定的单据，然后出具寄单证明或将寄单证明内容列明在发票内，作为向银行议付或结汇或兑用的单据。

寄样证明（Beneficiary's Certificate fou Dispatch of Shipment Samples），是指由受益人根据合同和信用证规定，签发寄出船样、样卡、码样等情况的证明。

8. 其他单据

（1）邮局收据（Post Receipt）或快递收据（Courier Receipt）。是指受益人根据合同和信用证要求，用航空或快递寄样品、单据，并要求提供邮寄收据或快递收据，受益人应在邮寄或快递时取得邮局或快递机构出具的收据。

（2）船公司证明。常见的有：

① 船籍及航程证明：阿拉伯国家的来证常要求提供装运船只国籍及全部航程停靠港口的证明。

② 船龄证明：中东某些地区的来证，常因保险费率的问题，规定装运船舶的船龄必须在15年以下，这样受益人必须要求船公司出具船龄的证明。

③ 船级证明：船级证明是船级社通过技术评审、检验对船舶作出入级标准和技术规范的证书，我国的船级社称为"中国船级社"（China Classification Society，CCS），已有30多年的历史，与世界上十多个船级社和有关组织签订了合作协议并受理签发入级证书和必要的文件。

参考文献及相关网站

I 参考文献

1. [美] 保罗·克鲁格曼等著：《国际经济学》，中国人民大学出版社2002年版
2. 牛慈康：《国际贸易实务》，对外经济贸易出版社2009年版
3. 黎孝先：《国际贸易实务》，对外经贸大学出版社2007年版
4. 傅龙海、陈剑霞、傅安妮：《国际贸易操作实训》，对外经贸大学出版社2009年版
5. 鲁丹萍：《国际贸易理论与实务》，清华大学出版社2006年版
6. 鲁丹萍：《国际贸易实务》，清华大学出版社2007年版
7. 赵轶：《进出口贸易实务》，清华大学出版社2008年版
8. 陈红蕾：《国际贸易学》，暨南大学出版社2008年版
9. 陈红蕾：《国际贸易学》，《国际贸易实务（增订本）》，暨南大学出版社2002年版
10. 刘文广、项义军、张晓明：《国际贸易实务》，高等教育出版社2007年版
11. 刘文广、张晓明：《商务谈判》，高等教育出版社2005年版
12. 刘文广、吉庆彬、古东峰：《EDI模拟实验研究》，吉林人民出版社1999年版
13. 徐宣全、张琦：《国际贸易实务》，浙江大学出版社2010年版
14. 吴百福：《新编进出口实务》，上海知识出版社2005年版
15. 祝卫、程洁、谈英：《出口贸易模拟操作教程》，上海人民出版社2010年版
16. 张海荣：《国际贸易》，浙江大学出版社2007年版
17. 蒋秦儿、秦定：《国际结算——理论、实务、案例》，清华大学出版社2007年版
18. 《船公司运价表》
19. 《保险公司费率表》
20. 《联合国国际货物销售公约》
21. 《国际贸易术语解释通则》
22. 《跟单信用证统一惯例》
23. 《跟单托收统一规则》
24. 《银行间偿付统一规则》

II 相关网站

1. 中华人民共和国商务部：http://www.mofcom.gov.cn
2. 中华人民共和国海关总署：http://www.customs.gov.cn/publish/portal0
3. 中国国际贸易促进委员会：http://www.ccpit.org
4. 中国国际贸易协会：http://gmxh.mofcom.gov.cn
5. 中国市场学会：http://www.ecm.com.cn
6. 中国东盟自由贸易网：http://www.chinaaseantrade.com

7. 中国会展网：http：//www.cce.net.cn/cms
8. 广东网上博览会：http：//www.gdefair.com
9. 广东网上博览会：http：//www.gdefair.com
10. 2010年上海世博会网址：http：//www.expo2010china.com
11. 中国商贸指南：http：//trade.chinavista.com/cn/chhome.html
12. 人民网：招商引智频道：http：//invest.people.com.cn
13. 中国国际贸易网：http：//www.chinaintertradeweb.com
14. 国际贸易网：http：//www.richful.net
15. 阿里巴巴采购批发大市场：http：//view.china.alibaba.com/cms/promotion/bd/branding.html?keywords
16. 中国贸易网：http：//www.cntrades.com
17. 中国国际贸易网：http：//www.chinaintertradeweb.com
18. 华商网：http：//www.wto-china.com
19. 世界贸易组织网站：http：//www.wto.org
20. 香港贸易发展局：http：//www.hktdc.com